신용권의 역사기행

대마도와
7년 전쟁

대마도와 7년 전쟁

개정증보판 1쇄 발행 2020년 8월 7일

지은이 신용권
펴낸이 장길수
펴낸곳 지식과감성#
출판등록 제2012-000081호

디자인 박예은
편집 박예은, 윤혜성
교정 김연화
마케팅 고은빛

주소 서울시 금천구 벚꽃로298 대륭포스트타워6차 1212호
전화 070-4651-3730~4
팩스 070-4325-7006
이메일 ksbookup@naver.com
홈페이지 www.knsbookup.com

ISBN 979-11-6552-340-4(03910)
값 18,000원

ⓒ 신용권 2020 Printed in Korea

잘못된 책은 구입하신 곳에서 바꾸어 드립니다.
이 책의 전부 또는 일부 내용을 재사용하려면 사전에 저작권자와 펴낸곳의 동의를 받아야 합니다.

이 도서의 국립중앙도서관 출판예정도서목록(CIP)은 서지정보유통지원시스템
홈페이지(http://seoji.nl.go.kr)와 국가자료공동목록시스템(http://www.nl.go.kr/kolisnet)에서
이용하실 수 있습니다. (CIP제어번호 : CIP2020031914)

홈페이지 바로가기

대마도와 7년 전쟁

신용권의 역사기행

對馬島

개정증보판

역사의 편견을 배제하고 고정관념을 극복하라!
신용권 저자의 《역사의 이면을 보다》 개정증보판

책머리에

 역사를 알고 애국하는 것은 분명 좋은 일이지만, 애국을 위해 역사를 감추고 애써 입맛에 맞는 것만을 찾아가는 것은 분명 잘못된 일이다. 무조건 자신의 민족과 역사만을 위대한 것으로 규정하고, 다른 민족이나 인종과 역사를 미개하다고 비하하는 것도 분명 옳지 못한 짓이다. 우리가 역사를 접하는 까닭은 비록 자존심이 상하더라도, 사실을 사실대로 인정하여 힘을 키우기 위함이며 그것이 바로 진정한 애국의 출발점이라 믿기 때문이다. 한반도는 지정학적으로 4대국에 포위된 형국이다. 그러나 주변 환경이 싫다고 떠날 수 없는 것이 국가의 숙명이다. 생존이 걸려 있을 때 '선(善)'과 '악(惡)'은 누구에게도 인정받지 못하는 허구(虛構)의 개념에 불과하다. 결정적 순간에는 합리적 논리나 국제규범보다는 '힘(Power)'이 곧 '정의(正義)'라는 사실을 깨닫게 된다. 물

책머리에

결에 물결이 부딪치면 파도가 된다. 검푸른 물결이 넘실대는 '경계(境界)의 땅' 대마도(對馬島), 430년 전 참혹한 〈7년 전쟁〉을 일으킨 그들은 규슈 사가현(佐賀県) 북쪽 항구 가라쓰(唐津)에서 출병하여 현무암으로 둘러싸인 낮고 평평한 이키섬(壱岐島)을 거쳐, 수심이 얕고 풍파가 심한 현해탄(玄海灘)의 검고 어두운 물결을 타고 이곳 대마도 이즈하라(嚴原)에 도착하여, 청수산성(清水山城)에서 보급과 전열을 가다듬은 후, 북단 오우라항(大浦港)를 출발하여 안개 낀 대한해협(大韓海峽)을 가로질러 조선으로 쳐들어갔다. 이 『국경(國境)의 섬』 대마도를 여행하며, 그 속에 묻힌 해묵은 과거(過去)와 함께 나누어야 할 미래(未來)를 생각해 본다. 과거사에 대한 사과(謝過)가 일본의 '짐(負債)'이라면, 반성(反省)은 우리의 '힘(Power)'이다. 결국 우리의 지금 행동들이 우리의 미래를 만든다. 이제는 과거를 넘고, 이념과 진영을 넘어 넘실대는 미래를 타야 한다. 기준을 넘고 한계를 넘고, 예상을 넘고 경계를 넘는 것이 창조의 길이다. 이 책은 본인의 졸저(拙著)『역사의 이면을 보다』중 「경계의 땅, 대마도를 찾아서」의 증보판(增補版)이다. 조금이나마 역사의 편견과 고정관념을 극복하는 데 도움이 되기를 기대해 본다. 끝.

지은이 **신용권**

목차

책머리에 004

I. 경계의 땅   011
  1. 대마도를 찾아서   012
  2. 교류와 갈등   015

II. 임진왜란   029
  1. 선비도와 무사도   030
  2. 히데요시의 야망   034
  3. 대마도주 소 요시토시(宗義智)   040
  4. 전쟁 전야   044

III. 임진왜란의 서막   057
  1. 전쟁의 발발   058
  2. 조선의 대응   063
  3. 조선 조정의 행보   069
  4. 파천(播遷)   076
  5. 한성방어   084
  6. 분조(分朝)와 광해군   087
  7. 혼비백산(魂飛魄散)   091
  8. 항왜(降倭)와 순왜(順倭)   105
  9. 왜군은 군자금을 어떻게 조달했을까   113
  10. 고니시 유키나가(小西行長)와
      가토 기요마사(加藤淸正)   130

Ⅳ. 정유재란   139

  1. 전쟁의 원인과 목표   140
  2. 명나라의 지원   148
  3. 학살과 납치   150
  4. 선조(宣祖)는 어떤 왕인가   162
  5. 조선의 전쟁 준비   174
  6. 이순신과 원균   181
  7. 당파와 당쟁   200
  8. 사문난적(斯文亂賊)   206
  9. 왕조실록의 진실   211
  10. 이순신과 백의종군   216
  11. 노량해전과 종전(終戰)   228
  12. 명 수군도독 진린(陳璘)   238
  13. 대마도 정벌론   242
  14. 국교 재개   246

Ⅴ. 정묘호란과 병자호란   251

  1. 광해군의 중립 외교   252
  2. 인조반정과 병자호란   262
  3. 열녀와 정문(旌門)   278
  4. 환향녀(還鄕女)와 호로자식(胡虜子息)   283

Ⅵ. 조선의 사회상   289

  1. 세종과 노비제도   290
  2. 못 말리는 자식 사랑   302
  3. 신분제 사회   306
  4. 서얼차대(庶孼差待)   313
  5. 망국의 원흉, 노비 제도   318
  6. 조선 선비의 부(富) 의식   325

V. 임란 이후 양국 관계   337
   1. 경계인 소 요시토시(宗義智)   338
   2. 조선의 해금정책(海禁政策)   345
   3. 명치유신과 제2의 임진왜란   353

VI. 여행을 마치며   361
   1. 국경의 섬, 대마도   362
   2. 청정 휴양지 대마도   367
   3. 동북아 평화와 한·일 해저터널   370
   4. 동북아 영토 분쟁의 원인   376
   5. 사족(蛇足)   380

맺음말 383

I. 경계의 땅

1 ──────── 대마도를 찾아서

'멀고도 가까운 나라'는 한·일 관계를 일컬을 때 자주 쓰는 말이지만, 일본의 어느 다른 지역보다 대마도에 더 맞춤한 말인 듯하다. 부산항에서 쾌속선을 타고 1시간 10분이면 대마도 북단의 히타카쓰(比田勝)항에, 1시간 50분이면 대마도 남단의 이즈하라(嚴原)항에 닻을 내린다. 거리로 본다면 대마도는 정작 일본보다 부산에서 훨씬 더 가깝다. 대마도에서 규슈의 하카다(博多)항까지는 138km지만 부산에서는 49.5km에 불과하다. 마라톤 코스 42.195km보다 좀 긴 정도이니 날씨가 좋으면 해운대에서 보인다는 말이 거짓말은 아니다. 고 조오련(趙五連) 선수가 부산 다대포(多大浦)항에서 대마도 북서부의 소자키 등대까지 54.4km를 13시간 16분 10초 만에 수영해서 건너기도 했다. 대마도는 남북 간 82km, 동서 간 18km로 가늘고 긴 복잡한 해안이며 그 연장이 무려 915km에 달한다. 면적은 708.66km^{2}로 울릉도의 10배, 거제도의 약 두 배다. 말 두 마리가 마주 보는 형상이라고 해서 '대마(對馬)'라 부르는 쓰시마섬은 난류의 영향으로 따뜻한 해류가 흐르며, 강수량이 많은 해양성 기후이다. 섬 면적의 89%가 산림지형으로 가파르며 울창한 산림이 해안까지 이어져 있고, 본섬 외에 107개의 섬이 있으며 그중 5개 섬이 유인도다. 본섬은 2개의 섬으로 나눠져 다리(萬關橋, 만제키바시)로 연결되어 있다. 섬 전체는 쓰시마시(対馬市)에 속하며 시 아래 6개 읍인 이즈하라(嚴原町), 미쯔시마(美津島町), 도요타마(豊玉町), 미네(峰町), 가미아가타(上縣町), 가미쯔시마(上對馬町)가 있고, 이즈하라에는 시청(市廳)이 있다. 대마도의 첫인상은 그저 척박한 땅으로 사방 어디를 둘러봐도 첩첩이 솟은 산이다. 섬 전체가 해발고도 400m 내외의 산지이고 띠처럼 이어진 연봉에 곡벽은 험준하다. 농경지는 총면적의 4%에 불과하고 돌이 많고 거친 땅으로 계단식 밭이 많다. 대마도는 지리적으로 한국과 가까운 만큼 역사적으로도 한국과 가까웠다. 고려 말부터 조선시대에 이르기까지 남해안 일대에 왜구들이 들끓었던 것도 대마도 사람들이 '먹고살 양식'이 없어서였다. 대마도는 예로부터 한국과 일본을 가르는 「경계(境界)의 땅」이었다. 오랫동안 침략과 정벌을 거듭하는 곳이었고, 반대로 교류와 친선의 공간이기도 했다. 어느 때는 총칼을 겨누며 멀어졌고 어떤 때는 조공과 화답으로 서로 가까워졌다. 그때마다 대마도는 양국의 경계에서 부침을 거듭했다. 화해의 시기에 대마도는 사람과 물자를 이어 주며 번성했지만 갈등의 시대에는 침략과 약탈로 고단한 삶을 이어 나갔다. 따라서 한·일 양국의 평화야말로 대마도 사람들의 안정된 삶의 조건이었다. 대마도를 찾아가는 길에서 가장 먼저 느끼게 되는 것은 거리와 영토의 개념이 반드시 일치하지는 않는다는 것이다. 배로 불과 1시간 만에 보이지 않는 국경을 건너서 일본 땅에 닿는다는 것부터가 낯설다. 이 정도의 거리로 국경을 넘나든다는 것은 유럽과는 달리 남북이 갈라져 갈 수 없는 우리의 정서로서는 믿어지지 않는다. 부산 도심에서 해운대까지 차를 타고 가는 것보다, 더 짧은 시간에 배를 타고 일본 땅으로 건너갈 수 있으니 말이다. 대마도는 온통 주름 잡힌 진초록의 산자락으로 뒤덮여 있었다. 마치 얇은 초록색 종이를 마구 구겼다가 편 것만 같다. 호수인가 바다인가? 아소만(浅茅湾)의 붓을 찍어 그린 것 같은 수많은 섬들과 구불구불한 리아스식 해안이 감탄을 자아내게 한다.

2 ──────────── 교류와 갈등

 대마도의 중심지인 이즈하라(嚴原)로 나왔다. 시내로 가는 길 좌측에 조선통신사 행렬을 묘사한 타일벽화가 보인다. 대마도에서 조선통신사가 차지하는 위치가 어느 정도인지를 짐작케 하는 그림이다. 티아라 쇼핑몰 주변에는 1811년(순조 11년) 마지막 통신사 일행을 접대했던 장소라는 표지석이 세워져 있다. 조선의 외교정책은 사대교린(事大交隣)으로 중국은 사대(事大)의 대상이고, 일본은 교린(交隣)의 대상이었다. 그러나 사절단 구성에는 본질적 차이는 없다. 조선통신사가 시작된 것은, 임진왜란이 끝난 뒤 9년 만에 국교회복 합의에 따른 조치였다. 1607년(선조 40년)부터 1811년(순조 11년)까지 11차례에 걸쳐 파견된 조선통신사(처음 3번은 회답 겸 쇄환사)는, 삼사(三使) 이하 400~500명으로 구성되었다. 국왕의 외교문서인 서계(書啓)를 휴대한 통신사의 정사(正使)는 보통 참의급(參議級, 정3품 현 차관보)에서 선발했으나, 일본에서는 수상과 같은 급의 대우를 받았다. 행렬은 대마도(쓰시마)-이키섬(壹岐島, 이키노시마)-시모노세끼(下關)-효고(兵庫)를 거쳐 오사카(大阪)까지는 뱃길로, 오사카-교토(京都)-나고야(名護屋)-시즈오카(靜岡)-에도(東京)까지는 육로로, 양국의 80여 개 지역을 왕복 약 1만 1,420리(4,568km)를 이동했다. 평균 10개월~1년이 소요되는 험난한 여정이었다. 조선 통신사의 출발일이 결정되면 삼사를 궁으로 불러 왕이 친히 어사주(御使酒)를 내렸고, 그날 밤에는 영의정이 남대문 밖에서 송별연을 열어 주었다. 출발 전날엔 마포 나루터에 통신사 일행과 그 가족들이 모두 모여 송별연을 가졌고, 부산에 도착하면 자성대(子城臺)에 있는 영가대(永嘉臺)에서 무사항해를 기원하는 해신제(海神祭)를 지냈다. 1617년(광해군 9년)부터 〈회답 겸 쇄환사(回答兼刷還使)〉였던 오윤겸(吳允謙)이 영가대에서 출발한 이후 줄곧 이곳에서 해신제를 올리고, 6척가량의 배에 나눠 타고 대마도로 떠났다. 통신사 일행은 대마도번(藩)이 파견한 환영선의 안내로 대마도에 도착한 뒤 번주의 경호 아래 에도까지 왕래했다. 일본인 수행 인력을 합하면 2,000명이 넘어 당시로서는 보기 드문 대규모 행렬이었다. 통신사가 지나는 각지의 다이묘들은 경쟁하듯 통신사를 접대했다. 객사는 제일 경치 좋은 곳으로 골랐고 숙소에는 조선의 학문과 예술을 전수받으려는 문인과 유학자들이 몰려들었다. 당시 일본은 불교를 국교로 삼아 육류 섭취를 금지했으나 통신사에게 돼지고기 등을 대접하기 위해 고기를 들이는 별도의 출입문을 만들 정도였다. 히로시마현(廣島縣)은 통신사에게 매끼 진상한 「국 3가지 요리 15가지」 반상까지 전시했다. 당시엔 "조선통신사가 2년 연속 오면 나라가 망할 것"이란 말도 나왔다. 조선통신사의 접대 경비로 쓰인 돈은 연간 세수의 10분의 1로 100만 냥에 이르렀다. 현재의 화폐 가치로 환산하면 약 500억 엔(4,990억)에 이른다. 1800년대에 들어 가뭄과 기근으로 재정난과 정치적 혼란이 지속되어 파견 요청을 미루다가 1811년(순조 11년) 대마도에서 12번째 마지막 조선통신사를 맞았다. 규모는 2사(二使: 정사 김이교, 부사 이면구)에 총인원은 336명으로 줄어들었으며 에도(도쿄) 대신 대마도에서 열렸다. 이후 일본은 더 이상 조선통신사를 요구하지 않았다. 대신 64년이 지난 1875년(고종 12년) 9월 20일 철포(鐵砲)로 무장한 군함 운요호(雲楊號)를 강화도로 보냈다. 당시 조선통신사와는 달리 예조참의 명의로 대마도주에게 파견하는 또 다른 조선사신단이 운영되고 있었다. 「문위행(問慰行)」이라 불리는 이 조선사신단은 외교실무자를 중심으로, 그 대표인 정사는 역관(譯官)이 맡았다. 문위행이 정례적으로 대마도에 파견하는 외교사절로 정착된 것은 1636년(인조 14년)이며, 1860년(철종 11년)까지 지속되었다. 조선통신사의 경우에는 20~30년에 한 번씩 총 12회 파견하는 데 그쳤으나 문위행은 1636년(인조 14년) 이후 평균 4~5년에 한 번씩 총 54회에 걸쳐 파견되었다. 두 나라의 현안 문제를 해결하고 대일 외교정책을 수행하는 데 실질적인 외교

업무를 담당했다. 또한 조선으로 수입하기 어려운 무기나 유황 등을 대마도를 통해 조달하기도 했고, 무역품을 대마도에 가지고 가서 판매하여 수익을 올리기도 했다. 정치·외교적인 현안의 해결뿐 아니라 군사상·경제적 목적 등을 위해서도 매우 중요한 대일외교 창구였다. 대마도는 조선 영토로 인식되었다가 근대국가 재편과정에 일본 영토로 공식 편입된다. 1868년(고종 5년) 1월 3일 도쿠가와 바쿠후 체제가 붕괴되고, 왕정복고·왕위친정 체제를 구축하려는 〈메이지 유신(明治維新)〉이 일어난다. 1871년 8월 29일 메이지 정부는 행정구역을 개편하여 바쿠후(幕府) 시절 준 국가적인 성격으로 지방정부 역할을 하던 '번(藩)'을 없애고, 근대적 지방행정 기관인 '현(県)'을 두는 〈폐번치현(廢藩置県·하이한치켄)〉을 단행한다. 이때 대마도도 일본의 행정구역에 속하게 됐고, 1877년(명치 10년, 고종 14년) 나가사키현(長崎県)에 편입되면서 지방호족의 개인소유지가 아닌 현(県)에 속한 지방행정지가 된 것이다. 대마도는 본래 하나의 섬이었다. 1672년 육지의 폭이 좁은 서쪽의 아소만(浅茅灣)과 동쪽의 미우라만(三浦灣)을 수로로 개통해 배를 양쪽으로 다니게 했다. 대마도가 나가사키현(長崎県)에 편입되고 일본과 러시아가 대립하면서 군사적으로 요새화됐다. 1900년 일본제국해군이 아소만에 있는 군함을 동쪽 해상으로 빨리 이동시키기 위해 수로의 좁은 부분을 폭 25m 깊이 3m로 넓혔다. 1975년에는 폭 40m, 깊이 4.5m로 확장했다. 일본은 이 운하의 개통으로 규슈에서 만제키 운하를 거쳐 대한해협에 이르는 최단거리의 항로를 확보할 수 있었다. 운하에 놓여 있는 만제키세토(万関瀬戸) 다리를 경계로, 북부를 가미시마(上島) 남부를 시모시마(下島)라 부른다. 1956년 자동차의 운행이 가능하도록 철교로 만들었고 현재의 다리는 1996년 완공한 것이다. 1905년 5월 27일 도고 헤이하치로(東郷平八郎, 1848~1934) 중장이 이끄는 일본 함대가 아소만의 복잡한 리아스식 해안에서 전열을 가다듬어, 영국의 봉쇄로 아시아와 유럽을 연결하는 〈수에즈 운하(Suez 運河)〉를 통과할 수 없게 되어 3만 7,000km 해상을 9개월 동안 돌아오느라 전력(戰力)과 전의(戰意)가 떨어진 「러시아 발틱함대」를 대마도로 유인해 괴멸시켰다. 이 해전으로 러시아 함대는 전함 6척을 포함한 16척이 격침되고, 5척이 자침했으며 6척은 나포(拿捕), 6척은 중립국으로 도피한다. 무사히 자국항에 도착한 것은 순양함 1척과 구축함 2척으로 총 3척에 지나지 않았다. 해군 5,000여 명이 전사하고 함장 지노비 로제스트벤스키 제독을 포함한 6,000여 명이 생포되고, 총 1만 명 이상이 피해를 입었다. 이에 비해 일본군의 피해는 어뢰정 3척이 침몰되고 1,000명가량의 사상자가 발생하는 데 그쳤다. 이 전투가 〈대마도 해전(쓰시마해전,

1905년 5월 27~28일)〉이다. 『청일전쟁』이 조선을 청나라에서 떼어내기 위한 전쟁이었다면, 『러일전쟁』은 일본이 조선을 점령하는 계기가 된 전쟁이다. 당시 러시아는 프랑스와 독일이 후원했고, 일본은 영국과 미국이 도왔다. 영국은 1902년 『영일동맹(英日同盟)』을 체결한 후, 일본의 재정을 돕기 위해 홍콩상하이은행(HSBC)에서 일본의 국채 1,000만 파운드 가운데 500만 파운드를 매입해 주었다. 남은 부분도 미국 유대계 은행가 제이컵 시프가 매입하고, 일본에 2억 달러를 더 지원했다. 미국은 청일전쟁(淸日戰爭, 1894~1895)을 앞두고 '개입은 없다'는 신호를 보내, 일본이 안심하고 청과 일전을 치르도록 방조했다. 러일전쟁(露日戰爭, 1904~1905)에서도, 미국정부는 일본 편을 들었고 미국 금융자본은 전쟁자금을 대줬다. 1904년 2월 10일 청나라 뤼순(旅順)에서 시작한 러일전쟁은, 대마도해전을 끝으로 1년 3개월 만에 실질적으로 종료된다. 1905년 9월 러일전쟁을 종결시키기 위한 〈포츠머스 조약(Portsmouth, 條約)〉을 주도했던 미국의 루스벨트 대통령도 일본의 팔을 들어 주었다. 이 전쟁으로 일본은 조선반도의 〈전면적 권리〉를 인정받았고, 러시아령이었던 사할린의 남쪽절반을 할양받았으며, 또 러시아가 청나라로부터 수령하고 있던 다롄(大連)과 뤼순(旅順)의 조차권을 이양받았다. 그와 함께 동청철도(東淸鉄道)의 여순(旅順)—

장춘(長春) 간 지선의 조차권도 양도받았다. 그 결과가 『한반도 강점』으로 이어지게 되었음은 물론이다. 대마도와 이키섬은 옛날부터 한반도와 일본열도 사이의 징검다리로, 석기문화와 청동기문화 그리고 벼농사와 불교, 한자 등을 한반도에서 일본에 전해 주는 창구역할을 했다. 고구마는 1763년(영조 39년) 예조참의 조엄(趙曮)이 제10대 쇼군인 도쿠가와 이에하루(德川家治)의 취임축하차, 제11차 통신사로 갔다가 대마도에서 가져온 것이다. 이때 통신사 정사는 조엄(趙曮, 44세)이고 부사는 이인배(李仁培, 47세) 종사관은 김상익(金相翊, 42세)이었다. 고구마라는 말도 조엄이 지은 『해사일기(海槎日記)』에서 일본인들이 '고귀위마(古貴爲麻)'라고 부른다고 기록한 데서 유래했다. 그러한 상호교류로 인해 대마도에는 아직도 한국식 유적과 역사·문화적 흔적이 많이 남아있다. 이즈하라에는 시라기야마(新羅山)가 있고, 북섬에는 고마야마(高麗山)가 있다. 660년(의자왕 20년) 7월 9일 나당연합군(羅·唐聯合軍)에 의해 백제가 멸망하고 의자왕(義慈王)이 당나라로 끌려간 뒤, 663년 8월 27일 백제부흥군의 요청을 받고 왜군 2만 7,000명이 출병한다. 이 전쟁에 왜는 화살 10만 촉과 피륙 300단, 곡식 종자 3,000석을 보낼 만큼 전력을 다해 백제부흥군을 도왔다. 그러나 금강하구 『백촌강전투(白村江戰鬪)』에서 백제부흥군과 일본구원군이 신라 5만·당나라 13만의 나당 연합군에 패하면서 철수한다. 『삼국사기』에는 "연기와 불꽃이 하늘을 붉게 물들였고 바닷물마저 핏빛이 됐다"고 기록하고 있다. 이 백강전투는 동아시아 5개국의 운명을 갈랐다. 백제(百濟)의 부흥운동이 끝이 났고, 고구려(高句麗)는 멸망으로 이어졌으며, 신라(新羅)는 당(唐)과의 사투 끝에 반쪽짜리 〈삼한일통(三韓一統)〉을 이루었다. 당(唐)은 제국으로서의 위상을 과시했고, 왜(倭)는 한반도에서 완전히 떨어져 나갔다. 『일본서기』에는 백강전에서 패전하고 백제부흥군의 수도인 주류성(周留城: 현재 韓山)까지 함락되자, 일본의 지배층(國人)들은 "조상들의 무덤이 있는 그곳을 언제 다시 가볼 수 있겠는가(丘墓之所·구묘지소, 豈能復往·개능복왕)"라고 한탄했다고 전하고 있다. 이후 한반도와 연결고리가 얇어진 왜(倭)는 A.D 670년 12월 『일본(日本)』으로 국호를 바꾸고 나당연합군의 추격에 대비해, 대마도(쓰시마)를 1차 방어선, 일지도(壹岐島, 이키시마)를 2차 방어선으로 하여, 대마도에 군인을 주둔시키고 아소만이 내려다보이는 흑뢰성산(黑瀨城山)에 백제식 산성을 쌓으니 이것이 일본에서 가장 오래된 가네다성(金田城)이다. 『삼국사기』 신라본기 670년 문무(文武, 10년 12월)조에는 "왜국(倭國)이 국호를 바꿔 일본(日本)이라 하였다. 이는 스스로 말하기를 해 뜨는 곳과 가까운 곳에 있으므로, 그와 같이 이름을 지은 것이다(倭國更號日本. 自言近日所出以爲

名)"라고 기록하고 있다. 『삼국사기』 신라본기 실성이사금(實聖尼師今) 7년(408년) 춘 2월조에는 "왜인이 대마도에 영을 설치하고 병기와 군량을 저축하여 우리를 습격하려 꾀하고 있다"는 내용이 있다. 고려 때는 대마도를 속령(屬領)으로 인식하고 있었다. 1368년(고려 공민왕 17년) 대마도주는 고려로부터 만호(萬戶)벼슬을 받았고, 같은 해 11월 대마도 만호가 보낸 사신에게 쌀 1,000석을 하사하였다는 기록이 남아 있다. 대마도주는 고려의 지방무관직 벼슬을 받았으며 쌀까지 얻어가는 처지였다. 12세기 후반에서 13세기에 걸쳐 고려와 일본 사이에는 외교관례의 형식을 갖춘 진봉(進奉, 진상) 관계가 이루어져, 매년 두 척의 진봉선(進奉船)이 파견되었다. 그러나 1274년(원종 15년)과 1281년(충렬왕 7년)에 몽고의 조공 요청을 거부한 일본을 〈려·몽연합군〉이 침략하면서 진봉선 무역이 종료된다. 이에 교역창구를 잃은 대마도는 왜구(倭寇)로 변해 노략질을 일삼기 시작했다. 1224년(고종 11년)부터 5회에 걸쳐 고려의 금주(金州, 현재의 김해)와 거제도를 습격한다. 1233년(고종 20년)에서 1392년(공양왕 4년) 사이에는 529번이나 한반도를 침략했으며, 14세기 이후에는 고려 내륙과 중국의 요동반도까지 쳐들어 왔다. 고려시대부터 횡행한 왜구는 상당수가 대마도 출신이었다. 그러자 1389년(창왕 1년) 고려의 경상도도순문사 박위(朴葳)가 함선 100여 척을 이끌고 대마도를 쳐서 적선 300여 척을 불태웠다. 1419년(세종 1년) 7월 11일 세종에게 양위하고 태상왕으로 물러나 있던 태종의 명에 의해, 이종무(李從茂)를 삼군도제찰사로 우박(禹博)·이숙묘(李淑畝)·황의(黃義)를 중군절제사로 유습(柳濕)을 좌군도절제사로 박초(朴礎)·박실(朴實)을 좌군절제사로 이지실(李之實)을 우군도절제사로 김을지(金乙知)·이순몽(李順夢)을 우군절제사로 하여, 하삼도 함선 227척과 65일분의 식량과 병력 1만 7,285명으로 대마도 정벌군을 꾸린다. 이들은 거제도 남단 추봉도(秋蜂島)의 주원방포(周原防浦, 현재 추봉도 주원포) 앞바다에 집결하여 출병식을 갖고 출발 3일 만에 천모만(淺茅灣, 아소만)에 도착한다. 이종무의 정벌군은 왜구 114명을 벤 뒤 21명을 포로로 잡았고, 129척의 선박과 1,939채의 가옥을 불태웠다. 그러나 이들은 왜구와 주민 소유를 구분하지 않는 무차별적인 토벌로 조선조정에 대한 적대감을 키웠다. 이종무(李從茂)는 상륙부대를 제비뽑기로 선정했으며, 돌격부대가 위태로워졌다는 연락을 받고도 군선에 남아 아무런 조치를 취하지 않아 조선군은 좁은 산곡에서 기습을 당해 패주한다. 이때 조선군 편장 박홍신(朴弘信)·김해(金該) 등 장수와 군사 백수십 명이 죽거나 다쳐, 정벌군은 20일 만에 거제도로 전면 철수한다. 이를 기해년에 동쪽에 있는 대마도를 정벌했다는 뜻에서 〈기해동정(己亥東征)〉이라 한다. 한 달이 지나 다시 대마도 정벌에 나서려 했지만, 정벌군부대는 군의 사기 저하와 1차 정벌 때의 군선파손 등의 이유로 출병연기를 요청한다. 태종이 사망하자 세종은 일본에 대한 선린정책으로 병조판서 조말생(趙末生) 명의의 서신을 보내, 대마도가 『군신(君臣)의 예(禮)』로 섬기면 무력행사를 중지할 수 있음을 통보한다. 이에 대마도주 소 사다모리(都都熊瓦, 宗貞盛)는 "대마도는 토지가 척박하고 생활이 곤란하니 섬사람들을 가라산도(加羅山島: 거제도) 등의 섬에서 살게 하고, 대마도를 조선 영토의 주군으로 여겨 주군의 명칭과 인신(印信: 관인)을 내려 주신다면 저희는 마땅히 신하의 예절로써 명령에 복종하겠다"고 승복한다. 이에 1420년(세종 20년) 7월 조선은 대마도를 경상도에 예속시킨다는 답신(答信)과 함께 구리로 만든 「종씨도도웅와(宗氏都都雄瓦)」라는 인장을 내려 대마도주의 합법적 지위를 인정했다. 이후 대마도주는 조선으로 입국하려는 왜인들에게 문인(文引, 도항허가서)을 발행하며 조선 무역을 독점한다. 〈대마도 정벌〉은 조선이 벌인 첫 해외원정이었지만 전략적 가치를 간과한 전쟁이라는 평가를 받는다. 만약 조선이 직접 관리를 보내 지배 체제로 만들었다면, 대마도를 영구히 조선 영토로 만들 수 있었고, 이후 그 참혹했던 『조·일 7년 전쟁』도 예방할 수 있었을 것이다.

1443년(세종 25년) 통신사 정사 변효문(卞孝文)·부사 윤인보(尹仁甫)·종사관 신숙주(申叔舟) 등의 기행록인 『해동제국기(海東諸國記)』에는 "삼국시대에 이미 일본에 사는 왜인들은 대마도를 외국으로 보았고, 대마도 사람들은 스스로 반조선인으로 불렀다"고 기록하고 있다. 정유재란 때 일본에 포로로 끌려갔던 강항(姜沆)의 『간양록(看羊錄)』에 의하면, 여자들의 경우 한복을 많이 입었으며 남자들은 대부분이 우리나라 말을 알았다고 한다. 왜구의 침입은 태조부터 세종시대까지 60년 동안 무려 184회에 달했다. 이에 1443년(세종 25년) 통신사 변효문과 대마도 제9대 당주 소 사다모리(宗貞盛)간에 세견선(歲遣船, 무역선)을 50척으로 하고, 해마다 쌀과 콩을 합하여 200섬을 주기로 약정하는 『계해조약(癸亥條約)』이 체결된다. 〈세종실록〉에는 "대마도라는 섬은 본시 계림(鷄林, 신라의 별칭 지금의 경상도)에 속한 우리나라 땅이다. 다만 땅이 몹시 좁은 데다 바다 한가운데 있어 내왕이 불편한 관계로 백성들이 들어가 살지 않았을 뿐이다. 그런데 자기네 나라에서 쫓겨나 오갈 데 없는 일본 사람들이 몰려들어 그들의 소굴이 되었다"고 기록하고 있다. 조선 세조 때는 대마도주 소 시계요시(宗成職)에게 사신을 좀 덜 보내라며 소주(燒酒)를 보내 준 기록도 있다. 그만큼 왕래가 잦았다고 볼 수 있다. 15세기는 왜구의 잦은 침입에 따라 부산포

(釜山浦, 동래)·내이포(乃而浦, 진해)·염포(鹽浦, 울산)의 삼포에 왜인들의 왕래와 거주를 허가하는 등 회유책과 강경책을 동시에 썼던 때다. 이 시대 대마도주는 조선정부로부터 대마도절제사(종3품) 및 첨지중추부사(정3품 무관)등의 벼슬을 받았다. 1750년(영조 26년)대 제작된 「해동지도(海東地圖)」에는 "백두산은 머리고 대관령은 척추며 영남의 대마와 호남의 탐라를 양발로 삼는다(以白山爲頭 大嶺爲脊 嶺南之對馬 湖南之耽羅 爲兩趾)"라고 기록하고 있다. 대마도는 일본 영토로 편입되기 전인 1869년(고종 6년)까지 일본과 조선에 양속(兩屬)되어 있었다. 1510년(중종 5년) 4월 4일에 발생했던 『삼포왜란』은 조선거류 왜인의 급격한 증가가 그 원인이었다. 당초 30채만 허가했으나 세종 말년(1450년) 내이포(乃而浦, 진해)에만 2,000여 명의 왜인들이 득실거렸다. 이들 왜인들은 면세(免稅)인 어업과 소금제조업 외에도 밀무역으로 호황을 누리며, 조선인들을 상대로 고리대금업까지 펼쳤다. 심지어 돈을 갚지 못해 왜인의 소작인으로 들어가거나 처와 딸을 파는 사례도 잇따랐다. 왜인들은 백성과 군사 272명이 죽고 민가 796채가 불탄 〈삼포왜란(1510년 4월 4일~4월 19일)〉이 끝난 후에도 약조를 거듭 어기며 〈사량진왜변(蛇梁鎭倭變, 1544년 4월)〉과 〈을묘왜변(乙卯倭變, 1555년 5월)〉 등을 거쳐, 1592년(선조 25년) 4월 13일 《임진왜란(壬辰倭亂)》으로 이어지게 된다.

Ⅱ. 임진왜란

1. 선비도와 무사도

 조선이 주자학을 국교로 삼아 도덕적 질서 있는 유교국가로서 『선비의 도(道)』를 실천하고 있을 때, 일본은 『무사도(武士道, 부시도우)』에 따라 사회를 경영했다. 조선의 선비들이 성리학에 입각, '이(理)'와 '기(氣)'의 명분을 따지고 당파를 지어 논쟁하고 있을 때, 일본의 사무라이(侍)들은 힘으로 질서를 세워 실사구시의 세계를 건설하려고 했다. 선비의 도가 〈성리(性理)〉의 철학적 삶을 중시한다면, 무사의 도는 힘과 물질의 원리에 따르는 현실을 중시한다. 1543년(중종 38년) 조선에는 풍기군수 주세붕(周世鵬)이 성리학 교육기관인 백운동서원(白雲洞書院)을 세웠고, 일본은 같은 해 8월 25일 종자도(種子島, 다네가시마)에 표류한 포르투갈 상인으로부터 철포(鐵砲, 조총)를 구입한다. 흔히 일본인의 정신을 표현하는 「잇쇼겐메이니(一所懸命に)」는 한 일(一), 바 소(所), 걸 현(懸), 목숨 명(命)으로 '한 곳에 목숨을 걸고'라는 뜻이다. 무슨 일을 하건 끝장을 볼 때까지 달려드는 「모노즈쿠리(匠人精神)」는 최고의 품질을 만들어 내기도 하지만, 국력이 신장되는 시점에는 곧잘 이웃나라 침략이라는 폭력으로 표출되곤 한다. 조선침략의 원흉(元兇)인 히데요시는 미천한 하급무사 기노시타 야우에몬(木下彌右衛門)의 아들로 태어나 가난한 어린 시절을 보냈다. 성장한 뒤에는 오다 노부나가(織田信長) 휘하 아시가루(足輕, 최말단 병사)가 되는데, 특유의 성실함과 뛰어난 언변으로 사무라이(侍)로 발탁된다. 1558년부터 능란한 지략과 전술로 노부나가의 신뢰받는 부장으로 중용되고, 1573년 아자이(淺井) 가문을 멸망시킨 후 나가하마(長濱)에 새로이 이마하마성(今浜城)을 쌓고 성주가 된다. 1582년 6월 2일 새벽 6시, 전국시대를 마감하고 일본 통일을 눈앞에 둔 주군 노부나가가 충복인 줄 알았던 아케치 미쓰히데(明智光秀)의 반란으로 자결하자, 서쪽의 모리(森)가문과 대치하고 있던 히데요시는 즉시 병력을 돌려 불과 11일 뒤인 6월 13일 〈혼노지(本能寺)의 변(變)〉을 일으킨 미쓰히데 군단을 무찌르고 교토(京都)를 장악한다. 이어 1583년 오다의 가신 중 자신을 적대시하는 시바타 가쓰이에(柴田勝家)를 물리치고, 1584년에는 동부의 큰 세력인 도쿠가와 이에야스(德川家康)를 굴복시켜, 1585년 천황의 집정자인 관백(關白, 간바쿠)에 1586년 12월 25일에는 태정대신(太政大臣, 다죠다이진)에 임명되고, 도요토미(豊臣)란 성(姓)을 하사받는다. 오다 노부나가(織田信長)의 말고삐를 잡는 하찮은 역할에서 시작해 천하인이 된 히데요시는, 쟁란을 거듭하던 다이묘들에게 정전(停戰)을 명하고 영토획정을 자신에게 맡기게끔 한다. 1587년 이에 불복하는 사쓰마국(薩摩国)의 시마즈(島津) 세력을 정벌하고, 1590년 봄에는 동쪽으로 시선을 돌려 관동의 강자 호조(北條) 가문의 복속에 나서, 오다와라(小田原) 성을 함락해 호조 우지마사(北條氏政)와 호조 우지나오(北条氏直) 부자를 쓰러뜨리고, 도호쿠(東北) 지방의 다테(伊達) 세력을 복속시켜 100년간에 걸친 센고쿠시대를 수습하고, 전일본을 통일하여 모모야마(桃山, 1573~1603년) 시대를 열었다. 그러나 1192년 일본의 최초의 무사정권인 가마쿠라(鎌倉, 가나가와현) 막부의 미나모토노 요리토모(源賴朝) 가문이나, 1336년 무로마치(室町)시대를 연 아시카가(足利) 가문은, 천황을 대신해 정이대장군(征夷大將軍) 즉 〈쇼군(將軍)〉으로 막부(幕府, 장군의 진영)를 열어 다이묘들을 다스렸지만, 히데요시는 신분이 미천해 궁정의 직책인 간바쿠(關白)나 태정대신(太政大臣)을 내세울 수밖에 없었다. 이에 히데요시는 자신의 권력을 과시하려 오사카(大阪)를 근거지로 삼고, 약 10만 명의 인력을 동원해 혼간지(本願寺) 자리에 오사카성(大阪城, 오사카조)을 짓고, 검은 옻칠을 한 판자와 금박기·금장식을 붙인 호화로운 천수각(天守閣, 덴슈카쿠)을 완성한다. 당시 이 천수각은 교토의 어소(御所, 고쇼)보다 웅장하고 사치스러웠다. 현존하는 오사카성은 도쿠가와 막부에 의해 재건된 시설로 히데요시의 흔적이 남아 있지 않다. 히데요시는 토지몰수와 영지전봉(領地轉封)으로 인한 다이묘와 지방호족들의 불만을 해외로 돌릴 생각으로, 대륙정벌의 야욕을 품는다. "슬픔이 나의 목숨을 갉아먹을 듯하구나. 대장부가 어찌 백 년 인생을 이처럼 헛되이 끝낼 수 있으랴! … 명나라를 치기 전에 우선 조선을 정벌할 것이다. 예부터 중화는 우리나라를 여러 번 침략했으나, 우리나라가 외국을 정벌한 것은 진구코고(神功皇后)가 서쪽 삼한을 정벌한 이래 천 년 동안 없었다." 히데요시가 나름대로 내세운 전쟁 유발의 논리다. 임진왜란을 『여몽연합군(麗蒙聯合軍)』의 일본침략에 대한 복수전이라는 것이다. 원(元)나라의 〈제1차일본원정〉은 1274년(원종 15년) 원 군사 2만 5,000명과 고려 군사 및 수수 약 1만 5,000명이 900척의 전함을 타고, 대마도와 이키섬을 휩쓸고 하카타(博多, 후쿠오카)에 상륙 승승장구하였으나, 큰 풍우로 인해 배가 파선되고 군사가 익사함으로써 원정은 실패로 끝났다. 원나라는 1279년 남송(南宋)을 평정해 중국을 통일한 2년 뒤인 1281년(충렬왕 7년) 〈제2차일본원정〉에 착수한다. 그 군세는 14만 명에 전함은 4,000척이 넘었다. 그러나 이번에도 태풍을 만나 패퇴하고 말았다. 그래서 일본인들은 이 바람을 『가미가제(神風)』라 한다. 그 뒤에도 원나라 세조(世祖, 쿠빌라이)가 〈제3차일본원정〉을 준비했으나 남송(南宋)에서 반란이 일어나 도중에 무산되었다.

2 ─────────── 히데요시의 야망

 히데요시는 1585년(선조 18년)부터 『당입(唐入)』, 즉 중국정복을 주창했다. 히데요시의 궁극적인 목적은 천하(동아시아) 정벌이었다. 자신은 〈태양의 아들(日輪の子)〉이며 그 근거는 태몽(胎夢)이고, 대륙을 정복하여 제국의 정치를 억만년 동안 시행하겠으며, 늦게 따라오는 나라는 용서치 않을 것이라고 했다. 일본 전체를 손아귀에 넣은 히데요시는 눈에 보이는 것이 없었다. 그는 루손(呂宋, 스페인령 필리핀)과 섬라곡국(暹羅斛國, 태국), 고산국(高山國, 대만)과 류큐왕국(琉球, 오키나와)에도 비슷한 내용의 편지를 보낸다. 1590년 히데요시는 류큐의 상녕왕(尙寧王)에게 명(明)을 정복할 것이니 군사와 식량을 내라고 요구한다. 놀란 류큐왕부는 이듬해 3월 조공사절 편으로 히데요시의 망동을 상국(上國·明)에 알린다. 1591년 9월 15일 히데요시는 스페인령 필리핀 제도장관(諸島長官, 마닐라 총독)에게도 국서를 보낸다. "당신의 나라는 아직 나에 대한 경의의 표시나 조공이 없었다. 내년 봄까지 히젠 나고야 성에 와서 나에게 항복하라. 지체하면 정벌하러 군대를 보낼 것이다." 심지어 포르투갈 선교사 편으로 "내가 인도까지 정복할 테니까 인도에 있는 포르투갈령 고아(Goa, 인도 서부해안선을 따라 중간쯤 자리 잡은 작은 주로 1961년까지 포르투갈 식민지임)에서 보자"는 글을 보내기도 한다. 고아는 1510년 9월 포르투갈의 정복자 알부케르크(인도 2대 총독)에 의해 포르투갈 해양제국의 최대거점이 된 지역이다. 당시 일본은 1467~1477년 쇼군 후계자 자리를 놓고 벌인 〈오닌의 난(應仁の亂)〉을 계기로 무로마치(室町) 막부의 권위가 떨어지고, 그로부터 100년 가까이 지방 군벌들이 할거하는 『센고쿠시대(戰國時代)』를 거치면서 동아시아에서 유례없는 실전경험을 갖추고 있었다. 히데요시가 정권을 잡을 당시 보유한 조총만 해도 50만 정이었고, 전투력이 강한 정규군도 30만 명에 이르렀다. 임진왜란 직전인 1590년(선조 23년)에 실시한 〈오다와라 정벌(小田原征伐)〉에 약 20만 명의 병력을 동원했는데, 당시 세계에서 이 정도 병력 동원이 가능했던 나라는 명나라와 오스만 제국(1299~1922) 정도밖에 없었다. 일본은 본래부터 소국(小國)이 아니었다. 고려의 인구가 200만 명 정도였을 때, 일본은 500만 명 정도, 16세기 조선이 400만 명이었을 때, 일본은 무려 1,200만 명 정도였다. 18세기 한양이 30만 명쯤이던 때, 에도(江戶) 인구는 120만 명에 달했다. 1600년의 당시 이베리아 제국(스페인·포르투갈)은 1,050만 명 정도, 네덜란드는 150만 명, 브리튼제도(영국)는 625만 명 정도로 추정되고 있다. 히데요시에 대해 『조선왕조실록』이나 통신사들이 남긴 기록에 따르면 "생김새는 원숭이(猿, 사루) 같고 왜소한 체격을 숨기기 위해 낙낙한 옷을 입었다. 볼품없는 풍채이나 눈빛만은 광채가 형형해 주위의 대신들을 압도했다"고 서술하고 있다. ※〈일본사 유명인들의 신체측정〉에 따르면 노부나가의 키는 165cm, 히데요시 140cm, 이에야스 157cm로 추정된다. 평생 일본에서 선교활동을 펼친 포르투갈 출신 예수회 선교사 루이스 프로이스는 "우수한 기사로 전투에 숙련되어 있으나 기품이 부족하고 키가 작으며 추악한 용모에 한 손에는 여섯 손가락이 있었다. 극도로 음탕하고 악덕에 오염되어 있었다. 빈틈없는 책모가다. 그가 지은 오사카 성에는 300여 명의 여자들이 우글거려서 성이라기보다는 유곽에 가까웠다"고 평가했다. 원래 카류카이(花柳界)라는 일본 게이샤(藝者)의 뿌리도, 1589년 히데요시가 교토 야나기초(柳町)에 유곽을 지어 공창처럼 운영하게 한 것이 그 시작이라고 한다. 프로이스 신부는 1563년 일본에 도착한 후 30여 년간 일본에 거주하면서 포교활동을 펼쳤다. 그는 오다 노부나가·도요토미 히데요시 등과 만나 그들의 일을 돕기도 했으며, 히데요시의 선교사 추방령이 내려지자 마카오 등지로 떠돌기도 했다. 이후 일본으로 다시 돌아와, 나가사키 예수회 수도원에서 병사했다.

동양에서 『야소회(耶蘇會)』로 불리는 예수회(Society of Jesus)는 가장 많은 신도와 사제를 자랑하는 수도회다. 1534년 8월 15일 프랑스 파리 몽마르트르 생드니 수도원에서 성 이냐시오 로욜라(1491~1556)가 프란치스코 하비에르 등과 함께 창설한 가톨릭 모임이 그 기원으로, 1540년 로마 교황청으로부터 정식으로 인가받아 본격적인 활동이 시작되었다. 일본에서 예수회 선교는 1549년 8월 15일 스페인 선교사 프란치스코 하비에르가 일본의 남단 항구도시 가고시마(鹿兒島)에 도착하면서 시작되었다. 일본 선교 당시 동행자는 코스메드 토레스 신부와 후안 페르난데스 수사 등이었다. 1549년 9월 29일 그는 사쓰마(薩摩)의 제15대 당주 시마즈 다카히사(島津貴久)를 만났으나 포교에 대한 긍정적인 답변을 듣지 못하고, 2개월 정도 머물다 나가사키의 히라도(平戶)에 갔고 육로로 규슈의 부젠(豊前)으로 간다. 그리고 간몬해협(関門海峽·혼슈와 규슈 사이)을 거쳐 시모노세키(下関)에 상륙했다. 1551년 4월 말 야마구치(山口)의 제16대 당주 오우치 요시타카(大內義隆)를 만나 선교 허가를 받는 데 성공한다. 이어 교토(京都)와 나가사키(長崎) 중심으로 교화해 17세기 초 가톨릭 신도는 약 20만 명에 이르렀다. 프란시스코 하비에르는 예수회의 동인도 관구장과 교황특사를 겸하면서 동양 일대의 선교책임을 맡아 일했는데, 특히 인도와 일본 전교에 평생을 바쳐 포교사에 뚜렷한 족적을 남기며 「가톨릭 성인(聖人)」의 반열에 올랐다. 1545~1547년까지는 주로 말라카(말레이)제도의 포교에 전념하였고, 1552년 다시 중국을 선교하려고 광둥항(廣東港)에 도착했으나, 1552년 12월 3일 열병으로 사망했다. 그의 이름을 딴 〈하비에르 성당〉은 일본과 스페인은 물론 동양선교의 전진기지였던 말레이시아의 말라카(Melaka), 중국 선교의 교두보인 상하이(桑海)와 마카오(澳門)에도 세워졌고, 한국에도 1963년 충북 수안보에 〈성 프란치스코 하비에르 성당〉이 지어졌다. 당시 중국과 일본의 지배자들이 예수회 선교사를 용인한 것은 이들을 통해 서학(西學)에 접근할 수 있었고, 무기(武器)와 탄환을 제공받을 수 있었기 때문이다. 예수회 선교에 대한 조선의 기록은, 인조의 맏아들인 소현세자(昭顯世子)가 베이징에서 독일 출신 예수회 선교사 아담 샬(湯若望, 탕약망) 신부와 교류한 흔적만이 남아 있다. 아담 샬(J.A.Shall)은 귀국하는 소현세자에게 서양 역법서(曆法書)뿐 아니라 천구의(지구본)와 성상(그리스도상)과 성서(聖書·Bible)도 선물했다. 이에 대해 소현세자가 보낸 감사편지가 아담 샬의 회고록에 실려 있다. 소현세자는 "예수상을 보기만 해도 마음이 가라앉고 깨끗해지는 것 같다" "성경은 마음을 닦고 덕을 기르는 데 적합하다"는 편지를 보냈다고 적었다. 또 고국에 돌아가 서양 문물과 서학을 알리겠다는 의지를 밝혔다고도 한다. 아담의 보고에 따르면 소현세자는 수양차원이 아닌 종교차원에서 천주교를 대했다고 한다. 어쩌면 「비운의 왕세자(王世子)」로 회자되는 소현세자 이왕(李汪, 1612~1645)이 우리나라 최초의 천주교 신자였는지 모른다. 예수회는 다른 수도회와 달리 교육사업에 진출했다. 1547년 최초의 예수회대학을 설립한 이래 전 세계 100여 개 국가에 진출해 226개의 종합대학과 단과대학을 세웠다. 1955년 3월에 한국에 진출해 1960년 서강대학교, 1962년에 광주가톨릭대학교를 세웠다. 한국관구 소속 예수회원은 주교 1명을 포함하여 모두 169명이다. 미국에는 보스턴칼리지·조지타운대학교·로욜라대학교·포덤대학교·시애틀대학교 등이 있으며 일본에는 사립 3대 명문인 〈소케이조(早慶上智, 와세다·게이오·조치)〉의 일원인 조치대학(소피아대학교)이 예수회에 의해 설립되었다. 남미 아르헨티나 출신의 현 프란치스코 교황은 최초의 예수회 출신 교황이다. 그는 율법(律法)보다는 현실을 사변(思辨)보다는 행동을 중시하여 왔다. 엔니오 모리코네의 '가브리엘의 오보에'로 유명한 롤랑 조페 감독의 영화 〈미션(The Mission, 1986)〉은 아르헨티나와 브라질·파라과이의 국경지대에서 18세기 예수회의 활동을 그린 것이다.

3 ─────────── 대마도주 소 요시토시(宗義智)

    대마도주 소 요시토시(宗義智)는 1568년(선조 원년) 15대 당주 소 마사모리(宗將盛)의 넷째 아들로 태어났다. 17대 당주인 소 요시시게(宗義調)의 뒤를 형인 18대 소 시게히사(宗重尚)와 19대 요시즈미(宗義純)가 차례로 이었으나, 모두 일찍 사망하는 바람에 1579년(선조 12년) 11세의 어린나이로 가문을 물려받아 20대 당주가 되었다. 그러나 나이가 어렸기에 양아버지이자 은퇴한 당주인 소 요시시게(宗義調)가 그를 보좌했다. 1587년 도요토미 히데요시(豊臣秀吉)가 규슈(九州)를 공격하자, 양부 소 요시시게와 함께 히데요시의 진지를 방문하여 항복하였고, 히데요시로부터 소 가문의 대마도 지배를 허락받았다. 그는 1588년(선조 21년) 20세의 젊은 나이로 〈쓰시마 후추번〉의 초대 번주(藩主)가 된다. 정실부인은 고니시 유키나가(小西行長)의 장녀인 고니시 다에(小西 妙)이다. 소 가문은 쓰시마의 호족(豪族)으로 센고쿠 시대를 거치면서 섬 전체를 지배했다. 본래 대마도는 아비루(阿北留) 가문이 지배했으나 12세기 소 시게히사(宗重尚)가 아비루 지카모토(阿比留親元)가 일으킨 반란을 진압한 뒤 그의 후손인 소(宗)가가 지배하게 되었다. 소 시게히사는 가마쿠라 시대(鎌倉

時代·1185~1333년) 쓰시마 국(対馬国)의 국주(国主)로 소씨 초대 당주이다. 류성룡의 『징비록』에는 "소 요시토시는 나이는 어렸지만 민첩하고 용감하였으니 다른 왜인들도 그를 두려워해 앞에서 고개를 숙이고 무릎으로 기며 감히 얼굴을 올려다보지 못했다"고 기록하고 있다. 고니시 산하에서 임진왜란 때 종군한 스페인 출신의 그레고리오 데 세스페데스 신부는 "지극히 신중한 젊은이로 학식이 있고 훌륭한 성격의 소유자"로 평가하고 있다. 1740년(영조 16년) 동래부사 박사창(朴師昌)이 편찬한 『동래부지(東萊府誌)』에 그가 한국인의 후손이라는 기록이 있지만, 그건 소(宗)씨를 송(宋)씨로 착각해 발생한 오류라고 생각된다.

오사카 예수회 수도원장 그레고리오 데 세스페데스 신부는 1593년 12월 27일 왜군과 함께 조선 땅을 밟은 유일한 서구인이며, 서간문(書簡文, 편지)으로 『코라이(Coray, 고려)』를 서양에 알린 장본인이기도 하다. 1628년(인조 6년) 이 땅을 밟은 최초의 서구인으로 알려진 네덜란드인 벨테브레이(Weltevree· 박연, 일행: 3명)보다 35년 전이며, 일본 나가사키(長崎)로 가다가 폭풍에 밀려 1653년(효종 4년) 8월 15일 밤 제주 부근에서 발견된 하멜(Hamel, 일행: 36명)보다는 무려 60년이나 앞서는 일이다. 박연(朴淵)은 하멜 일행이 제주도에 표착하였을 때 제주도로 내려가 통역을 맡았고 서울로 호송하는 임무를 담당했다. 그는 조선 여자와 결혼하여 1남 1녀를 두었고 조선에서 여생을 마쳤다. 그레고리오 데 세스페데스 신부는 일본 나가사키(長崎)를 출발하여 대마도에서 18일을 머문 후 성탄 나흘 전 60척의 일본 함대에 편승해 조선으로 출항한다. 그러나 강한 폭풍을 만나 다시 돌아온 후 두 번째 출항으로 조선 남해안에 도착했다. 그는 부산 등 경상남도 일원에 1년 가까이 체류하면서 병사들에게 복음을 전하고 영세(세례)를 베풀었다. 세스페데스의 임무는 일본인 교도들을 종교적으로 지원하는 것이었다. "하느님의 뜻에 따라 〈코라이 왕국〉에 갔었는데 전쟁에 나가있는 2,000여 병사들의 고백성사를 듣고 도와주기 위해서였으며 그곳에서 일 년간 머물렀다"고 그의 편지에서 밝히고 있다. 특히 제1군 주장인 고니시(小西)와 밀접한 관계를 유지했다. 제1군에는 고니시를 비롯해 규슈의 아리마 하루노부(有馬晴信)와 오오무라 요시아키(大村喜前) 등 크리스천 다이묘들이 포진하고 있었다. 그가 왜군 외에 조선인과도 접촉한 것으로 알려져 있으나 그에 대한 명확한 기록은 없다. 임진왜란에서 예수회 조선 출병 지원은 확인되지 않으며 스페인 출생의 그레고리오 데 세스페데스 신부, 일본인 수사 한칸 레온이 19개월간 조선에 왔었다는 기록 외에는 나머지 선교사들이 조선 땅을 밟았는지에 대한 기록은 없다. 불교 다이묘 출병이 불교의 협조로 해석될 수 없듯이 가톨릭 다이묘들의 출병 역시 같은 원리로 가톨릭 혹은 예수회의 협조로 해석하기는 어렵다. 세스페데스 신부가 조선에서 일본으로 돌아가게 된 것은 고니시의 경쟁자이자 열렬한 불교도였던 가토 기요마사(加藤淸正) 때문이라고 예수회 문헌이 전한다(『16세기 서구인이 본 꼬리아』, 47~59쪽). 다만 1603년 일본으로 돌아가는 도중 대마도에서 귀족의 자손으로 보이는 당시 13세의 어린아이 포로를 데려가 〈빈센테(Vicent)〉라는 세례명을 주고 보살핀 것으로 기록되어 있다. 1626년(인조 4년) 나가사키에서 순교한 이 「빈센트 인센쇼 카헤이고(嘉兵衛)」라 불리던 조선인 신부는 최초의 사제라는 김대건(金大建, 1821~1846) 신부보다 무려 200년이나 앞서 조선인 최초로 가톨릭 신부가 된 사람이다.

4 ─────────────── 전쟁 전야

1587년(선조 20년) 6월 7일 히데요시는 후쿠오카(福岡)의 하카타(博多)에서 대마도 도주 소씨(宗氏) 부자를 만나, 조선국왕의 천황 알현을 주선토록 명령한다. 이 명령서에는 기한을 1588년(선조 21년)까지로 못 박으며 "(조선이) 지금까지 쓰시마 다이묘에게 순종하고 있지만(今迄對馬の屋形ニしたカハれ候間) 내년에는 반드시 일본에 입조하라. 만약 여기에 불응할 경우 조선을 정벌하겠다"고 말한다. 히데요시는 조선이 대마도에 복속되어 있다고 믿고 있었다. 이에 1586년(선조 19년) 9월 제17대 당주 소 요시시게(宗義調)는 가신인 유즈야 야스히로(柚谷康広)를 일본 국왕사로, 정토종(淨土宗) 사찰인 초주인(長壽院)의 승려 산가이(三玄)를 부사로 조선에 파견, 히데요시의 일본 통일을 알린 후 새로 국왕이 된 히데요시를 축하하는 통신사 파견을 요청한다. 그러나 그들 사신들이 소지한 서한에 "천하가 짐(朕)의 손아귀에 돌아왔다"는 문구까지 있어 조선은 "수로(水路)가 아득하여 사신 보내는 것을 허락하지 않는다"며 거절한다. 조선에서 타치바나 야스히로(橘康廣, 귤강광)라고 불린 야스히로(康広)는 이 사실을 히데요시에게 알렸다가 분노한 히데요시에게 그 일족과 함께 죽임을 당

했다. 1589년(선조 22년) 1월 28일 조선과 교섭과정에서 제17대 당주 소 요시시게가 57세로 병사하자, 1589년(선조 22년) 3월 히데요시는 소 가문의 당주가 된 소 요시토시(宗義智)에게 다시 조선국왕을 입조할 것을 명령한다. 이에 소 요시토시는 1589년(선조 22년) 6월, 하카타(博多)의 쇼후쿠지(聖福寺) 케이테츠 겐소(景轍玄蘇)를 사절단의 정사로, 자신이 부사가 되어 가신인 야나가와 시게노부(柳川調信)와 하카타의 거상 시마이 소오시츠(島井宗室) 등 25명을 데리고 조선으로 건너온다. 그들은 당초 히데요시가 「명 정벌의 선두에 설 것(征明嚮導, 정명향도)」을 명하는 서신을 주었으나 「명을 치려 하니 길을 비켜 달라(征明假道, 정명가도)」로 고쳐 조선에 보고한다. 어느 쪽이든 명을 침공하겠다는 의사만은 분명했다. 일행은 창덕궁 인정전(仁政殿)에서 선조를 알현하고 거듭 통신사 파견을 요청한다. 이에 조선 조정에서 진도 출신으로 일본 고토(五島)에 표류했다가, 1587년(선조 20년) 여수 손죽도 해상을 침입한 「정해왜변(丁亥倭變)」 때 왜구의 앞잡이 노릇을 한 사화동(沙火同)을 잡아보내라고 요구하자, 대마도는 사화동은 물론 왜구에게 잡혀갔던 조선포로 김대기(金大璣) 등 116명을 송환한다. 1589년(선조 22년) 9월, 이덕형과 유성룡의 건의에 따라 조선통신사의 일본 파견이 결정된다. 조선 역시 히데요시의 일본 통일을 축하한다는 명목이었지만, 속내는 현지사정을 염탐할 목적이었다. 조선통신사 정사는 서인인 황윤길(黃允吉), 부사는 동인인 김성일(金誠一), 서장관은 허성(許筬), 수행무관 황진(黃進) 외에도 취주악단을 포함해 약 200명으로 구성되었다. 1590년(선조 23년) 3월 6일 통신사 일행은 대마도주 일행과 함께 한양을 출발하여, 4월 대마도에서 한 달간 머물다가 7월 22일에 경도(京都, 교토)에 도착한다. 그러나 히데요시가 동북지방을 순시 중에 있어 만나지 못하고 11월에 가서야 비로소 접견하고 국서를 전한다. 통신사 일행이 돌아오려 하지만 답서를 주지 않자, 사카이(堺) 포구에서 기다리다 보름 만에 답서를 받는다. 그러나 그 답서(答書)는 "자신은 「태양의 아들(日輪の子)」이고 대명국을 복속시킬 것이니 조선이 정명향도(征明嚮導)한다면 맹약은 보다 견고해질 것"이라는 내용이었다. 답신을 읽어 본 이들은 조선을 속국(屬國) 취급하는 데 경악해 소 요시토시와 겐소에게 강력히 항의했다. 그러나 겐소(玄蘇)가 본심과 달리 답신내용을 설명하며 얼버무렸기에 그 설명을 믿은 김성일(金誠一)이 각하(閣下)·방물(方物)·입조(入朝)라는 용어가 잘못되었다고 수정을 요구하다가, 한시라도 빨리 귀환해야 한다는 정사 황윤길(黃允吉)의 뜻에 따라 귀국길에 올랐다. 1591년(선조 24년) 1월 통신사 일행은 대마도에 도착했고 2월에 조선으로 귀국하는데 겐소(玄蘇)와 야나가와 시게노부(柳川調信)가 동행한다. 대마도주 소 요시토시는 어떻게라도 전쟁만은 막고 싶었다. 조선과 사이가 나빠지면 가장 난처해지는 것이 대마도였다. 조선과 일본의 중간에 끼어 있어 행여 보복으로 조선이 쳐들어오면 가장 먼저 공격을 당하는 데다, 정말 전쟁이 일어난다면 중간무역으로 먹고사는 대마도는 쑥대밭이 될 게 뻔했기 때문이었다. 또한 중간기착지로 대규모 본토병사의 주둔에 따라 약탈과 파괴도 충분히 예상할 수 있었다. 그는 가신인 야나가와 시게노부(柳川調信), 승려 겐소(玄蘇) 등과 함께 도요토미 정권의 협상파인 장인 고니시(小西)와 이시다 미쓰나리(石田三成) 등과 연락을 취하며 전쟁만은 막아 보려고 임란직전까지 분주히 움직였다. 소 요시토시는 당시 13개월간의 일본 정탐을 마치고 대마도에 머물고 있던 조선통신사 정사 황윤길(黃允吉)에게, 전쟁의 증거품으로 조총(鳥銃) 두 자루를 구해 주었다.

1591년(선조 24년) 3월 조선으로 돌아온 통신사 정·부사는 선조에게 상반된 보고를 올린다. 당시 상황을 『조선왕조실록』을 통해 살펴보자. "황윤길은 '필시 병화가 있을 것이다'라고 하였다. … '풍신수길이 어떻게 생겼던가'라는 선조의 물음에 '눈빛이 반짝반짝하여 담과 지략이 있는 사람인 듯했다'고 답했다." 김성일은 어땠을까. "성일은 아뢰기를 '그런 정상은 발견하지 못했는데 윤길이 장황하게 아뢰어 인심이 동요되게 하니 사의에 매우 어긋납니다.' … '풍신수길의 눈은 쥐와 같으니 족히 두려워할 위인이 못 됩니다.'" 병조참판에서 통신사로 파견된 황윤길은 현실에 민감하게 반응한 반면, 유학자인 김성일은 일본을 오랑캐로 여겨 얕보았다. 이에 젊은 서장관 허성(許筬)은 김성일과 같은 동인이었으나, 임금 앞에서 "침략 가능성이 있다"고 직고한다. 서장관은 외교문서 기록을 담당하는 직책으로 젊은 문관(4~6품)이 맡는 것이 관례였다. 그의 이복동생이 난설헌 허초희(許楚姬)와 교산 허균(許筠)이다. 김성일을 수행했던 무관 황진(黃進)도 부사의 무망(誣罔, 기만)을 책했다고 한다. 당시 조선 조정에는 동인의 세력이 강성해 서인인 황윤길의 의견과 허성의 직고도 묵살된다. 동인으로서 서인 편을 든 종사관 허성은 이후 동인의 외면을 받았다. 그는 임진왜란이 일어나자 강원도 소모어사를 자청하여 군병 모집에 진력했고 그 뒤 이조판서에 이르렀다. 수행무관 황진은 충청도병마절도사(종2품)로 제2차진주성전투에 참가해 성벽을 기어오르는 왜군을 막아 내다 머리에 총을 맞고 전사했다. 당시 좌의정 겸 이조판서 유성룡이 같은 동인으로 가까이 지내던 부사 김성일에게 정말 침략가능성이 없느냐고 따로 물었다. 통신사가 일본을 방문하고 있는 동안, 조정에는 서인인 정철(鄭澈)이 실각되고 동인인 유성룡(柳成龍)이 좌의정이 되어 있었다. "나도 어찌 왜적이 침략하지 않으리라고 단정하겠습니까?" 그도 침략가능성이 높다고 보았으나 서인인 황윤길의 반대쪽에 서야 했기에 그럴 수밖에 없다는 논리다. 요즘 말하는 『진영논리(陣營論理)』였다.

전쟁 1년 전 회례사(回禮使)로 조선에 와 있던 대마도주 소 요시토시는, 부사 김성일에게 히데요시가 조선의 길을 빌려 명을 정벌하려는 계획과 머지않아 대군이 조선을 침범할 터이니 명에 이를 알려 외교적으로 해결하라고 충고한다. "명나라가 오랫동안 일본과 왕래를 끊어 외교사절이 없으므로 히데요시가 분하고 부끄러움을 품어 전쟁을 일으키려는 것이오. 조선이 이 뜻을 명나라에 알려 일본으로 하여금 사절의 길을 통하게 하면 무사할 것이요, 일본백성 또한 전쟁의 노역을 면할 수 있을 것입니다." 그러나 김성일은 이를 조정에 알리지 아니한다. 자신의 주장을 뒤엎는 결과였기 때문이다. 이에 동행했던 쇼후쿠사(聖福寺) 승려 겐소(玄蘇) 등이 다시 선위사 오억령(吳億齡)을 찾아간다. "일본이 다음 해 조선의 길을 빌려 명나라를 정복할 준비를 하고 있다"는 말을 듣고는, 오덕령이 선조에게 일본의 발병이 확실하다고 치계(馳啓)를 올렸다가 일을 만들어 세상을 소란하게 한다고 심희수(沈喜壽)로 갈아 치웠으나, 그는 끝까지 주장을 굽히지 아니하였다고 이긍익(李肯翊)이 지은 『연려실기술』〈선조조 고사본말〉에 전한다. 당시 조선지배층은 굳이 일본이 공격해 올 것이라고 믿고 싶지 않았던 것이다. 동년 6월 겐소(玄蘇)의 보고를 받은 소 요시토시가 다시 부산포에 와서 배에서 내리지도 않은 채 "도요토미가 병선을 정비하고 침략할 계획을 세우고 있으니 조선은 이것을 명나라에 알려〈청화통호(請和通好)〉하는 것이 좋다"고 거듭 변장(邊將)에게 말했으나 10일이 지나도록 아무런 회답이 없자 그대로 돌아간다. 이후 일본과의 통신도 끊어지게 되고 왜관에 머무르던 일본인마저 본국으로 소환되어 텅 비게 되자, 조선은 비로소 일본의 침입이 있을 것을 알아차리고 김수(金睟)를 경상감사로, 이광(李洸)을 전라감사로, 윤선각(尹先覺)을 충청감사로 삼아 무기를 정비하고 성지를 수축하기 시작한다. 또한 신립(申砬)을 경기·황해도, 이일(李鎰)을 충청·전라도에 급파하여 병비시설을 점검하고, 경상도에는 더 많은 성을 쌓고 영천·청도·합천·대구·성주·부산·동래·진주·안동·상주 등지에는 병영을 신축하거나 고치도록 했다. 그러나 조선이 개국된 지 200년 동안 너무 오랜 기간 평화에 길들여져 있어, 축성(築城) 등 노역에 동원된 백성들의 원망이 높아져 갔다. 태평시대에 당치도 않게 성을 쌓고 군사를 훈련시키느냐는 상소가 빗발쳤고, 홍문관에서도 공사의 부당함을 주장했다. 1591년 11

월 홍문관 부제학(정3품) 김성일(金誠一, 1538~1593)이 상소를 올린다. 상소요지는 축성을 중지시키고 이순신(李舜臣)의 발탁이 잘못됐다는 것이다.(『선조수정실록』 1591년 11월 1일) 선조는 1591년(선조 24년) 2월 13일 정읍현감(종6품) 이순신을 전라좌수사(정3품)에 임명한다. 일본으로 갔던 통신사 일행이 돌아오기 며칠 전이었다. 7계단 뛰어넘은 파격 승진에 대간들이 문제를 제기했지만 선조는 단호했다. 그런데 이순신이 전라좌수사로 임명되어 근무한 지 9개월이 지난 시점에 김성일이 다시 이순신의 승진(昇進)을 문제 삼은 것이다.

통신사가 귀국길에 대마도에 도착한 1591년(선조 24년) 1월 20일 히데요시는 침략준비에 착수한다. 그는 히타치(常陸, 지금의 이바라기현)를 기준으로 서쪽 지역인 시코쿠(四国)·규슈(九州) 연안의 각 다이묘들에게 쌀 10만 석당 대선 2척을 준비하도록 명령하고, 항구도시(港町)는 집 100채당 10명의 스이슈(水主, 선박 승조원)가 출천하도록 했다. 자신의 직할영인 치쿠젠(筑前)·셋츠(摂津)·카와치(河内)·이즈미(和泉)에는 쌀 10만 석당 대선 3척·중선 5척을 만들며 건조비의 반액을 부교(봉행, 奉行)가 지출하고, 남은 금액은 선박이 준공된 뒤에 내어주도록 한다. 또 승조원(水主, 스이슈)은 2인 1개조로 하여 1명이 출전하지 않는 대신 출전하는 다른 1명의 남겨진 아내와 자식들에게 급료를 주기로 약속하고, 뱃사공들에게도 쌀로 급료를 주도록 했다. 또 선박들을 다음 해까지 셋츠(攝津)·하리마(播磨)·이즈미(和泉)로 집결시키라고 명령한다. 대선의 크기는 길이 18칸(33m) 폭 6칸(11m)으로 정했다. 1591년(선조 24년) 말까지는 군자금으로 통화를 대량생산했다. 통화는 주로 은화로 이와미 은광에서 생산한 은을 주조했기에 〈이와미긴(石見銀)〉이라고 불렀다. 군량미는 48만 명분을 준비했고 말먹이인 여물(馬草, 마초)도 준비했다. 또한 조선지도도 제작해, 경상도는 백색, 전라도는 적색, 충청도와 경기도는 청색, 강원도와 평안도는 황색, 함경도는 흑색, 황해도는 녹색으로 색칠하여 각 장수들에게 배부했다. 이어 대마도(쓰시마)의 시미즈산(淸水山)에 시미즈 산성(淸水山城)을 쌓아 병참기지로 하고, 가미쓰시마(上対馬)의 오우라(大浦)에는 우쓰카타 산성(擊方山城)을 세워 중계기지로 만든다. 히데요시는 조선과 교류해 온 대마도를 중요한 존재로 인식하고 있었다. 그는 임진왜란 2년 전인 1590년에 가신인 고니시 유키나가의 장녀 고니시 다에(小西妙, 마리아, 15세)를 대마도주 소 요시토시(宗義智)와 혼인토록 주선하여, 대마도의 충성심을 얻어 내고 조선침략의 길잡이 역할을 하게 한다.

이어 1591년(선조 24년) 9월 도요토미 히데요시는 전국 다이묘들에게 조선 침략의 기일을 정해 통보한다. 그는 1592년(선조 25년) 3월 23일, 가토 기요마사(加藤淸正)에게 주인장(朱印狀, 슈인조)를 내리며 "고니시 유키나가 등에게 조선 출병을 명했으니 너도 전장에 나가라. 이국(조선)의 자는 그렇게 강하지 않다고 생각해서 방심하지 않도록 하라. 명나라 원정에 성공하면 20주를 주겠다"고 약속한다. 히데요시는 「조선 침략전쟁」을 벌리면서, 자신에게 극렬히 저항했던 규슈지역 다이묘와 무사들을 대거 파병시킨다. 이들을 조선에서 소모시킴으로써, 위협이 될지 모를 저항의 힘을 무너뜨릴 의도였다. 1592년 3월 15일 군역동원이 이루어지는데 시코쿠(四國)·규슈(九州) 지역의 다이묘들은 쌀 1만 석당 600명, 츄고쿠(中國)·키이(紀伊)는 500명, 고키나이(五畿內)는 400명, 오우미(近江)·오와리(尾張)·미노(美濃)·이세(伊勢)는 350명, 토오토오미(遠江)·미카와(三河)·스루가(駿河)·이즈(伊豆)까지는 300명, 그보다 동쪽은 200명, 와카사(若狹) 이북·노토(能登)는 300명, 에치고(越後)·데와(出羽)는 200명으로 결정되어, 12월까지 오사카로 집결하라는 명령이 내려졌다. 또한 군사를 숨겨 둔 영주들도 처벌됐다. 도쿠가와 이에야스(德川家康)도 압박을 받았지만, 그는 아직 영지의 혼란이 수습되지 않았다는 핑계로 1,000명의 소규모 병력만을 예비대 형태로 보냈다. 원래 이에야스의 본거지인 슨푸(駿府, 시즈오카현)는 풍부한 물산을 자랑하는 교통 요지였다. 그런데 1590년 옛 호조(北条) 가문의 영지인 간토(關東)를 접수한 히데요시가 임진왜란 2년 전 이에야스에게 에도로「영지를 옮길 것(轉封, 전봉)」을 제안한다. 드넓은 관동의 지배권을 주겠다는 명분이었지만 당시 에도(江戸)는 히비야만(日比谷湾) 주변의 갈대밭이 무성한 습지와 갯벌로 김을 키우거나 물고기를 잡는 작은 어촌에 불과했다. 이때부터 절치부심하며 시작된 에도건설이 향후 도요토미 가문을 응징하고 『쇼군(征夷大將軍)』이 되어 에도막부 시대(江戸幕府 1603-1867, 264년)를 여는 원동력이 되었다.
※ 에도(江戸)는 「강(江)이 바다로 나가는 문(戸)」이라는 뜻이다.

Ⅲ. 임진왜란의 서막

1 ──────────────── 전쟁의 발발

1592년(선조 25년) 4월 13일 부산 가덕도(加德島)에서 봉수(烽燧: 낮에는 연기로, 밤에는 불빛으로 신호)가 올랐다. "왜선 90여 척이 부산포로 향하고 있다"는 보고였다. 1592년(선조 25년) 4월 14일을 기해 임진왜란이 발생한다. 히데요시는 침략군을 9개 군(軍)으로 나누고, 히젠 나고야에서 이들을 총지휘한다. 일본 중부의 중심도시 나고야(名古屋)와 구별하려 히젠(肥前)이란 옛 지명을 붙인 곳이다. 왜적들은 규슈 사가현(佐賀縣) 북쪽의 항구 가라쓰(唐津)에서 출병한다. 가라쓰는 왜인들이 중국을 가리키는 「당(唐)으로 가는 나루(津)」라는 뜻으로, 예전부터 대륙을 오가는 항구였다. 이곳에서 부산까지는 해로(海路)로 278km 남짓이다. 총대장은 제8군 주장을 겸한 양자 우키다 히데이에(宇喜多秀家), 제1군 주장은 고니시 유키나가(小西行長)로 병력 1만 8,700명, 제2군 주장은 가토 기요마사(加藤淸正)로 병력 2만 2,800명, 제3군은 주장 구로다 나가마사(黑田長政)로 병력 1만 1,000명, 제4군은 주장 모리 요시나리(毛利吉成)·배속 시마즈 요시히로(島津義弘)로 병력 1만 4,000명, 제5군은 주장 후쿠시마 미사노리(福島正則)로 병력 2만 5,000명, 제6군은 주장 고바야가와 다카카게

(小早川隆景)로 병력 1만 5,000명, 제7군은 주장 모리원지(毛利元之)로 병력 3만 명, 제8군은 총대장을 겸한 주장 우키다 히데이에(宇喜多秀家)로 병력 1만 명, 제9군은 주장 하시바 히데카츠(羽柴秀勝)로 병력 1만 1,500명으로 육군정규 병력은 15만 8,700명이었다. 그중 2개 군 2만 1,500명은 예비군으로 하여 각각 대마도와 이키섬에 주둔하였다. 그밖에 구키 요시타카(九鬼嘉隆)·도토 다카토라(藤堂高虎) 등이 인솔한 수군 9,000명이 승선하여 해전에 대비했고 구니베 나가히로(宮部長熙) 등이 이끄는 1만 2,000명이 후방경비에 임하였다. 이밖에 하야가와(早川長政) 등은 부산에 침입하여 부대의 선척을 관리하는 등 정규 전투 부대 외에도 많은 병력이 출동하여 전체 병력은 20만여 명이었다. 침공할 당시 총병력은 30만여 명으로, 출정 병력을 제외한 군대는 나고야(名護屋)에 약 10만 명을 머무르게 하고 3만 명으로 경도(京都)를 수비토록 했다. 당시 조선의 전체 인구는 600만 명에도 미치지 못하던 때였고, 정규군의 규모도 5~6만 명밖에 안됐으니 엄청난 규모의 적이었다. "선조 25년 4월 14일 왜적이 크게 군사를 일으켜 침략했다. 부산진을 함락시켰는데 첨사 정발(鄭撥)이 전사하고 4월 15일 동래부가 함락되면서 부사 송상현(宋象賢)도 전사했다. 도요토미 히데요시(豊臣秀吉)는 우리나라가 그들에게 명나라를 공격하는 길을 빌려주지 않는다는 이

유로 군사 20만을 36명의 장수에게 나누어 거느리게 한 뒤 대마도주 소 요시토시(宗義調, 宗義智의 오류) 등을 길잡이로 삼아 4~5만 척의 배로 13일 바다를 건너왔다"고 『선조수정실록』 25년 4월 편에 임진왜란의 시작을 기록하고 있다.

4월 13일 대마도 출신 병사 5,000명과 통역사 50명을 동원한 소 요시토시(宗義智) 부대를 최선봉으로 고니시 유키나가(小西行長)의 제1군은 700척의 병선에 1만 8,700명의 병력을 태우고 오전 8시 대마도 오우라항(大浦港)을 출항, 오후 2시가 넘어 절영도 앞바다에 도착하여 짙은 안개로 가득한 부산포에 상륙한다. 당시 부산 첨사 정발(鄭撥)은 절영도에서 사냥하다 대마도주가 보내는 세견선(歲遣船, 무역선)이라 여기고 대비하지 않았는데, 그가 미처 부산진에 돌아오기도 전에 적이 성을 기어올랐다. 경상도는 낙동강을 중심으로 좌우(左右)로 나누는데 한양에서 남쪽을 기준으로 부산과 울산·경주는 경상좌도에 속했다. 경상좌도의 경상좌병사는 이각(李珏), 경상좌수사는 박홍(朴泓)이었고, 경상우병사는 유숭인(柳崇仁), 경상우수사는 원균(元均)이었다. 선봉장인 소 요시토시가 『가도(假道·길을 비켜 달라)』를 요구하는 팻말을 성 밖에 세웠으나 묵살되었다. 첫 싸움이 벌어진 부산진성은 경상도 해안지방에 설치된 4개 진(鎭) 가운데 제1의 해상관문으로, 왜군이 상륙할 때 반드시 거쳐야 할 요충이었다. 4월 14일 아침 6시경 왜군의 포위 공격으로 시작된 『부산진성전투(釜山鎭城戰鬪)』는 3시간쯤 싸우다, 수군첨사 정발(鄭撥)이 머리에 조총을 맞고 숨지자 끝이 난다. 그때 정발의 나이 40세였다. 같은 시간 고니시 유키나가는 첨사 윤흥신(尹興信)과 군사 800명이 지키는 『다대진(多大鎭)』을 공격했으나, 이 전투는 꼬박 하루동안 진행되었고 야습으로 다음 날에야 함락시켰다. 경상좌수사의 부하인 다대진첨사 윤흥신(尹興信)은 동생 윤흥제(尹興悌)와 함께 민·관·군을 독려하며 힘껏 싸우다, 성이 함락되자 연못에 몸을 던져 자결한다. 다음 날 아침 왜군의 포위 공격으로 벌어진 『동래성전투(東萊城戰鬪)』도 부산진성 전투의 재판이었다. 고니시가 동래성 앞에서 "싸우려면 싸우고 싸우지 않으려면 길을 빌려 달라(戰則戰矣 不戰則假道)"고 쓴 목찰을 성안에 던지자, 동래부사(정3품) 송상현(宋象賢)이 목찰을 다시 내던지며 "싸우다 죽는 것은 쉽지만 길을 빌려 주기는 어렵다(戰死易 假道難)"고 거절한다. 이어 왜군의 공격이 시작되었다. 경상좌병사(종2품) 이각(李珏)이 군사를 거느리고 달아난다. 송상현이 도망치려는 이각을 말리며 같이 싸우자고 설득하였으나 소용없었다. 그는 임진강에서 도원수 김명원(金命元)을 만나 어가를 호위하려 왔다며 핑계를 대다 참수되어 목이 조리돌려졌다. 동래성이 뚫리고 성안에 시가전이 벌어졌다. 성이 함락될 무렵 대마도 사송인(使送人)으로 동래를 왕래하던 다이라 시게마스(平調益, 평조익)가 송상현에게 다가가 옷깃을 끌며 피하기를 권했다. 송상현이 이를 거절하고 분전 끝에 죽음을 맞는다. 당시 그의 나이 42세였다. 이 전투에서 양산군수 조영규(趙英圭)·조방장 홍윤관(洪允寬)·대장 송봉수(宋鳳壽)·동래교수 노개방(盧蓋邦) 등이 전사했고 울산군수 이언성(李彦誠)은 포로로 잡혔다. 조선군은 3,000명이 전사하고 500명이 포로로 잡혔으며 성안의 백성은 모조리 학살당했다. 소 요시토시는 생포하라는 지시를 어기고 송상현을 죽인 왜병의 목을 베고, 가로(家老, 집사)인 야나가와 시게노부(柳川調信, 平調信·평조신)와 함께 송상현의 시신을 관에 넣어 묻고 푯말을 세워 주었다. 4월 15일 왜군은 사람이 하나도 없는 경상좌수영(수영동)과 기장을 점령한다. 경상도순찰사 김수(金睟)는 진주에서 동래로 향하고 있었으나 동래성이 함락됐다는 소식을 듣고는 방향을 바꿔 북쪽 대구로 향했다. 날이 저물어 소 요시토시 부대는 양산에 도착 텟뽀(鉄砲, 조총)를 발사하자 성에 있던 조선 병사들이 경악하여 성을 버리고 달아났다. 사람이 사라져 버린 양산성(梁山城)은 다음 날 아침 고니시·소 부대의 선발대가 점령했다.

2 ─────────── 조선의 대응

 왜군상륙 이틀 만에 경상좌수영 소속 부산진성과 동래성이 무너지고, 일대가 모두 왜군 점령 아래 들어가자 경상좌수영 본영(本營)도 함께 무너졌다. 경상좌수사 박홍(朴泓)은 왜 대군을 이길 수 없다고 판단, 청야(淸野)작전으로 판옥선 40척에 구멍을 내어 침몰시키고 식량 창고에 불을 지른 뒤 도망 다녔다는 기록이 남아 있는데, 수사(水使)는 성을 버리고 달아났으나, 마을 주민 25명은 끝까지 남아 유격전으로 대항하였다. 이들의 위패를 모신 곳이 옛 좌수영 터(현 부산 수영동)에 있는 〈이십오의용단(二十五義勇壇)〉이다. 그 후 박홍은 장수로서 군율을 위반했다는 죄목으로 탄핵을 받았으나, 조정에 처음으로 왜침의 장계를 올렸고, 경상우수영과 전라수영에 전령을 보내 왜적의 침공 사실을 통보하며 지원을 요청했고, 후퇴하는 과정에 종군한 것이 감안되어 처벌을 면했으며 사후 병조참판에 추증되었다. 왜군은 동래성 다음으로 밀양성과 김해성을 빠르게 함락시키는 등 속전속결로 점령지를 확장하면서 조선의 수도인 한양(漢陽)을 향해 급속도로 진군해 나갔다. 상황이 이렇게 되자 전투에 져서 함락당하는 성 외에도 공포에 싸인 관리와 백성들이 미리 달아나서

텅 빈 성을 왜군이 무혈점령하는 일도 늘어났다.

가토 기요마사가 인솔한 제2군은 나고야를 떠나 대마도에 도착하여 제1군의 소식을 기다리고 있었다. 그러던 중 부산 상륙에 성공했다는 보고를 받고, 17일 부산에 상륙하여 그 길로 경상좌도를 택하여 장기·기장을 거쳐 좌병영 울산을 함락하고 경주·영천·신령·의흥·군위·비안을 거쳐, 풍진을 건너 문경으로 빠져 중로군과 합하여 충주로 들어간다. 구로다 나가마사(黑田長政)가 인솔한 제3군은, 18일 동래에서 김해로 침입하여 경상우도를 따라 올라와, 성주의 무계에서 지례·김산을 지나 추풍령(秋風嶺)을 넘어 충청도의 영동으로 나와 청주 방면으로 침입한다. 모리 요시나리(毛利吉成)·시마즈 요시히로(島津義弘)가 이끄는 제4군은, 김해에서 제3군과 함께 창녕을 점령한 다음 성주·개령을 거쳐 추풍령 방면으로 향하였다. 후쿠시마 미사노리(福島正則) 등이 인솔한 제5군은, 제4군의 뒤를 따라 부산에 상륙하여 북으로 침입하였고, 고바야가와 다카카게(小早川隆景) 등이 이끄는 제6군과 모리원지(毛利元之) 등이 이끄는 제7군은 후방을 지키며 북상하였다. 우키다 히데이에(宇喜多秀家)의 제8군은 5월 초 부산에 상륙하여 한양이 함락되었다는 보고를 받고, 한양을 향하여 급히 북상하였다. 그리고 제9군은 4월 24일 이키도(壱

岐島)에 유진하고 있으면서 침략을 대기하고 있었다.

 박홍의 경상좌수영이 왜군의 침공 이틀 만에 무너져 사라지자, 임진왜란 두 달 전인 1592년(선조 25년) 2월 경상우수사로 임용된 원균(元均)은, 적군의 규모와 기세가 매우 강성하여 대적할 수 없는 상태임을 깨닫고 주력함인 판옥선을 포함 전함·전구를 침몰시키고, 수군 1만여 명을 해산시킨 후 옥포만호 이운룡(李雲龍, 30세)과 영등포만호 우치적(禹致績, 32세) 등과 판옥선 4척과 협선 2척 등 6척의 배에 나눠 타고 곤양(昆陽, 泗川의 옛 지명)으로 철수한다. 당시 경상우수영에는 판옥선 44척, 협선 29척 등 모두 73척의 전함과 1만 2,000명의 수군을 거느리고 있었다. 이때 옥포만호 이운룡이 "사또가 나라의 중책을 맡았으니 의리상 관할 경내에서 죽는 것이 마땅하다. 이곳은 바로 양호(兩湖, 전라·충청)의 요해처(要害處, 아군에게 유리하고 적에게 불리한 곳)로서 이곳을 잃게 되면 양호가 위태롭다. 지금 우리 군사가 흩어지기는 하였지만 그래도 모을 수 있으며, 호남의 수군도 와서 구원하도록 청할 수 있다"고 주장한다. 당시 남해안에는 4명의 수군절도사(약칭: 水使, 정3품)가 있었다. 한양에서 가장 왼쪽은 경상좌수사 박홍(朴泓, 59세)으로 본영은 동래(지금의 부산 수영동)였다. 경상좌수사는 낙동강 동쪽에서 경주까지 관할한다. 낙동강 서쪽에서 섬진강 동쪽까지는 거제도 오아포(가배량)에 본영을 둔 경상우수사 원균(元均, 53세)이 있었다. 섬진강 서쪽부터 장흥군 홍거천까지는 여수 오동포에 본영을 둔 이순신(李舜臣, 48세)이 전라좌수사로 있었고, 홍거천 서쪽은 전라우수사 이억기(李億祺, 32세)가 해남 본영에서 담당하고 있었다. 그 아래 거진(巨鎭)에는 첨사(僉使, 종3품)를 두고, 그 아래 제진(諸鎭)에는 만호(萬戶, 종4품)를 두었다. 개전 15일 만에 바다를 지키는 조선 수군 3만 5,000명 중 2만여 명이 사라지고 남해 바닷가에 남은 수군은 전라좌·우수영 1만 5,000명뿐인 상황이 됐다. 이에 경상우수사 원균은 전라좌수사 이순신과 전라우수사 이억기에게 임진왜란의 급보를 알리고, 율포만호 이영남(李英男, 22세)을 여러 차례 이순신에게 보내 원군을 요청한다. 이영남은 전라좌수사 이순신과는 먼 인척간으로 함경도 시절 수하군관을 지낸 바 있다. 이순신이 이에 응하지 않자, 원균은 조정에 지원병력 출동을 상신한다. 어찌되었든 경상도 수군은 소멸했고 전라도 수군이 구원을 거부했기에 왜군 후속 부대는 조선 수군의 아무런 저항도 없이 상륙할 수 있었다. 이후 조선 수군은 15일 정도 침묵하면서 특별히 눈에 띄는 행동을 취하지 않았다. 전라좌수사 이순신은 왕명을 받고서야 판옥선(板屋船) 24척, 협선(挾船, 작은 배) 15척, 비전투선인 포작선(鮑作船) 등 86척으로 구성된 전라좌수영 함대를 이끌고 지원에 나섰고, 6일 경상우수사 원균이 이끄는 판옥선 4척, 협선 2척과 만나 연합함대를 구성한다. 이순신이 '각기 지키는 구역이 다르다'며 응하지 않을 때 광양현감 어영담(魚泳潭, 61세)과 순천부사 권준(權俊, 52세)은 국난을 앞두고 협력하지 않는 태도에 분개하여 항의했고, 녹도만호 정운(鄭運, 50세)은 이순신을 칼로 베려고까지 했다. 그런 곡절을 겪으면서 5월 7일 '옥포해전(玉浦海戰)'에서 조선 수군연합함대는 왜 수군장 도도 다카토라(藤堂高虎) 소속의 적선 26척을 격침시키고, 달아나는 왜적을 추격해 영등포(永登浦, 거제시 장목면)를 거쳐 합포(合浦, 창원시 마산합포구)에서 5척, 8일에 적진포(赤珍浦, 통영시 광도면)에서 11척을 각각 불태운다. 첫 승리를 거둔 옥포해전의 실전상황에 대해 『선조실록』 선조 25년 4월조에는 이렇게 기록되어 있다. "이순신은 임진년에 전라좌수사로 전함을 거느리고 경상우수사 원균과 더불어 거제 앞바다에서 싸워서 적을 대파하였다. 그 해전에서 적선 50여 척을 무찔렀으니 변란 후에 제일 큰 공이었다. 그때의 작전계획과 선봉은 모두 원균이 한 것이었으며 이순신은 특별히 도와주는 처지에 있었다." 또 『선조수정실록』 선조 25년 4월조에는 "이순신이 드디어 원병을 내어 거제 앞바다에서 원균과 만났는데 원균이 이운룡과 우치적을 선봉으로 삼았다. 옥포에 이르러 적선 30척이 있는지라 진격하여 크게 무찌르니 남은 적은 뭍으로 올라가서 달아나 버렸다. 적선을 남김없이 태워 버리고 돌아왔다"라고 기록되어 있다. 옥포는 경상우수영에 속하는 바다로, 원균이 주장으로서 휘하장령을 선봉으로 삼아 전투를 지휘했고, 이순신은 객장으로서 지원 역할을 했음을 짐작할 수 있다.

3. 조선 조정의 행보

 적이 대거 침입했다는 변보(邊報)가 조정에 전달된 것은 난이 일어난 지 4일째 되는 날이었다. 경상좌수사 박홍(朴泓)으로부터 부산진성(첨사 정발)이 함락된 것 같다는 장계를 받고, 이어 그 장계 내용이 확실하다는 보고를 받은 것이었다. 급보를 접한 조정은 급히 대책을 논의한 끝에 이일(李鎰)을 순변사(巡邊使)로 삼아 조령·충주 방면의 중로(中路)를, 성응길(成應吉)을 좌방어사(左防禦使)에 임명하여 죽령·충주 방면의 좌로(左路)를, 무과에 급제하여 선전관을 거쳐 강계부사로 있다가 파직당한 조경(趙儆)을 우방어사(右防禦使)로 삼아 추풍령·청주·죽산 방면의 서로(西路)를 방어토록 했다. 또 전 전라좌수사 유극량(劉克良)을 조방장으로 삼아 죽령(竹嶺)을 지키게 하고, 변기(邊璣)를 조방장으로 삼아 조령(鳥嶺, 문경새재)을 방수케 했으며, 전 강계부사 변응성(邊應星)을 기복(起復, 복상 기간을 마치기 전에 출사)하여 경주부윤(慶州府尹, 종2품)에 임명 각자 관군을 뽑아 임지로 떠나도록 했다. 하지만 조선은 약 200년 동안 태평세월이 계속되어 백성들은 군인이 무엇인지조차 모르는 형편이라 인솔하여 전장으로 떠날 군사가 없었다. 명령받은 장수가 군사 모이기를 마냥 기다릴 수도 없어, 순변사 이일(李鎰)이 명령을 받은 지 3일 만에 60여 명의 군관만을 거느리고 먼저 내려갔고, 별장 유옥(兪沃)이 남아 군사를 모집해 뒤따르도록 했다. 전라좌수사와 함북병사·전라병사 등을 거친 이일(李鎰, 55세)은 당시 조선에서 가장 명성이 높은 군인 두 명 중 한 명이었다. 이어 나머지 한 명으로 함북병사와 함남병사·평안병사를 거쳤고 〈니탕개(尼湯介)의 난〉 때 누구보다도 큰 공을 세운 신립(申砬, 47세)을 도순변사(都巡邊使)로 삼아, 순변사 이일(李鎰)을 뒤따라 떠나게 했고, 좌의정 유성룡(柳成龍)을 도체찰사로 삼아 제장들을 검독하게 하였다. 순변사 이일 등이 내려가기에 앞서 경상도관찰사 김수(金睟)는 왜란이 있다는 소식을 듣고 〈제승방략(制勝方略)〉에 따라 열읍(列邑, 여러 고을)에 공문을 발하여 각자 소속 군사를 인솔하여, 안전한 지역에 모여 주둔하게 하고 한양의 장수가 도착하기를 대기하였다. ※ 제승방략(制勝方略)은 병서이자 장수들을 위한 중요한 매뉴얼로, 세종(世宗) 때 육진(六鎭) 개척의 공이 있던 김종서(金宗瑞)가 정리를 시작해 이일(李鎰)이 완성한 것으로 알려져 있다. 이 전법은 중앙군과 지방군의 긴밀한 협조가 필수조건이다. 우선 침공지점에서 가까운 관군들이 1차 거점지역으로 이동해 방어를 한다. 그러는 동안 후방의 관군들이 중요 거점지역에 집결해 방어태세에 돌입한다. 이후 급파된 중앙의 장수들이

지역의 군을 지휘하면서 적과의 전면전을 벌인다. 그런데 문경 이하의 수령들 또한 각기 소속 군사를 영솔하고 대구 천변에 나가 순변사(巡邊使)를 기다렸으나 여러 날이 지나도 당도하지 않았다. 그러던 중 적세가 점차 가까워 오자 군사들이 놀라 동요하기 시작했다. 마침 비도 많이 내려 우장(雨裝)이 젖은 데다 군량보급마저 끊기자 밤중에 모두 흩어져 싸워 보지도 못하고 붕괴되었다. 중로 방어책임을 짊어지고 내려간 순변사 이일(李鎰)이 상주에 이르니 상주목사 김해(金澥)는 산속에 숨어 버리고, 상주판관 권길(權吉)만이 읍을 지키고 있었다. 판관 권길(權吉)에게 군사가 없음을 꾸짖으며 참수하려 하자, 그가 용서를 빌며 자신이 나가 군병을 불러 모으겠다고 자청하였다. '변방을 순찰하는 왕의 특사'라는 뜻의 순변사(巡邊使)는 지역 군무를 결정할 권한을 가진다. 밤새 촌락을 탐색하여 수백 명을 불러 모았으나 그들은 군사훈련을 받아 보지 못한 농민들이었다. 이일이 상주에 하루를 머무르면서 창고를 열고 관곡을 내서, 흩어진 백성들을 모이게 하였다. 그리하여 산속에 숨어 있던 사람들이 하나하나 모여들어 수백 명에 이르자 급히 대오(隊伍)를 편성하였다. 순변사 이일(李鎰)은 상주에서 모은 800명과 서울에서 내려온 군관 60명을 인솔하고, 상주 북천변(北川邊)에서 습진(習陣) 시키면서 둔진하며 전세를 갖추었다. 임진왜란이 시작된 이후 최초로 편성된 조선의 주력 방어군(防禦軍)이었다.

고니시(小西)군의 대대적인 공세가 시작되었다. 고니시의 7,000여 본진(本陣)이 좌우로 나뉘어 정면에서 달려들고, 소(宗)가 5,000여 명의 장졸을 이끌고 뒷면에서 공격했다. 그 외에도 마츠라 시게노부(松浦鎭信)·아리마 하루노부(有馬晴信)·오무라 요시아키(大村喜前)·고토 스미하루(五島純玄) 등 6,700여 명의 적군들이 사방을 에워쌌다. 왜군이 조총 사격을 시작하자 이내 아군은 한꺼번에 10여 명씩 쓰러졌다. 전투 능력도 없는 농민 출신이 대부분인 데다가 무기도 변변하지 않았고 조련도 되지 않았으며 기습까지 당한 처지인 탓에 애당초 대적상대도 되지 못했다. 조선 관군들은 고니시군의 급습으로 대패하자 이내 전의를 잃었다. 4월 23일에 있었던 이 〈상주전투(尙州戰鬪)〉에서 한성군관인 순변종사관 박호(朴箎)·윤섬(尹暹)·병조좌랑 이경류(李慶流)와 의병장 김준신(金俊臣)·상주판관 권길(權吉)·호장 박걸(朴傑)·사조순찰방 김종무(金宗武, 류성룡의 매부)·의병장 김일(金鎰) 등이 전사하고, 순변사 이일(李鎰)만이 문경으로 빠져나옴으로써 상주는 적의 수중에 함락된다. 그는 도순변사 신립(申砬)이 충주목(忠州牧, 충주시)에 와 있다는 소식을 듣고는 조령(鳥嶺)에 있던 조방장 변기(邊璣)와 신립의 진영으로 달려간다. 당시 신립은 고니시의 부대가 26일에 조령을 넘어 다음 날 충주(忠州)로 들어온다는 소식을 접하고 8,000여 군사를 이끌고 달래강(㺚川)과 남한강(南漢江)이 만나는 합수나루 동쪽의 우뚝 선 탄금대(彈琴臺)에서 배수진(背水陣)을 치고 일전을 각오하던 중이었다. 탄금대는 신라 때 악성 우륵(于勒)이 가야금을 탄주했다고 붙여진 이름이다. 고니시 부대는 정찰을 통해 이 사실을 알고 단월역(丹月驛)을 따라 세 방면에서 공격했다. 한 부대는 산을 따라 동으로 침입해 오고, 다른 부대는 강을 끼고 내려오면서 조총을 쏘아 대니 그 형세가 마치 풍우가 몰아치는 듯했다. 총성에 신립이 어찌할 바를 모르다가 말을 달려 두어 차례 적진에 돌진했으나 실패하고, 전군이 함몰되자 말을 타고 달천강(㺚川)에 뛰어들어 자살한다. 부장 김여물(金汝岉)도 따라서 투신했고, 충주목사인 조방장 이종장(李宗張)과 그의 아들 이희립(李希立), 조방장 변기(邊璣) 등은 난전 중 전사한다. 도순변사 신립은 이일과 김여물의 만류에도, 사방이 논인 탄금대 근처 달천(㺚川)을 뒤에 두고 「배수(背水)의 진(陣)」을 쳐 고니시가 거느린 왜군과 정면으로 맞섰다가 패했다. 명나라 구원군으로 온 이여송(李如松)은 "소백산맥 최고의 요새인 조령(鳥嶺)과 같은 천혜의 험지를 지키지 않다니 신 총병은 참으로 꾀가 없는 장수로다"라며 신립의 어리석음을 비웃었다고 한다. 당시 조정은 북방여진족 토벌에 혁혁한 공을 세운 삼도도순변사 신립에게 큰 기대를 걸고 있었다. 선조가 장차 세자로 세우려 했던 인빈 김씨(仁嬪 金氏) 소생인 신성군(信城君)의 장인이기에, 정치적 영향력도 적지 않았고 선조의 신뢰도 두터웠다. 선조가 직접 나서 상방검(尙方劍, 임금의 칼)을 하사하고 군무(軍務)에 관한 전권을 위임했다.『선조수정실록』에 따르면 신립의 군대는 한양을 지키던 중앙군과 군적에 올라간 병사들로서 전마(戰馬)를 지급받는 기병 8,000명으로 구성된 조선 최정예 부대였다. 거기에다 경기도와 충청도의 정예병 8,000명과 합한 1만 6,000명의 대병력이었다. 하지만 탄금대 전투에서 이 조선최고의 명장은 허무하리만큼 쉽게 쓰러졌다. 겨우 순변사 이일(李鎰)만이 동쪽 계곡을 따라 탈주하는 데 성공한다. 그 후 이일은 한양으로 올라가 패전을 급히 알렸으며 한탄강(漢灘江)에서 왜군의 도하(渡河)를 막기 위해 주둔하다가 참패하고 6월 평양의 어가에 합류한다. 이후 광해군을 호위하며 분조활동에 힘을 보탰다. 고니시군은 가토 군과 충주에서 잠시 합류했으나 다시 진로를 달리했다. 고니시의 군은 경기도 여주로 나와 강을 건너 양평을 경유 동로로 빠지고, 가토의 군은 죽산·용인으로 빠져 한강 남안에 이르렀다. 이때 조선 어부 한 명이 걸어서 도강할 수 있는 임진강 여울목 위치를 알려 주어 왜군의 빠른 진격이 가능했다. 구로다·모리의 군은 25일에 성주에 이르렀으며 지례·김산을 지나 추풍령을 넘어 충청도 영동으로 나가 청주성을 함락하고 경기도를 빠져나와 한성으로 향했다.

4 ─────────────────── 파천(播遷)

왜군이 북상한다는 급보가 계속 전해 왔으나, 신립의 충주 패보를 접하기 전까지는, 도성을 사수하겠다는 중신들의 결의는 변함이 없었다. 선조도 끝까지 한양도성(漢陽都城)을 사수하려고 했다. 그러나 4월 29일 저녁 신립의 패전 소식이 전해지자, 한성은 공황상태에 빠진다. 1388년(고려 우왕 14년) 위화도회군으로 쿠데타에 성공한 이성계(李成桂)가 4년 뒤인 1392년 7월 17일 왕대비(공민왕비 안씨)의 교지를 받들어 개경 수창궁(壽昌宮)에서 왕위에 올랐다. 형식은 선위였으나 실제는 역성혁명이었다. 고려 유신들이 껄끄러웠던 이성계는 1394년(태조 3년) 10월, 개경 대신 남경인 한양(漢陽)으로 도읍을 이전한다. 이어 정궁(正宮)인 경복궁을 완공한 다음 해인 1396년(태조 5년), 한양도성(약칭: 漢城)을 쌓았다. 경복궁 뒤의 북악산(342m)과 동쪽의 낙산(125m) 남쪽의 남산(262m)과 서쪽의 인왕산(338m)을 잇는 평균높이 약 5~8m, 총길이 1만 8,627m의 성곽이 그것이다. 이제 충주에서 도성인 한성으로 오는 길목에는 왜적을 막아 낼 아무런 방어막도 없었다. 조정은 각 동네 주민과 천민, 말단 관리까지 끌어 모아 성첩(城堞, 성가퀴)을 지키게 했다. 도성 방어에는 약 3만여 명이 필요했으나 동원된 인원은 겨우 7,000명에 불과했다. 모두가 오합지졸이었고 도망갈 궁리만 했다. 지방에서 뽑혀 온 군사들도 병조에 소속되어 있었지만, 말단 관리들에게 뇌물을 주고 도망가는 자가 부지기수였다. 당시 조선의 병제는 당(唐)의 부병제(府兵制)를 모방해 16~60세까지의 양인들에게 군역을 부과하는 것이었다. 그런데 중종 때 〈군적수포제(軍籍收布制)〉가 실시되면서 면포(綿布, 무명)를 지급하면 군역을 면제받았다. 따라서 재산이 있는 양반 사대부들은 군역이 면제되고 일반 백성들만 납부의무를 지게 된 것이 주요인이었다. 지배층들의 군역이 면제된 판국에 피지배층들이 목숨을 걸고 싸울 이유가 없었던 것이다. 당시 왕정체제에서는 왕이 변을 당하면 나라가 멸망하는 것이었기에 선조 개인이 죽고 사는 문제를 떠나 파천(播遷, 왕이 도성을 버리고 지방으로 피란 가는 것)은 피할 수 없는 선택이었다. 4월 28일 선조는 좌의정 류성룡(柳成龍, 51세)을 병조판서와 도체찰사로 군무를 겸무케 하고, 이원익(李元翼)과 최흥원(崔興源)이 각각 안주목사와 황해감사로 있을 때 선정을 베풀어 민심이 의지하고 따른다 하여 이원익을 이조판서에 평안도도순찰사를 겸하고, 최흥원을 황해도도순찰사에 임명하여 먼저 가서 백성들을 무유토록 했다. 또한 이날 대신들은 국세가 날로 다급하니 저군(儲君, 왕세자)을 세워 인심을 계속(繫屬, 연속)하기를 청하였다. 선조도 이 같은 청을 받아들여 영의정 이산해(李山海)·좌의정 유성룡(柳成龍) 등을 불러 의견을 물어 둘째 아들 광해군(光海君, 李琿)을 국본(國本, 왕세자)으로 임명해 최전방에서 활동하게 한다. 이에 대신 이하 모두 "종묘사직과 생민들의 복(『선조실록』, 25년 4월 28일)"이라고 하례했다. 세자 책봉은 평양성에 도착하여 이루어진다. 선조가 서행의 채비를 갖추자 대간·종실들은 사직을 버리지 말 것을 애원했고, 유생들 또한 소를 올려 반대했다. 『선조실록』 1592년(선조 25년) 4월 29일 자를 보면 "'임금이 궁궐을 떠나 다른 곳으로 피란하는 일'이 이미 결정되자 해풍군 이기(海豊君 李耆) 등 수십 명이 궐문을 두드리며 통곡했다. 이에 선조는 '가지 않고 마땅히 경들과 더불어 목숨을 바칠 것이다' 했다. 이에 기(耆) 등이 물러갔다"라고 증언한다. 그러나 대신들은 "사세가 여기에 이르렀으니, 평양으로 이어하시어 명나라의 원병을 청하여 회복을 도모하소서"라고 아뢸 수밖에는 없었다. 4월 29일 충주 탄금대전투에서 신립의 패보가 전해지자 선조의 파천은 시비를 따질 겨를도 없이 그날 밤으로 결정되었다. 선조는 장자 임해군(臨海君) 이진(李珒, 20세)을 함경도로, 김귀영(金貴榮)과 윤탁연(尹卓然)을 따라가게 하고, 여섯째 왕자 순화군(順和君) 이보(李𤣰, 12세)는 강원도로 호조판서 한준(韓準)과 장계부원군 황정욱(黃廷彧) 그의 아들 전 승지 황혁(黃赫) 등을 따르도록 했다. 왕자들을 각 도로 내려 보내, 근왕병을 모아야 한다는 신료들의 건의를 받아들인 것이다. 하루 종일 비가 쏟아진 4월 30일 새벽, 선조는 창덕궁 인정전을 나와 피란길에 올랐다. 사관(祠官, 제사담당 관리)에게 명하여 종사(宗社, 종묘와 사직)의 주판을 받들고 먼저 가게 하고, 왕은 융복(戎服, 전투복)으로 고쳐 입고 말을 타고 나섰다. 가랑비가 내리는 중에 도승지 이항복만이, 궁중으로 달려가 횃불을 들고 임금의 말고삐를 잡고 앞을 인도했다. 왕과 왕비, 숙의, 신성군(14세)과 정원군(12세)은 가마를 타고, 세자인 광해군(光海君, 17세)은 말을 타고, 뒤에 오는 이산해와 유성룡 등의 신하들과 시녀, 노비 등 100여 명이 도보로 돈의문(敦義門, 서대문)을 빠져나와 평양으로 향했다. 파천이 결정되자 대궐 안의 이서배(吏胥輩, 말단 행정실무에 종사하던 구실아치)와 나인들이 사라지더니, 왕을 경호해야 할 위사(衛士, 왕실을 지키는 장교)들마저 달아났다. 궁문에는 자물쇠조차 채워지지 않았고 금루(禁漏, 물시계)도 시간을 알리지 않았다. 일행이 벽제역(碧蹄驛)에 이르렀을 때 비가 더욱 심해졌다. 선조는 경기도순찰사 권징(權徵)이 바친 우비를 겨우 입었지만 나머지는 전부 비에 젖었다. 임금이 떠나자 매양 큰소리만 치던 대소신료와 사대부들은 '날 살려라' 하고 줄행랑을 쳤다. 임금을 뒤따르는 사람은 종친까지 다 합해도 100명이 채 안 됐다. 시종과 대간들도 행렬에서 낙오되면서 어느 샌가 사라지고, 의주까지 선조를 따르던 문·무관은 겨우 17명이었다. "환관 수십 명, 어의 허준(許浚), 액정서(왕명 전달 하급 관리) 4~5명, 마부 3명이 임금 곁을 떠나지 않았다"고 『선조수정실록』이 전하고 있다. 파주목사 허진(許晋)과 장단부사 구효연(具孝淵)이 왕을 위해 음식을 준비해 놓았으나, 위기가 닥치자 왕이고 뭐고 없었다. 하루종일 굶주렸던 호위병들이 주방에 들어가 음식을 닥치는 대로 먹어 치운 것이다. 벽제관(碧蹄館)에서 점심식사를 할 때도 왕과 왕비의 밥상에는 겨우 반찬이 얹혔어도, 동궁(광해군)에게는 맨밥만 주어졌다(東宮則闕膳). 병조판서 김응남(金應南)이 흙탕물 속을 분주히 뛰어다녔으나 어찌 해 볼 도리가 없었고, 경기관찰사 권징(權徵)은 무릎을 끼고 앉아 눈을 휘둥그레 뜬 채 어찌할 바를 몰랐다(『선조실록』 25년 4월 30일). 갈수록 초라해지던 행렬은 개성 부근에 이르러 조금 모양이 갖추어졌다. 황해감사 조인득(趙仁得)이 병마 수백 기를 거느리고 마중 나왔고, 서흥부사 남억(南嶷)이 군사 200명과 말 50필을 이끌고 와서 호위에 가담했다. 선조는 개성에 도착한 뒤에야 겨우 한숨을 돌릴 수 있었다. 4월 30일 평양으로 향하면서 대사간 정곤수(鄭崑壽)를 청병진주사(請兵陳奏使)로 명나라에 파견해 원군 파병을 요청한다. 당시 명나라 군사를 빨리 불러들여 왜적을 치자고 주장하는 쪽과, 명나라 군사를 불러들이면 피해가 더 커지니 어찌하든 자력으로 버텨 보자는 세력으로 의견이 갈라진다. 당시 원병 요청에 적극적인 사람은 이항복이었고, 자력으로 방어하자는 쪽은 윤두수였다. 두 사람 모두 서인계열이었다. 5월 1일 황해도 동파관(東坡館)까지 도주한 선조는 이산해와 유성룡을 불러 가슴을 두드리며 "이모(李某, 이산해)야 유모(柳某, 유성룡)야, 일이 이렇게까지 됐으니 내가 어디로 가야 하겠는가?"라고 울부짖는다. 누군들 뾰족한 대책을 내놓을 수 있는 상황이 아니었다. 선조의 지명을 받자 이항복이 나섰다. 그는 "의주로 갔다가 상황이 여의치 않으면 명나라로 들어가 호소하자"고 건의한다. 윤두수 등은 지세가 험하여 적이 들어오기 어려운 데다 병마가 굳세고 날래다는 것을 들어 함경도로 가자고 촉구한다. 서쪽 평안도로 가서 궁극에는 명에 의탁할 것인가? 북쪽 함경도로 가서 천험의 요새를 이용하여 저항을 시도할 것인가? 이에 도승지 이항복이 의주에 가서 어가를 멈추고 있다가 만약 어려운 상태에 빠져서 힘이 다 없어지고 팔도가 적에게 모두 함락된다면, 즉시 명나라 조정에 가서 사태의 위급함을 호소해야 한다며 중국과 가까운 의주 쪽으로 피난할 것을 강력히 주장하여 결정되었다. 선조는 이날 이산해를 추방하고 유성룡도 죄가 있다며 사직했기에, 영의정에 최흥원(崔興源)·좌의정에 윤두수

(尹斗壽)·우의정에 유홍(兪泓)을 임명한다. 5월 3일 왜군이 한양에 입성하자 선조의 피난길도 빨라졌다. 임진강가에 닿은 게 이경(二更, 밤 9~11시)쯤 칠흑 같은 어둠에 근처 석화정(花石亭)에 불을 질러 길을 밝혔다. 동파리(東坡里)에서 한숨 돌리고 나서니 이번에는 사천강(沙川江)이 가로막았다. 신하들이 발만 동동 구를 뿐 아무 일도 할 수 없을 때 문짝을 등에 인 마을 주민들이 하나둘 강가에 나타났다. 자기 집 널판지 대문을 뜯어 온 백성들이 그것을 이어 다리를 놓았다. 마을 사람들의 노력으로 선조는 무사히 강을 건너 개성에 도착할 수 있었다. 그 뒤로 이 마을은 '널판지로 만든 문'에서 따온 「널문리」로 불리게 되었으며, 오늘날 '널문'의 뜻에 맞춰 한자로 〈판문점(板門店)〉으로 표기한다. 선조 일행은 5월 4일 평산, 5월 5일 봉산을 거쳐 5월 7일 평양에 도착했다. 선조는 6월 2일 대동관(大同館)에 거동하여 평양의 부로들에게 유시한다. "더 이상 북쪽으로 옮겨 가지 않고 죽음으로써 평양성을 지키겠다." 하지만 6월 10일 선조의 다짐은 다시 공약(空約)이 되고 만다. 왜군이 대동강까지 북상했다는 소식 때문이었다. 6월 19일 선천 근처 철산 거련관(車輦館)에 도착했고, 6월 20일 용천에 있다가 6월 22일 의주까지 도망쳐 온 선조는 교리 이유징(李幼澄)을 의주목사로, 관아 동헌과 용만관(龍灣館)을 행궁으로 삼는다. 이어 예조판서 윤근수(尹根

壽)와 청원사 이덕형(李德馨)을 보내 명나라로부터 6월 27일 망명 허락을 받았지만, 대신들의 반대로 무산되었다. 조선의 제14대 왕 선조 이연(李昖)은 압록강 강변에서 조신들을 앞에 두고 눈물의 오언율시(五言律詩) 1수를 읊었다.

> **龍灣書事(용만서사)**
>
> 國事蒼黃日 誰能李郭忠 국사창황일 수능이곽충
> 나라는 갈팡질팡 어지러운데, 뉘라서 나라건질 충신이 될꼬
>
> 去存存大計 恢復杖諸公 거빈존대계 회복장제공
> 서울을 떠난 것은 큰 계획이요, 회복은 그대들에게 달려 있나니
>
> 痛哭關山月 傷心鴨水風 통곡관산월 상심압수풍
> 국경이라 달 아래 소리쳐 울고, 압록강 강바람에 마음 상하네
>
> 朝臣今日後 尙可更西東 조신금일후 녕부경동서
> 신하들아 오늘이 지난 뒤에도, 또 다시 동인 서인 싸우려느냐
>
> -『연려실기술』 권15 선조조 고사본말-

※ 용만관(龍灣館)은 평안도 의주에 있던 중국 사신을 접대하던 객사이며, 이곽(李郭)은 당나라 때 '안녹산의 난'을 평정한 이광필(李光弼)과 곽자의(郭子儀)를 지칭함.

5. 한성방어

왕이 자리를 비운 한양도성은 우의정 이양원(李陽元)이 유도대장으로서 수도방어를 총괄하고, 김명원(金命元)을 도원수로 신각(申恪)을 부원수로 임명하여 왜군의 한강 도하를 저지토록 했다. 그러나 왜군이 물밀 듯 밀려오자 겁에 질린 김명원이 어가를 보호한다는 명목으로 퇴각을 결정한다. 김명원은 전군의 지휘를 맡은 도원수였지만 병서를 읽었다 뿐이지, 실제전투에는 문외한에 가까운 문관이었다. 결사항전을 외치던 유도대장 이양원(李陽元)의 한양수비대도 결국 흩어졌다. 이들은 경기도 양주에서 함경병사 이혼(李渾)이 이끄는 병력과 합류한다. 부원수 신각(申恪)은 도원수 김명원이 한강방어를 포기하고 물러날 때 따르지 않고, 유도대장 이양원(李陽元) 부대와 합세하여 선조의 어가를 쫓던 제2군 가토(加藤)의 선봉부대를 맞아 왜병 70명을 죽이고 개전 이래 육전(陸戰)에서 최초의 승리를 거둔다. 이것이 5월 16일에 있었던 〈해유령전투(蟹踰嶺戰鬪)〉이다. 그러나 도망쳐 숨어 있던 도원수 김명원이 부원수 신각이 적전도주 했다고 장계를 올려, 이를 믿은 우의정 유홍(兪泓)이 선조에게 신각의 참형을 청하므로 이 전투를 승리로 이끌었던 부원수 신각(申恪)이 5월

18일 양주에서 참살된다. 그 시각 '왜군 70여 명을 죽이고 연천 임진강변에서 군사훈련을 하고 있다'는 신각의 장계와 왜군 수급 70개가 뒤늦게 평양조정에 당도한다. 조정은 황급히 다른 선전관을 보내, 형 집행을 중지시키려 했으나 이미 처형당한 후였다. 신각의 처형 소식을 들은 부인 정씨(鄭氏)는 남편의 시신을 수습한 후 스스로 목숨을 끊으니, 집에는 90살 노모만이 홀로 남는 참혹한 지경에 이른다. 신각과 함께 싸운 함경병사 이혼(李渾)은 실망하여 군사를 물려 함경도로 돌아갔으나, 함경도 전체가 가토 기요마사(加藤淸正)의 손에 떨어질 때 국경인(鞠景仁) 등 반란군의 손에 죽었고, 유도대장 이양원(李陽元)은 의주로 피난해 있던 선조가 다시 요동으로 건너간다는 소식에 탄식하며, 8일간 단식하다 피를 토하며 죽었다. 왕실의 후예인 이양원은 성품이 중후하고 박학했으며 흑백논쟁에 치우치지 않았고 시문에도 능했다고 한다. 그러나 신각을 모함한 김명원은 아무런 처벌도 받지 않았다. 김명원이 한강을 포기한 것은 적은 병력 때문이라고 용서되었고, 몇 달 뒤 도원수 자리를 이항복의 장인 권율(權慄)에게 물려준 뒤 호조판서·예조판서·공조판서를 거쳐 1597년(선조 30년) 정유재란 때는 병조판서를 역임했고, 병조판서를 이항복에게 물려준 뒤에는 다시 이조판서가 되었다. 그 뒤 이항복이 영의정이 된 때에는 그의 추천에 힘입어

우의정에, 1601년(선조 31년)에는 좌의정에 이르렀다가 이듬해 11월 1일 69세로 죽었다.

6. 분조(分朝)와 광해군

　분조(分朝)는 「조정을 둘로 나눈다」는 뜻으로, 〈임시정부(臨時政府)〉의 성격을 띠고 있다. 선조가 있는 대조(大朝)에 변고가 생기면 분조가 정부를 계속 유지해야 한다는 의지가 담겨 있다. 1592년(선조 25년) 5월 평양성에 있던 선조는, 개전 17일 만에 폭우 속에서 6월 의주로 피란을 떠났고 6월 14일 분조가 구성됐다. 선조는 광해군에게 평안북도 강계로 향할 것을 명하며 영의정 최흥원(崔興遠)·병조판서 이헌국(李憲國)·우찬성 정탁(鄭琢) 등 15명의 대신들로 분조를 돕게 했다. 이후 전쟁 준비와 백성의 위무는 17살의 광해군이 책임졌다. 1593년(선조 26년) 1월 왕명으로 분조가 해체될 때까지 광해군은 7개월간 전시 임시정부의 구심점으로 활약하며 의병들의 항전을 독려했다. 분조는 영변을 떠나 맹산, 양덕, 곡산 등을 거쳐 7월 9일 강원도 이천에 도착해, 이곳에서 20일간 머물렀다. 광해군은 강원도 이천(伊川)을 중심으로 의병 봉기를 독려했고, 초토사 이정암(李廷馣)으로 하여금 연안성(延安城)을 사수토록 해 의주에서 연안을 거쳐 강화도로 이어지는 해상교통로를 확보해 나갔다. 여름철이어서 자주 비가 내렸고 광해군 일행은 민가에서 자거나 노숙을 하면서 어려움을 견뎠다. 전 주부(主簿) 유대조(兪大造)의 상소문에는 광해군이 겪은 고통이 고스란히 드러나 있다. "그때 산길이 험준해 일백 리 길에 사람 하나 없었는데 나무를 베어 땅에 박고 풀을 얹어 지붕을 해 노숙하였으니 광무제가 부엌에서 옷을 말린 때에도 이런 곤란은 없었습니다. 산을 넘고 물을 건너고 비를 맞으면서 끝내 모두 온전하게 했으니 참으로 고생스러웠습니다. 험난한 산천을 지나느라 하루도 편히 지내지 못하였습니다." 광해군은 그 후유증으로 1593년(선조 26년) 봄과 여름 동안 해주에 머물며 병석에 누워 있어야 했다. 광해군의 분조활동은 비록 7개월간의 짧은 기간이었지만, 임진왜란 초반 치열한 격전기에 전세를 역전시키는 데 큰 역할을 했다. 우계(牛溪) 성혼(成渾)은 "저하(광해군)의 첫 활동이 맑고 빛나 마치 해가 떠오르는 듯하니(邸下始初淸明如日方昇) 나라가 되살아나고 크게 발전하리라 기대됩니다(厲精匡復王業之興隆智日而可待)"라고 극찬했다. 좌찬성(종1품)으로 세자의 스승인 세자시강원이사(世子侍講院貳師)를 맡고 있던 정탁은, 분조가 '기울어진 사직을 부축하고 나라를 중흥시키는' 성과를 거두었다고 자평했다. 임진왜란 초기의 국가 위기를 극복하는 데에는 광해군의 역할이 컸고, 약포(藥圃) 정탁(鄭琢, 1526~1605)이 그 중심인물이었다.

老臣忝貳師
늙은 신하 외람되이 세자를 가르치는 이사가 되어

死生隨跋涉
있는 힘 다하여 세자를 보살피며 뒤따랐네

惡溪褫我魄
거친 계곡물은 내 정신을 빼앗았고

險嶺折我足
험한 산길은 내 발목을 부러뜨렸네

水多與風壁
물이 많고 바람이 세찬 곳에서는

暝行兼露宿
밤길에 노숙을 하였네

困頓狼狽甚
고달프고 딱한 사정 지독했으니

嗟同我馬僕
아, 어렵기는 내 말과 종도 마찬가지였으리

우찬성 정탁의 『피란행록(避亂行錄)』에 실려 있는 이 시는 함경도로 출발한 분조의 고생살이를 잘 보여 준다. 정탁의 문집 『약포집(藥圃集)』에 따르면, 분조는 낮에도 '길이 너무나 험해 열 걸음 내디디면 아홉 번 넘어지는 산길'을 걸었다고 전한다. 그래도 나라전역을 순회하며 벌인 분조활동은 우왕

좌왕하던 선비와 백성들에게 큰 희망을 주었다. 전쟁이 일어나자마, 임금이 한양을 포기하고 곧 이어 평양에서도 사라지자, 모두들 어찌할 바를 모르는 채 넋을 잃고 있었는데 세자가 나타나자 도망쳐 숨었던 수령들도 점차 돌아오고 명령 또한 시행이 되어 회복의 기미가 살아났다. 의병들이 곳곳에서 일어나 서로 앞을 다투어 왜적을 무찌르니 적의 기세도 조금 꺾였다. 분조가 적극적인 항전 활동을 하는 사이 명나라 원병이 조선에 도착했고, 1593년(선조 26년) 1월 8일 마침내 조명 연합군이 평양성을 수복한다. 평양성이 수복되자 선조는 더 이상 분조가 필요치 않다고 판단, 다시 합조가 이루어진다. 광해군은 명과 왜군의 화의교섭 중 명군지휘부의 요청에 따라 1593년(선조 26년) 10월~1594년(선조 27년) 3월까지 무군사(撫軍司, 왕세자의 행영)를 이끌며, 충청도와 전라도의 곳곳을 순행하며 병력모집과 훈련, 군량수집 등을 담당했다. 1597년(선조 30년) 정유재란이 일어나자 광해군은 다시 전라·경상도로 내려가 군사들을 독려하고, 군량과 병기 조달은 물론 백성들의 안위를 돌보아야 했다. 그러나 왕세자의 동정을 비롯해 올라오는 보고와 답변 및 명령, 그리고 무군사로 접수된 상소 등을 기록한 『무군사일기(撫軍司日記)』는 현재 전하지 않는다.

7. 혼비백산(魂飛魄散)

　선조가 도성을 버리고 북상 길에 올랐을 때 거가(車駕, 임금의 수레)가 떠나자마자, 백성들이 난입해 형조(刑曹)와 산하 기관인 장예원(掌隷院)을 불태웠다. 형조와 장예원은 모두 노비 문서와 노비에 대한 소송을 관장하는 부서로, 공·사노비의 문적(文籍)을 보관하고 있기 때문이다. 흔히 노비는 '노예(奴隷)'와 다르다지만, 장예원(掌隷院)이란 관아 이름에도 버젓이 '부릴 예(隷)' 자를 썼다. 당시 노비들은 "문서가 없어지면 우리가 노비인지 알 수 없을 것"이라며 불을 질렀다고 한다. 왕실 재산을 관리하던 내탕고(內帑庫)도 약탈과 방화가 이어졌다. 또한 민가는 물론, 경복궁·창덕궁·창경궁이 모두 불탔다. 경복궁(景福宮)은 조선건국 후 한양 천도 때 가장 먼저 건축한 법궁(法宮)으로, 명칭은 정도전(鄭道傳)이 지어 올렸다. 『시경(詩經)』에 나오는 "이미 술에 취하고 덕에 배불렀으니 군자는 만 년 동안 큰 복을 누리시라(旣醉以酒 旣飽以德 君子萬年 介爾景福)"에서 '경복(景福)'이라는 글자를 딴 것으로 '큰 복'이라는 뜻이다. 그러나 경복궁은 정작 복(福)보다는 '화(禍)'가 더 많았다. 경복궁은 임진왜란 때 소실된 후 무려 270년간 폐허로 방치되었다가, 1865년(고종 2년) 흥선대원군 이하응(李

昰應)의 주도로 경복궁 중건이 이뤄지면서 광화문도 복원되었다. 경복궁의 정문인 광화문(光化門)의 '광화(光化)'는 서경(書經)의 글귀 "광피사표 화급만방(光被四表 化及萬方)" '빛이 사방을 덮고 교화가 만방에 미친다'에서 따왔다. 온 나라에 가득한 임금의 공덕을 백성들에게 각인시키겠다는 뜻이다. 복원된 현판 글씨는 재건공사를 지휘한 훈련대장 임태영(任泰瑛, 1791~1868)이 썼다. 고니시의 제1군은 5월 3일 오후 8시 흥인지문(興仁之門, 동대문) 성벽에 있던 작은 수문을 부수고, 성문을 열어 입성했다. 전쟁이 시작된 지 불과 21일 만이었다. 센고쿠 시대의 일본 다이묘들은 성은 무슨 일이 있어도 지켰는데, 비어 있는 한성을 점령한 고니시는 왕이 성을 버리고 도망친 행동에 매우 어이없어했다고 한다. 『요시노일기(吉野日記)』에는 고니시의 제1군이 궁궐을 점령하여 남아 있던 진귀한 물품과 재화, 보물 및 비단, 포목을 탈취했다고 쓰여 있다. 가토의 제2군은 숭례문(崇禮門, 남대문)을 통해 입성한다. 한성에 입성한 왜군들이 다시 움직이기 시작한 것은 5월 11일. 총대장인 우키타 히데이(宇喜多秀家)는 여러 왜장들의 진격 및 점령 목표를 정한다. 평안도에는 제1군 고니시 유키나가(小西行長), 함경도는 제2군 가토 키요마사(加藤淸正), 황해도는 제3군 구로다 나가마사(黑田長政), 강원도는 제4군 모리(毛利)와 시마즈(島津)가 진격하기로 했다. 병참선 확보가 주

임무가 될 남부지방의 점령은 제6군 고바야카와 타카카게(小早川隆景)가 맡았다. 한성에는 제7군 우키타(宇喜多)가 머물면서 경기도를 점령하기로 했다. 원정군 총대장인 우키타 히데이에(宇喜多秀家, 1572~1655)는 당시 만 20세에 불과했다. 그는 1586년에 히데요시의 양녀 고히메(豪姬)를 아내로 맞을 만큼 신임이 두터웠다. 지금의 서울 소공동 웨스턴조선호텔 자리에 '전선사령부(戰線司令部)'를 설치했다. 고니시 군과 가토 군은 임진강을 건너 개성을 함락시킨다. 개성에서 가토 군은 함경도 방향으로 진격하고, 고니시 군은 선조의 뒤를 추격했다. 고니시 군은 부산포에 상륙한 지 두 달 만인 6월 16일 평양성을 함락시킨다. 이때 선조는 이미 압록강변의 의주에 피란해 있으면서, 왜군이 더 북상하면 요동으로 망명할 생각을 품고 있었다. 왜군이 입성할 무렵 경복궁·창덕궁·창경궁의 세 왕궁에는 불이 일어나 연기가 하늘로 치솟았다. 역대 왕들의 실록은 물론 문무루와 홍문관에 쌓아둔 서적, 승정원일기도 타 버렸고, 고려사를 편찬하고 남겨 두었던 초고도 사라졌다. 선조 때 이조판서를 지낸 이기(李墍)가 쓴 『송와잡설(松窩雜說)』에는 "피란 가는 임금의 수레가 성문을 막 나섰고 왜적이 도성에 들어오기도 전에 성안 사람들은 궐내에 다투어 들어가서 임금의 재물을 넣어 두던 창고를 탈취했다. 그것도 모자라 경복궁과 창덕궁, 창경궁 등

세 궁궐과 6부 크고 작은 관청에 일시에 불을 질러 연기와 불꽃이 하늘에 넘쳐 한 달이 넘도록 화재가 이어졌다"며 "백성의 마음은 흉적의 칼날보다 더 참혹하다"고 그 참담함을 전했다. 임금이 도망간 도성은 노비들의 해방구였다. 이들은 임해군의 집과 병조판서 홍여순(洪汝諄)의 집도 그냥 두지 않았다. 간악하고 재물을 잔뜩 긁어모았다고 소문이 난 집들이었다. 평소 임해군(臨海君)의 비행은 구설수에 자주 올랐고 조정에서도 근심이었다. "사람의 도리가 없어 금수일 뿐"이라는 이야기까지 나왔다. 전 주부 소충한(蘇忠漢)을 때려 죽였고, 자기가 간통한 여성의 남편도 사람을 매수하여 죽였다. 백성의 토지나 노비를 빼앗는 일도 많았다. 선조의 자녀 중 공빈 김씨의 소생인 임해군 이진(李珒)과 인빈 김씨의 소생인 정원군 이부(李琈, 인조의 생부), 순빈 김씨의 소생 순화군 이보(李𤣰)는 악명(惡名) 높은 세 왕자였다. 『선조실록』 151권, 1602년(선조 35년) 6월 11일 자에 이들의 비행을 이렇게 기록하고 있다. "여러 왕자들 중 임해군과 정원군이 일으키는 폐단도 한이 없어 남의 농토를 빼앗고 남의 노비를 빼앗았다. 이에 가난한 사족과 궁한 백성들이 모두 자기의 토지를 잃었으나, 감히 항의 한 번 못하여 중외가 시끄러웠으니 인심의 원망하고 이반됨이 어떠하겠으며 나라의 명맥이 손상됨이 어떠하겠는가. 순화군은 상중에 있으면서 궁인을 겁

탈하였으니 이는 용서할 수 없는 죄이다." 순화군은 선조의 첫 비인 의인왕후(懿仁王后) 박씨의 빈전에서, 생모인 순빈 김씨(順嬪金氏)를 모시던 계집종을 강간했던 것이다. 순화군은 사이코패스로 연쇄살인마였다. 『선조실록』에 의하면 그는 1년에 약 10명을 죽였다고 한다. "임금도 이를 억제하지 못하니 다른 사람이야 어찌 논할 수 있겠는가. 하나의 왕자를 죽이는 것은 진실로 차마 할 수 없는 것이긴 하지만 백성은 무슨 죄인가(『선조실록』 177권 37년 8월 7일)." 그는 1607년(선조 40년) 27세에 풍병(風病)으로 죽었다. 한양사수를 명령받은 유도대장 이양원(李陽元)이 군사를 동원하여 난민 몇몇의 목을 쳤지만 역부족이었다. 백성들은 왕을 원망했고 왜군에도 적극 가담한다. 1592년(선조 25년) 5월 4일 개성까지 도주한 선조가 어영대장 윤두수(尹斗壽)에게 "적병의 숫자가 얼마나 되는가? 절반은 우리나라 사람이라는데 사실인가?(『선조실록』 25년 5월 4일)"라고 묻는다. 노비들이 대거 왜군에 가담한 것이다. 그들이 왜군에 가담한 것은 아마도 6.25 때 특별한 이념도 없이 빨치산에 합류했던 머슴들의 심정과도 유사했을 것이다. 그래서 선조는 조선이 망했다는 생각에 압록강을 건너 요동까지 도주하려 한 것이리라. 전쟁이 시작된 뒤 보름여 만에 서울이 함락되고(5월 2일), 선조는 급히 몽진해 압록강변의 의주에 도착한다(6월 22일). '몽진(蒙塵)'은 '먼지를 뒤집어쓴다는 뜻이다. 왕이 깨끗하게 쓸어낸 길을 가지 못하고 먼지를 뒤집어쓰며 피란했음을 뜻하는 말이다. 개전 두 달 만에 조선은 멸망직전의 위기로 몰린 것이다. 그 후 왜군에 점령당했던 한성은 1년여 뒤인 1593년(선조 26년) 4월 20일 수복된다. 1593년(선조 27년) 10월 3일 도망갔던 선조가 드디어 환궁하지만, 바라보는 백성들의 시선은 싸늘했다. "주상께서는 환궁하던 날 비단옷을 입고 들어오셨지만 세자는 베옷을 입고 비와 같이 눈물을 흘리며 행색이 초췌하여 감회를 떠올리는 모습이 역력하였다. 온 나라의 사람들이 모두 우러러 받들고 기뻐하며 말하기를 '과연 우리 임금의 아들이시다'라고 했다." 함양 출신 의병장 정경운(鄭慶雲)의 『고대일록(孤臺日錄)』 10월 15일 자 내용이다. 왕보다 세자(광해군)에게 더 시선이 집중되어 있다. 한성에는 참혹한 전란으로 인해 백성의 10분의 1만 남아 있었다. 성안에는 죽은 사람과 죽은 말의 썩은 냄새로 가득했다. 왕조의 근간이 되는 세 대궐과 종루, 각사, 관학 등 대로 북쪽에 자리 잡은 모든 것들은 남김없이 재로 변해 있었다. 조선의 국교인 유교는 인간이 죽으면 마음인 혼(魂)은 하늘로 올라가고 몸인 백(魄)은 흙으로 돌아간다고 믿었다. 그래서 신혼체백(神魂體魄)이다. 신혼(神魂)은 사당에 모시고 체백(體魄)은 능이나 묘에다 모신다. 몸을 떠난 혼령(魂靈)이 머무는 곳이 바로 사당에 있는 신주(神主)다. 이

왕조의 신주를 모시는 종묘(宗廟)도 불탔다. 지금의 종묘는 1608년(선조 41년, 광해군 즉위년) 광해군이 중건했다. 광해군이 조상의 사당을 완성했으나 정작 자신은 정전에 들어가지 못한 두 명의 군주 중 한 명(다른 한 명은 연산군)이 되었다. 선조의 할아버지인 중종(中宗)의 분묘인 정릉(靖陵)을 파내어 유골을 꺼내 버려 겨우 구렁에서 찾았고, 성종(成宗)과 계비 정현왕후(貞顯王后 尹氏)가 묻힌 선릉(宣陵)은 도굴되고 관은 불태워졌다. 선조는 성종의 시신을 찾기 위해 백방으로 노력했으나 찾지 못해, 시신과 함께 묻었던 옷을 태운 재를 다시 관에 넣고 왕릉을 수습했다. 말 그대로 혼비백산(魂飛魄散)이었다.

1593년(선조 26년) 영의정으로서 전시행정을 총괄하는 도체찰사를 겸한 류성룡(柳成龍)이 노비도 군공을 세우면 양인으로 신분을 상승시켜 주고 공이 클 경우 양반까지 주는 면천법(免賤法)을 건의하여, 선조가 이를 받아들이자 노비들이 대거 의병으로 몰려들었다. 공사 노비가 왜군의 머리를 베어 오면 1급으로 면천(免賤, 천인을 벗어남)시키고, 2급이면 우림위(羽林衛, 호위무사)에 제수하고, 3급이면 허통(許通, 벼슬시킴)시키며, 4급이면 수문장(守門將, 4품관)에 제수하겠다는 것이다. 또 모자라는 군사를 노비로써 충당하기 위해 「공사천무과(公私賤武科)」를 실시해 합격한 자는 우림위(羽林衛, 국왕호위무사)

에 입속 시키고, 적의 머리를 베어오면 급제시키는 참급무과(斬級武科)를 실시해 양인뿐 아니라 공·사노비도 양인과 동등하게 응과 할 수 있도록 하고 정식으로 시험을 보지 않더라도 왜군의 목을 많이 베어 오는 자는 과거급제 자격을 내리기로 했다.『선조실록』27년 5월 8일, 이에 따라 천인인 백운상(白雲常)은 군공으로 3품직인 훈련정(訓練正), 충의위(忠義衛) 홍언수(洪彦秀)의 천첩자인 홍계남(洪季男)은 호서지방을 보전한 공으로 수원판관(水原判官) 겸 경기도 조방장(助防將)에 기용되었다. 그러나 히데요시가 죽고 전쟁이 끝나자 선조와 사대부들의 생각은 달라진다. 면천법(免賤法)을 비롯해 양반도 노비들과 함께 군역에 편입시킨 속오법(束伍法), 토지 소유의 많고 적음에 따라 세금을 납부하는 작미법(作米法) 등 전시에 시행되던 개혁정책들은 모두 폐기된다. 오히려 도망간 노비들을 추쇄(推刷)하는 조치가 강화된다. 정유재란이 종결된 지 불과 30년 만에 북방의 여진족 후금(後金)이 남침하는 정묘호란(丁卯胡亂, 1627년)이 일어난다. 인조(仁祖)가 '향명배금(向明排金)'을 표방하며 요동을 수복하려는 명나라 모문룡(毛文龍) 군대를 평북 가도(椵島)에 주둔토록 허용하고 군사원조까지 하고 나서자, 후금은 배후를 위협하는 조선을 정복해 후환을 없앨 필요가 있었다. 이때 평안도 안주성(安州城)에서 평안감사 윤훤(尹暄)이 병사들에게 나가서 싸우자고 말하자, 병사들이 거꾸로 서얼·상민·노비라고 써 놓은 호패(號牌)를 성 위에 쌓아 놓고 '너희들이나 나가서 싸우라'고 거부했다는 것이다. 그렇게 호패법(號牌法)에 불만을 품은 백성들이 항전(抗戰)을 포기하자, 안주성(安州城)이 무너진 것은 당연한 일이었다. 병자호란 때도 마찬가지였다. 사농공상의 질서 속에 공업과 상업을 천대했던 조선에서 산업이 일어날 수 없었고, 백성은 늘 가난 속에서 허덕거려야만 했다. 노비·서얼 등 각종 신분제로 백성을 옭아맸던 나라가, 위기에서 무너지는 것은 극히 당연하지 않을까.

임진왜란이 일어나자 경상우병사(종2품) 김성일(金誠一, 1538~1593)이 옥에 갇힌다. 그는 통신사 부사로서 "적은 절대 침략해 오지 않는다(賊必不能來寇)" 하고 주장하여 인심을 해이하게 하고 국사를 그르친(懈人心 誤國事) 죄(罪)로 국문에 처해질 위기에 놓였다. 이런 김성일을 살려 준 이는 서애 류성룡(柳成龍)이었다. "성일의 충절은 믿을 수 있다(誠一忠節可恃, 성일충절가시)"는 이유에서였다. 당시 조정은 김성일의 주장에도 불구하고, 일본의 침략에 대비해 각지에 성을 쌓고 장정들을 징집하는 등 대비책을 강구했는데, 이에 대해 영남 사대부들이 집단적으로 반대 움직임을 보였고, 김성일 또한 이에 호응해 전쟁 준비를 그만두고 내치(內治)에 힘쓰라는 상소를 올렸다. 선조는 이런 김성일을 국문하려다 오히려 경상우도 초유사로 내려 보내고, 함안군수 유숭인(柳崇仁)을 대신 경상우병사로 삼는다. 〈초유사(招諭使)〉는 전쟁이나 반란 등 위기상황 때 특명에 따라 민심을 다독이고, 의병을 모집하는 임무를 수행하는 관리로 경상우도에만 파견되었으며, 역임한 인물도 김성일이 유일하다. 이는 김성일을 국문하는 대신 사실상 사지(死地)에 보낸 것으로 볼 수 있다. 하지만 김성일은 예상외로 임무를 잘 수행했다. 전장을 누비며 의병을 규합하고 조직하는 데 힘을 쏟았다. 곽재우(郭再祐)·김면(金沔)·정인홍(鄭仁弘) 등을 의병장으로 삼아 힘을 실어 준 것도 김성일이었다. 김성일은 〈제1차진주성전투〉에서 진주목사 김시민(金時敏, 1554~1592)과 함께, 고작 3,800명의 병사로 2만 명의 왜군을 격파했다. 김시민은 이마에 적탄을 맞고 수일 후인 1592년(선조 25년) 10월 18일, 39세 일기로 사망한다. 그가 사망하기 전 경상우도 병마절도사에 임명되었으나 이 소식이 전해진 것은 그가 사망한 뒤였다. 김성일 또한 〈제2차진주성전투〉를 앞두고, 1593년(선조 26년) 4월 29일 55세의 일기로 병사했다. 당시 유행하던 여역(癘疫, 돌림으로 앓는 열병)에 전염되었다. 『선조수정실록』 27권, 선조 26년 4월 1일 '경상좌도순찰사 김성일의 졸기'에 "지성으로 군중을 효유하고 관군과 의병 등 모든 군사를 잘 조화시켰는데 한 지역을 1년 넘게 보전시킬 수 있었던 것은 모두 그가 훌륭하게 통솔한 덕분이었다. 그는 임종 시에도 개인적인 일은 언급하지 않았다. 그의 아들 김혁(金奕)이 옆방에 있으면서 함께 걸린 염병(染病, 전염병)으로 위독했으나, 한 번도 그에 대해 묻지 않고 오직 국사를 가지고 종사자들에게 권면하였으므로 사람들이 그의 의열에 감동했다"고 기록하고 있다. 진주성이 함락될 때 〈촉석루(矗石樓)〉에서 왜장을 껴안고 몸을 던진 『논개(論介)』는 야담(野談)에 기록된 인물이다. 한성좌윤을 지낸 유몽인(柳夢寅)이 1621년에 펴낸 『어우야담(於于野談)』에 논개 얘기가 처음 나온다. 삼도순안어사 유몽인(柳夢寅)이 1594년(선조 27년)에 진주성 전투의 참상을 조사하러 갔다가, 논개 얘기를 듣고 책에다 적었다. 그러나 논개가 몸을 던진 사실만 적혀 있을 뿐, 출신지나 성장 과정에 대한 아무런 단서도 없다. 논개가 죽은 지 207년이 지난 1800년(정조 24년)에 발간된 『호남절의록(湖南節義錄)』에 '기생 논개는 장수 사람인데 최경회가 좋아했으며 그를 따라 진주로 갔다'는 내용이 포함되어 있다. 최경회(崔慶會)는 장수현감을 지냈고 경상우도 병마절도사로 1593년(선조 26년) 6월 〈제2차진주성전투〉에 나섰다가 성이 함락되면서 스스로 목숨을 끊은 인물이다. 실록에 언급된 최경회는 원래 의병장 출신으로 관군에 포함되면서 경상우병사의 직책을 달고 있었는데, 공식적으로 그가 이끌고 입성했다는 병력은 300명이며 전사자는 420명으로 기록되어 있다. 제2차진주성전투에서는 창의사(倡義使) 김천일(金千鎰)과 그 아들 김상건(金象乾)·경상우병사 최경회(崔慶會)·충청병사 황진(黃進)·진주부사 서예원(徐礼元)·의병장 고종후(高從厚)·김해부사 이종인(李宗仁)·거제현령 김준민(金俊民) 등이 전사했고 군민 2만 명이 전멸했다. 최경희는 장수현감 시절 민며느리로 팔려 갈 위기에 처했던 논개(論介)를 거둔 뒤, 그 인연으로 논개를 첩으로 받아들였다. 최경회와 논개는 42살의 나이 차이였다. 논개가 최경회의 첩이었다는 사실은 최경회에게 포상을 내려달라며, 영조에게 올렸던 공적서에서도 확인된다. 이 공적서에 논개는 최경회의 '천첩(賤妾)'으로 기록되어 있다.

임진왜란 당시 '날아가는 새도 잡는다' 하여 이름 붙여진 '조총(鳥銃)'은, 조선군에게는 그야말로 공포의 대상이었다. 화살과 달리 맞으면 즉사하는 경우가 많은 데다, 소리까지 요란했기에 수백 명이 연달아 조총을 쏘면 말 그대로 혼비백산하는 경우가 많았다. 당시 왜군은 조총병·궁병·창병으로 구성되어 있었는데, 임진왜란 당시 외교에서 활약한 이덕형(李德馨)은 "가장 먼 곳에서 철환을 쏘고, 다음은 창으로 찌르고 가장 가까운 곳에서 벤다"고 왜군의 전투방식을 설명하고 있다. 조선군과 대치했을 때 조총병이 선제사격을 하고 2선으로 물러나면, 궁병이 활을 쏘아 조총병의 장전 시간을 벌어 주고, 조총병이 재차 사격을 가해 전열을 흩트리면, 기마병이 돌격해 전열을 붕괴시키고, 다시 창병이 백병전을 벌이는 식이다. 당시 조선 조정에는 대마도주 소 요시토시가 1년 전에 진상한 조총을 군기사(軍器司) 창고에 처박아 두었는데, 왜군이 쓰는 것을 보고 그 위력을 인식하여 처음에는 노획하여 사용하였다. 일본은 1543년(중종 38년) 8월 25일 가고시마(鹿兒島) 남쪽의 작은 섬 다네가시마(種子島)에 표류한 포르투갈인으로부터 조총을 처음 구입한 후, 자체적으로 만들기까지 수년에 걸친 실패가 있었으나 센코쿠 시대의 실전 경험을 통해 최적화된 전술을 개발할 수 있었다. 오와리국(尾張国, 아이치현) 출신인 오다 노부나가는 새로운 것을 받아들이는 데 민첩했다. 그는 1540년대 말 포르투갈 예수회 선교사들과 그들을 돕고 있던 상인들을 통해 서양대포의 존재를 알았고, 뎃포(鐵砲, 조총)가 전쟁의 판도를 바꿀 것을 직감했다. 1549년에는 최초로 조총 500자루를 구입하여, 조총부대를 창설했다. 노부나가는 뎃포제작의 중심지였던 사카이(堺)·네고로(根来)에 만족치 않고, 1570년 뎃포의 주생산지인 구니토모(國友)를 장악해 대량생산에 나서는 한편, 일자리가 없어 빈둥거리는 젊은 청년들을 대거 모집해 뎃포 사수로 양성한다. 이때 조총 생산을 관장한 사람이 바로 도요토미 히데요시였다. 1575년 6월 29일 〈나가시노 전투(長篠戰鬪)〉에서 오다(織田)·도쿠가와(德川) 연합군이 다케다 가쓰요리(武田勝賴)의 기마부대를 전멸시킨다. 이후 일본에서는 뎃포 없이 전쟁에 나가는 것은 무모한 짓이라고 하여 '무뎃포(無鐵砲·무데뽀)'라는 말이 나왔다. 노부나가는 점차 전국시대의 혼란을 잠재우며, 천하통일의 기초를 닦아 나간다. 그러다 오다 노부나가가 〈혼노지(本能寺)의 변(變)〉으로 자결하고, 그 뒤를 이어 조총으로 무장한 히데요시가 전국을 통일하였던 것이다. 그래서 일본에서는 '오다 노부나가(織田信長, 1534~1582)가 열심히 농사짓고, 도요토미 히데요시(豊臣秀吉, 1537~1598)가 맛있게 밥을 지어 놓으니, 도쿠가와 이에야스(德川家康, 1542~1616)가 밥상을 통째로 먹었다'고들 한다.

8 — 항왜(降倭)와 순왜(順倭)

조선에도 활과 창 그리고 칼로 무장한 정예군이 있었으나, 왜군이 육전에서 조선군에 비해 크게 강점을 가진 것은, 조총(鳥銃)이란 신무기와 그 활용 방법이었다. 전쟁 이듬해인 1593년(선조 26년) 2월부터 조선도 훈련도감과 군기사에서 본격적으로 조총개발에 착수한다. 1592년(선조 25년) 4월 15일, 가토 기요마사의 좌선봉장으로 조선에 귀화한 사야가(沙也可)도 조총개발에 합류한다. 그는 자기가 이끈 철포 부대 소속 왜군 500명을 이끌고, 경상도 병마절도사 박진(朴晉)에게 귀순했다. 그때 그의 나이 22살로, 그는 어릴 때부터 조선의 문물과 인륜 사상을 흠모했다. 1593년(선조 26년) 4월 경주 이견대(利見臺) 전투에서 왜군 300여 명을 참살하는 공을 세웠고, 함락된 18개의 성도 되찾았다. 이에 도원수 권율(權慄)이 포상장계를 올린다. 조정은 그런 사야가를 가상하게 여겨 자헌대부(資憲大夫, 정2품)를 제수했다. 그러면서 김해 김씨(金海金氏) 성(姓)과 '충선(忠善)'이란 이름을 내렸다. 김해 김씨는 수로왕(首露王)과 김유신(金庾信)으로 대표되는 오랜 전통의 명문거족으로, 사야가에게 내려진 임금의 하사품은 더할 수 없이 빛나는 영광이었다. 그래서 '김충선(金忠善) 가문'은

'임금이 내려 준 성씨'라는 뜻의 〈사성(賜姓)〉 두 글자를 덧붙여 스스로를 『사성 김해 김씨(賜姓金海金氏)』라 부른다. 김충선은 홍의장군 곽재우(郭再祐)·도원수 권율(權慄)·초유사 김성일(金誠一)·절도사 이덕형(李德馨)·통제사 이순신(李舜臣)·체찰사 정철(鄭澈) 등과도 편지를 주고받으며 조총보급 등 현안에 관해 논의했다. 그가 이순신에게 보낸 답서에 등장하는 "하문하신 조총과 화포에 화약을 섞는 법은 (중략) 이미 각 진영에 가르쳤습니다. 이제 또 김계수(金繼守)를 올려 보내라는 명령이 있사오니, 어찌 따르지 않겠사옵니까"와 같은 기록도 있다. 그는 임진왜란(1592~1598)과 이괄의 난(1624), 병자호란(1636)에서 활약하여 「3난공신」으로 불린다. 전쟁이 끝난 뒤에 경상도 우록동(牛鹿洞)에 자리를 잡았고 30살에 진주목사 장춘점(張春點)의 딸 장숙혜(당시 16세)와 혼인하여, 맏아들 경원(敬元)을 포함하여 5남 1녀를 얻었으며 72세에 삶을 마감했다. 김충선(金忠善)은 우록 김씨(友鹿金氏)의 시조다. 후손은 현재 18대까지 내려가 대구 우록리 일대에 60여 호 안팎이 있으며, 전국에는 7,500명 정도가 살고 있다. 이 밖에도 항왜로 유명한 이는 검술에 능해 조선군의 훈련을 맡았고, 울산왜성 전투에도 참가했던 여여문(呂汝文)이 있다. 그는 정유재란 때인 1598년(선조 31년) 적진에 정탐꾼으로 밀파되어 왜군의 정세를 보고하는 임무를 맡는다. 머리를 깎고 왜인의 옷을 갈아입고 적진에 잠입해, 울산 성황당·도산·태화강의 적병 숫자를 파악해 형세도를 그린 뒤 빠져나왔다. 이를 본 명나라의 경리 양호(楊鎬)가 크게 기뻐하며 은 10냥을 내려 주었다. 명의 마귀(麻貴) 제독이 군사를 일으켜 울산 전투에 임하면서 여여문(呂汝文)을 다시 적진에 침투시킨다. 여여문은 전투가 벌어지자 왜군 4명의 수급을 베어 가지고 나왔다. 그러나 이때 명나라 마귀 제독이 여여문을 죽이고 가지고 있던 왜적의 수급마저 빼앗았다. 실수였는지 공을 가로채려 했던 것인지는 알 수 없다. 정유재란 이후 조선으로 귀화하여 합천 마씨(陜川麻氏)의 시조가 된 명나라 출신 마순상(麻舜裳)이 마귀(麻貴) 제독의 증손자이다. 또 사백구(沙白鷗)도 있다. 1597년(선조 30년) 9월 경상우병사 김응서(金應瑞)는 "이런 항왜는 반드시 상급을 내려야 한다"며 상소문을 올려 사백구(沙白鷗)를 적극 추천하였다. 항왜 사백구는 황석산성 전투에도 참여하여 왜군 4명을 참살하였고 결국 성이 함락되자 왜병 흉내를 내며 김해부사 백사림(白士霖) 가족을 성 밖으로 탈출시켰다. 또한 함박 김씨(咸博金氏)의 시조인 김성인[金誠仁, 사여모(沙汝某)]도 유명하다. 그는 광해군으로부터 가선대부 동지중추부사의 교지를 받는다. 1년 뒤인 1621년(광해군 13년) 광해군은 사여모의 아들을 조선중앙군 5위부대 중 하나인 호분위 장교인 상호군에 임명한다. 직급은 정3

품 당하관 어모장군이다. 또 1년 뒤 6월 아버지 사여모(沙汝某)는 정2품 자헌대부로 승진하였다. 같은 날 아들도 정3품 당상관인 절충장군으로 승진한다. 김성인(沙汝某)은 동료 김계수(金繼守)·아들 김귀성(金貴成)·상관 김충선(金忠善)과 함께 병자호란 때 쌍령 전투에서 청나라 군사를 저지하다 전사했다. 항왜 가운데는 김충선뿐 아니라 김귀순(金歸順)·김향의(金向義)·이귀명(李歸命)처럼 조선조정으로부터 성을 하사받은 이들도 있었다. 여여문(呂汝文)이나 사백구(沙白鷗)처럼 실록에 이름자를 남긴 이들은 그나마 다행이다. 전쟁이 끝날 때까지 이들 항왜의 숫자는 기록상 1만 명에 이른다. 1597년(선조 30년) 5월 18일 전쟁이 장기화되면서 항왜들은 함경도로 보내졌다. 대륙 신흥 세력인 여진족 방어용이었다. 그런데 그 숫자가 많아지고 오지에 대한 불만이 터지자, 조정은 이들을 한산도로 내려 보낸다(1594년 선조 27년 9월 14일). 이순신이 삼도수군통제사로 있는 조선해군사령부였다. 그곳에서 항왜들은 주로 노 젓는 군인으로 근무했다. 당시 조선 수군의 주력인 판옥선 한 척에는 130여 명의 수군이 타고 있었고, 그중 62%인 80여 명이 노를 젓는 격군이었다고 한다. 판옥선은 전투가 벌어졌을 때 적정한 사거리에서 대형 화포를 쏘기 쉽도록 전후좌우 선회 등 배의 기동력 확보가 중요했다. 배가 침몰하면 배 아래쪽에 있던 격군들은 대부분 수장되기 일쑤였다. 고된 노역과 희생을 치르는 것은 격군뿐만 아니라 배에서 화살을 쏘는 사부, 포를 쏘는 포수 등 다른 수군들도 일단 수군에 편입되면 집으로 돌아갈 수 없어 군역을 피해 도피하는 경우가 적지 않았다. 수군 부족 때문에 노비 등 천민을 수군으로 모집했다. 전쟁이 끝나자 항왜들은 대부분 글을 모르는 가난한 사람들이라 궁벽함을 견디지 못하고 1624년(인조 2년) 이괄의 난 때 약 150여 명이 반란군에 가담하기도 한다. 그 이후 우리 역사에서 1만 명에 달한다는 이 항왜들의 자취는 찾을 수 없다. 그 후손들은 모두 어디에 있을까. 그러나 분명한 것은 이 항왜들이 남긴 것은 결코 적지 않다는 것이다. 이들이 전한 무예와 전술 그리고 조총이 이후 조선군의 중요한 토대가 되었음은 분명하다.

반면 침략한 왜적을 해방군으로 환영하며 자발적으로 왜적에게 투항한 순왜(順倭)도 있었다. 왜군은 조선인들을 포섭해 간첩으로도 활용했다. 전령 김순량(金順良)·회령부 아전 국세필(鞠世弼)과 조카 국경인(鞠景仁)·전언국(田彦國)·명천 아전 정말수(鄭末守)·김수량(金守良)·이언우(李彦祐) 등이 그들이다. 류성룡이 평안도 도체찰사로 안주에 있을 때 가족과 함께 소 한 마리를 잡아먹은 전령 김순량(金順良)을 잡아 심문하니 "류성룡이 안주목사 김억추(金億秋)에게 보낸 비밀 공문을 왜장에게 전달했고 소는 그 상으로 받은 것"이라고 자백했다. 김순량은 또 "순왜가 모두 40명이 넘는다. 간첩이 없는 곳은 없다. 일이 일어나는 대로 보고한다"고 실토했다. 만약 김순량 일당 40명을 모두 체포하지 못했다면 이여송이 이끄는 명나라 대군이 조선에 들어오는 것을 왜군이 미리 탐지했을 것이다. 이들을 잡아 죽임으로써 왜군은 명나라 대군의 이동을 알지 못했고, 조선군과 명군이 연합해 평양성을 탈환할 수 있었다. 또한 국세필(鞠世弼)은 회령부의 아전으로 있으면서 조카 국경인(鞠景仁)과 함께 조정에 원한을 품고, 임진왜란이 일어나자 회령 주민과 병사들을 선동하여 기갑병 5,000명으로 반란을 일으킨다. 이들은 근왕병 모집차 함경도 회령에 머물며 민가를 약탈하고 주민을 살해하는 등 악행을 저질러 주민들의 반감을 샀던 임해군과 순화군 두 왕자와 그들을 호종한 대신 김귀영(金貴榮)과 황정욱(黃廷彧)·황혁(黃赫)부자, 남병사 이영(李瑛)·부사 문몽헌(文夢軒)·온성부사 이수(李銖)와 그 가족을 포박하여 왜장 가토 기요마사에게 넘겼다. 그들은 가토에 의해 판형사제북로에 봉해져 회령(會寧)을 통치하면서 이언우(李彦祐)·전언국(田彦國) 등과 함께 횡포를 부리다가, 북평사(정6품) 정문부(鄭文孚, 당시 28세)의 〈창의토왜(倡義討倭)〉의 격문을 받은 회령의 유생 신세준(申世俊)과 오윤적(吳允迪)의 유인에 떨어져 참살되고, 왜병에 점령되었던 회령과 명천 등 함경지역이 수복되었다. 북도의 의병대장으로 추대된 정문부는 그 여세를 몰아 10월 말 정현룡(鄭見龍) 등과 함께 길주 주변 지역을 약탈하던 왜군을 장평에서 공격하여 수백 명을 참수하는 큰 전공을 세웠다. 이들에 의해 길주에 고립된 왜군들을 구출한 가토 기요마사(加藤淸正)는 안변부의 병력과 함께 한성으로 철수한다. 이를 지켜본 우리 병사들이 "쾌재라(좋구나) 청정(淸正)이 나가네"라며 환호를 지른 데서 민요 〈쾌지나칭칭나네〉가 유래했다고 한다. 북평사 정문부(鄭文孚)를 대장으로 한 함경도 의병의 전승을 기념한 이 전투를 『북관대첩(北關大捷)』이라고 부른다. 그러나 정문부는 1624년(인조 2년) 이괄의 난에 무고하게 연루되어 모진 악형으로 고문을 받았다. 이 북관대첩은 가토 군의 한성 철수를 강요하여 평양성 전투와 함께 전쟁의 국면을 유리하게 이끌었다. 이후 숙종 때 함경도 북평사 최창대(崔昌大)가 함경북도 길주군 임명면(현 김책시 임명동)에 정문부의 공적을 기리는 〈북관대첩비〉를 세웠다. 본문에는 함경도 의병이 가토가 거느린 왜군을 무찌르는 내용과 왜란이 일어나자 반란을 일으켜 두 왕자를 왜적에게 넘긴 국경인(鞠敬仁)을 처형한 전말 등을 1,500자의 비문에 적었다. 당시 가토는 최강의 조총 군단을 이끌고 북진(北進)을 거듭했으나, 여기서 패하면서 다시는 함경도 이북 지방을 넘보지 못했다.

러일전쟁이 한창이던 1905년 일본군 2사단 17여단장 이케다(池田) 소장이 이 북관대첩비를 발견, 자신들의 패전기록인 이 비석을 수치로 여겨 일본으로 가져갈 것을 상부에 건의해, 그해 10월 28일 일본으로 넘어갔고 그 후 야스쿠니 신사(靖國神社)에 보관되어 있었다. 이후 한일정상회담에서 노무현 대통령과 고이즈미 준이치로(小泉純一郞) 총리가 반환에 합의 2006년 2월 13일 남북 간 협의를 거쳐 북한으로 반환되어 원래 자리에 다시 세워졌다. 당시 가토에게 포로가 되었던 임해군 이진(李珒)과 순화군 이보(李𤣰)는 안변을 거쳐 이듬해 밀양으로 옮겨졌고, 다대포 앞바다 배 안에 구금되어 일본으로 보내지려 할 때 명의 사신 심유경과 왜장 고니시 사이에 화의가 성립되어 1593년(선조 26년) 8월 풀려났다.

9 ─────── 왜군은 군자금을 어떻게 조달했을까

그럼 도요토미 히데요시는 임진왜란의 그 막대한 전비를 어떻게 마련할 수 있었을까? 그 발판은 은광 개발에 있었다. 일본은 16~17세기 당시 전 세계 은 생산량의 1/3을 맡을 정도였다. 여기엔 볼리비아 포토시 은광과 더불어 세계 제2의 은 생산지로 꼽히는 혼슈섬 남서부 해발 600m 산지에 위치한 〈이와미 은광(石見銀山, 이와미긴잔)〉이 결정적인 역할을 했다. 이와미 은광산 개발은 은의 왕국 일본탄생에 획기적인 계기가 되었다. 『석견은봉산 청수사천지원록기(石見銀峯山淸水寺天地院縁起)』에 따르면 1526년 하카타(博多, 후쿠오카)의 상인 가미야 히사사다가 바다로부터 산이 빛나고 있는 것을 보고 영주 오우치 요시오키(大內義興)의 지원과 이즈모(出雲) 사기우라(鷺浦)의 동광산주 미시마 세이에몬(三島淸左衛門)의 협력을 얻어 1526년 3월 긴푸산(銀峰山)의 산허리 지하에서 은을 채굴했다. 이 은광이 개발된 시기는 일본이 포르투갈을 통해 동남아시아 등 세계 교역 망과 연결되기 시작하던 때였다. 처음에 은광이 발견됐을 때 은광석에 다량의 납이 함유돼 있었다. 당시 일본의 제련 기술은 원시적인 수준이었다. 은광석은 풍부했지만 제련하는 기술이 후진적이라 생산량이 늘지 않았다. 채굴한 은광석을 쌓아 놓고 닷새 이상 나무를 때서 가열시킨 후 남은 재에서 은을 추출하는 방식이었다. 이 방식으로 제련하면 화목의 수요가 많고 노동력도 많이 들어 경제성이 떨어진다. 또한 제련된 은의 품질도 낮았다. 이때 조선에서 개발된 은 제련법이 일본에 건너왔다. 1503년(연산군 9년) 양인인 김감불(金甘佛)과 장예원 노비 김검동(金儉同)이 연(鉛)광석에서 은(銀)을 분리·제련하는 기술을 개발했다. 재(灰)를 이용한 연은분리술인『회취법(灰吹法)』이다. 이 방법은 금속의 녹는점을 이용해 은을 추출하는 방식으로 일단 은광석과 납을 섞어 태워 혼합물을 만든 뒤 이것을 다시 가열해 녹는점이 낮은 납은 재에 스며들고 순수한 은만 남게 하는 것이다. 이 회취법은 개발된 지 오래지 않아 비밀리에 일본에 전해진다.『중종실록』1539년 8월 10일 "의주판관(종4품) 유서종(柳緒宗)이 왜노와 사사로이 통해서 연철을 많이 사다 자기 집에서 불려 은으로 만드는가 하면 왜놈에게 그 방법을 전습하였으니 그 죄가 막중합니다. 철저히 조사하여 법대로 죄를 정하소서"라고 기록하고 있다. 조선의 은 제련법이 이 시기를 전후해 일본에 유출된 것으로 보인다. 1539년(중종 34년) 8월 19일에 일본으로 전해진 이 회취법은, 이와미은광 개발에 적용됐다. "회취법은 1533년(중종 28년)에 하카타의 호상 가미야 주테이(神屋寿禎)가 한반도에서 초청한 게이주(慶寿)와 소탄(宗丹)이라는 기술자에 의해, 일본 내에서는 처음으로 이와미 은광에 도입되었다. 이 기법을 통해 은 정련기술은 비약적으로 발전했고, 그 후 이쿠노(生野) 은광과 사도(佐渡) 금은광 등 전국 광산에 보급되었다"고 이와미 은광 관광자료에 설명하고 있다. 이렇게 생산된 은은 세계 교역의 주요수단 중 하나가 됐고, 조선을 거쳐 은을 화폐로 사용하는 명나라로 들어갔다. 1542년(중종 37년) 일본사신이 무려 8만 냥(3,200kg)의 은을 가져와 조선에 무역을 요구한다. 값을 치르려면 면포 9,000여 동(45만 필)을 내줘야 했는데 전례가 없는 막대한 양이었다. 당시 은(銀)은 국제기축통화로 명(비단)-조선(인삼)-일본(은)의 삼각무역체제를 활성화시키며 16~17세기 동아시아의 상업발달을 가져왔다. 전국시대 치열하게 경쟁하던 일본 다이묘에게도 은광은 큰 자산이었다. 많은 다이묘들이 탐을 냈던 〈이와미 은광(石見銀山)〉은 1584년(선조 17년) 히데요시의 손에 넘어갔는데, 여기에서 생산된 은으로 조총과 무기를 수입하는 등 임진왜란의 군자금으로 쓰였다. 조선이 외면한 기술이 임진왜란의 한 요인이 되었다는 것은 역사의 아이러니다. 이 시마네현(島根県)의 이와미은광 유적은 2007년 유네스코에 세계유산으로 등록됐다. 센코쿠 시대 이전인 무로마치(室町) 막부시대만 해도 대외 진출에 소극적이었던 일본이, 임진왜란 때 무려 30

만 대군을 일으킬 수 있었던 것도, 이 같은 은 생산량이 있었기에 가능했던 일이었다. 가토 기요마사는 히데요시의 명에 따라 일본의 국제 무역항 나가사키를 통해 필리핀 루손(Luzon) 섬으로부터 전쟁 물자를 구입했다. 그는 일본에서 생산된 은과 밀을 루손 섬으로 가지고 가서 조총과 실탄, 화약 등으로 바꾸어 왔다. 당시 스페인은 은과 밀을 다시 명나라로 재수출하는 중개 무역으로 큰 이득을 취하고 있었다. 가토 역시 무역을 통해 은이 돈이자 무기임을 알아차렸다. 가토는 조선을 침략했을 때에도, 조선의 철령(鐵嶺)을 넘어 함경도까지 달려갔다. 함경도 단천의 질 좋은 은광을 확보하기 위해서였다. 함경남도 북동부에 위치하고 있는 〈단천 은광(端川銀鑛)〉은 세계 최초로 『연은분리법(鉛銀分離法)』이 개발된 탄광이고, 일본에서도 인지도가 높은 은광이었다고 한다. 7월 15~16일 가토는 단천의 소덕(蔬德)에서 은을 캐어 히데요시에게 진상하면서, 계속 은광을 개발해 전비에 보태겠다고 보고한다. 그러나 정문부 등 함경도 의병들에게 격파당하고, 명군이 빠르게 남하하는 바람에 가토는 별 재미를 못보고 후퇴했다. 무역에 맛을 들인 그는 정유재란이 끝나고 나서도 베트남, 태국과의 교역을 통해 돈을 벌었다.

당시 도요토미 히데요시는 스스로 『태합(太閤, 다이코)』이라

칭하며 나고야성(名護屋城)에서 조선 침략을 총지휘하고 있었다. 태합은 관백직(關白職)을 후계자에게 물려준 일종의 상왕 같은 존재다. 1591년 8월 히데요시의 적장자인 쓰루마쓰(鶴松)가 3살 나이로 요절하자, 가장 가까운 혈족인 누나 닛슈(日秀)의 아들인 도요토미 히데쓰구(豊臣秀次)가 12월 관백(關白, 간바쿠)이 된다. 그러나 1593년 히데요시의 나이 57살에 히데요리(秀賴)가 태어나자, 히데쓰구애게 권력을 물려주겠다는 약속을 뒤집고 1595년 7월 15일 쿠데타 음모를 씌워 숙청했다. 히데요시가 현해탄 너머 한반도를 주시하며 건설했다는 나고야성은 오사카성·구마모토성과 함께 일본의 3대 고성으로 불린다. 축성 책임자는 가토 기요마사(加藤淸正)이며 공사 책임자는 데라자와 히로타카(寺澤廣高)로 뒷날 이 지역 영주가 된 사람이다. 일본 중부의 나고야(名古屋)와 구별하려고 히젠(肥前)이란 옛 지명을 붙여 '히젠 나고야'라 불리는 곳이다. 원래 있던 가키조에(垣添)성을 헐어 규모를 확장하고 사방 3km 이내에 130여 번국 영주들의 진영을 건설하는 일본 역사상 초유의 공사였다. 공사는 규슈 지역 20여 명의 영주들이 비용과 공력을 분담해 착공 6개월 만에 완공됐고, 바다가 내려다보이는 곳에 5층 규모의 천수각(天守閣)을 세웠다. 규슈 북단에 위치한 이 성은 총면적이 50만 평으로 일본 최대의 오사카성에 버금가는 규모였다. 성내에는 히데요시의 측실을 위한 사찰(寺刹)과 다실(茶室) 전통가무극 공연장까지 있었다. 히데요시는 1592년(선조 25년) 5월, 양자 도요토미 히데쓰구(豊臣秀次)에게 편지를 보낸다. 히데쓰구는 당시 도요토미 가문의 대표자로 수도인 교토에 있었다. 이 무렵 한반도를 침략한 왜군들은 승리를 거듭하며 한성(漢城)을 함락시키고 평양(平壤)을 향해 북진 중에 있었는데 그는 최종승리를 확신하며 조선으로 건너갈 결심을 하고 있었다. 히데요시는 조카 히데쓰구(秀次)에게 보낸 편지에서 4월 22일에 조선 수도를 점령했음을 알리고 중국까지 정복할 것을 확신했다. 당시 세계를 나누어 가진 나라는 일본·중국·인도 세 나라인데, 자신에게 대항할 만한 나라가 없으므로 자신이 세계를 제패할 것이라고 했다. 이 편지에서 그는 전쟁 이후를 구상하며 조선과 중국을 정복하면 천황(天皇)을 북경으로 옮겨 영국(領國)을 주고, 자신의 조카를 중국의 관백(關白)으로 임명하여 다스리게 할 것이라고 했다. 또한 일본 천황(天皇)에는 두 친왕(親王) 가운데 한 사람을 임명하고, 일본 관백(關白)에는 하시바 히데야스(羽柴秀保)나 우키다 히데이에(宇喜多秀家)를 임명하며, 조선 국왕에는 하시바 히데카쓰(羽柴秀勝)를 임명한다고 했다. 히데요시의 야심은 동아시아 삼국을 점령한 다음 일본의 천황과 관백을 배치하여 다스리겠다는 것이다. 사실상 임진왜란은 조선을 교두보(橋頭堡)로 명과 치른 대리전이었다. 일본의 입장에서는 비록 「조선정복과 대륙진출」이라는 본래의 목적은 달성하지 못했으나, 663년 8월에 벌어진 『백강전투(白江戰鬪, 백촌강전투)』 이후 천 년 가까이 이어진 '열도(列島)의 고립(孤立)'을 깨고 외부세계에 강력한 존재감을 과시한 전쟁이었다. 이후 일본에서 메이지 유신(明治維新)이 일어나고 대외적으로 팽창정책을 추진하면서 히데요시의 야망이 되살아난다. 청일전쟁과 러일전쟁이 발발하는 동안 일본에는 임진왜란에 관한 연구가 붐을 이루었고, "진구황후가 신라를 쳐서 신하로 삼으니 백제와 고구려까지 스스로 찾아와 조공을 바치며 일본의 속국이 되었다"는 『일본서기(日本書紀)』〈신공기(神功記)〉에 실려 있는 「삼한정벌설(三韓征伐說)」과 4세기부터 200년간 야마토 왜가 한반도 남부를 지배했다는 가공의 「임나일본부설(任那日本府說)」을 결부시켜 앞으로 그들이 이룩해야 할 꿈이 되었다. 그들에게 있어 20세기의 불행했던 한·일 병합과 만주침략은 히데요시의 유지를 잇는 행위라고 해석하고 있다.

어떻게라도 전쟁만은 막으려고 노력했던 대마도주 소 요시토시(宗義智, 당시 25세)는 자신의 의지와 상관없이 장인 고니시의 부장으로서, 조선침략의 최선봉에 서야 했던 비운의 장수다. 소는 조선 지리를 꿰뚫고 조선말에도 능통했다.

4월 13일 총공격을 시작으로 14일에는 동래, 15일에 기장·좌수영, 16일 양산, 17일에 밀양, 그 후에 대구·인동·선산을 차례차례로 공략하고, 26일에는 순변사 이일(李鎰)을 상주에서 격파했고, 27일에 경상도를 넘어 충청도로 진군, 탄금대에서 요격 나온 신립의 군대를 괴멸시키고 충주를 공략한다. 또 경기도로 나아가 5월 1일 여주 공략 후, 2일 용진을 거쳐 동대문 앞에 도착한 후 불과 개전 20일 만인 3일에는 수도 한성에 입성한다. 다시 5월 11일에는 더 북쪽을 향해 진격하여 18일에 임진강에서 도원수 김명원(金命元)의 조선군을 격파하고, 27일에 개성을 공략하며 황해도의 서흥·평산·황주·중화를 차례차례로 공략하며 평안도로 나아간다. 6월 8일에는 대동강의 근처에 도달했고 16일에는 평양을 공략한다. 그는 명군과 조선군에 상당한 전과를 올려 무장으로서 능력도 뛰어나다고 볼 수 있다. 6월 16일 평양에 들어올 때까지 소 요시토시는 전투와 교섭을 병행했다. 이듬해 4월부터 명군과 일본군 사이에 강화교섭이 시작되는데 이때에도 소는 장인 고니시와 함께 강화를 성사시키기 위해 노력한다. 소가 조선에 강화회담을 요청한 기록을 보면 전쟁 발발 4년 전인 1588년(선조 21년)에는 조선으로 건너와 직접 담판을 짓고자 했다. 그러나 조선 측이 받아들일 리가 없었기에, 이들의 노력은 헛된 것이기도 했다. 그리하여 1592

년(선조 25년) 4월 13일에 전쟁이 시작되었다. 이어 고니시가 이끄는 제1군이 동래성을 함락시킨 4월 15일, 고니시와 소는 포로로 잡은 울산군수 이언함(李彦誠)을 통해 1차 강화회담을 제안한다. 그러나 조선 측의 답신이 없자 제1군은 4월 25일에 상주(尙州)를 함락한 후 왜학통사(倭學通事) 경응순(景應舜)을 통해 2차 회담을 제안한다. 『징비록』에 따르면 울산군수 이언함(李彦誠)은 소 요시토시가 협상을 제안하고자 자신을 풀어 주었다는 사실을 감추고, 스스로 탈출했다고 주장하기 위해 왜 측의 협상 요청 서한을 폐기했다고 한다. 그래서 조선 측은 경응순을 통해 고니시소의 협상 제안을 처음으로 접하게 된다. 그들이 협상 상대로 지목한 이덕형(李德馨)은 경응순을 대동하고 즉시 남쪽으로 내려갔다. 그러나 고니시소의 제1군 대신 주전파인 가토의 제2군이 중간에 경응순을 살해했기에, 이덕형은 부득이 평양으로 후퇴한다. 그 후 두 차례에 걸친 회담 요청에 조선 측의 답신이 없었음에도, 소 요시토시는 회담 성사를 포기하지 않았다. 한양을 점령한 뒤 임진강 남안까지 다다른 5월 15~16일 요시토시는 학승으로 유명한 종군 승려 덴케이(天行)에게 당시 공용어인 한문(漢文)으로 서한을 쓰게 해 조선 측에 전달한다. 이 서한은 덴케이의 『서정일기』에 수록되어 있다. 서한의 내용은 일본은 조선이 아니라 명나라에 원한이 있어 조선의 길을 빌려 명나라로 가고자 했을 뿐인데, 조선이 길을 막았으니 전쟁 발발의 책임이 조선 측에 있다는 것이다. 그런 주장을 펼친 뒤에 선조가 의주에서 한양으로 돌아와, 명나라와 일본의 화의를 주선해 달라고 요청한다. 이처럼 한양을 함락시킨 뒤에도 고니시가 이끄는 제1군은 협상 가능성을 포기하지 않고, 임진강에서 회담을 요청한다. 그러나 결국 협상은 결렬되고 임진강 방어선을 돌파한다. 제1군은 5월 27일에 개성에 입성하고 6월 8일에 대동강 남안에 도착한다. 다른 일본군 부대보다 앞서 진군하던 고니시·소부대는 이날 네 번째로 조선 측에 회담을 제안한다. 이에 6월 9일 이덕형(李德馨)과 소 요시토시의 부하인 야나가와 시게노부(柳川調信)와 승려 겐소(玄蘇)가 대동강에 배를 띄우고 회담을 시작했다. 겐소가 "일본은 중국에 조공할 길을 빌리고 싶었는데 조선이 이를 허락하지 않았기에 사태가 이 지경에 이른 것입니다. 지금이라도 길을 빌려 주어 일본이 명나라에 갈 수 있게 한다면 이 사태는 끝날 것입니다"라고 말하니 이에 이덕형은 일본이 약속을 어긴 것을 꾸짖고 왜군을 철군시킨 뒤에 화의를 논하자고 했다. 이때 야나가와 시게노부(柳川調信) 등의 말이 매우 불손하여 이 회담은 무위로 끝난다.

1592년(선조 25년) 4월 14일 부산포로 쳐들어온 왜군은, 도성 함락까지 불과 20일밖에 걸리지 않았다. 그런데도 왜군이 조선을 손에 넣을 수 없었던 이유는 보급에서 실패했기 때문이다. 당시 조선에는 비축된 곡식이 거의 없어, 군량의 대부분을 일본 본토에서 조달해야 했다. 식량 보급을 위해서는 히젠 나고야에서 해로를 이용해, 이키섬을 거쳐 대마도에 이르렀다가 부산에 도착, 남해와 서해를 돌아 강화도와 한강을 통해 한성으로 들어가야 했으나 지나는 길목마다 조선 수군이 지키고 있었다. 이에 보급로가 끊긴 왜군들이 난항을 겪게 되고, 마침내 명나라까지 개입하면서 전세가 한풀 꺾이게 된다. 개전 60일 만인 6월 13일 고니시 유키나가의 제1군이 평양을 점령하자, 6월 15일 요동 부총병 조승훈(祖承訓)이 3,500여 기병을 이끌고 압록강을 건너온다. 그런데 조선을 구원하러 온 조승훈(祖承訓) 부대가 7월 19일 제1차 평양성 전투에서 왜의 전술에 휘말려 철저하게 궤멸된다. 이때 소 요시토시는 고니시 유키나가와 함께 패주하는 명군을 추격해 명의 장수 사유(史儒)·천총(千総)·장국충(張國忠)·마세륭(馬世隆) 등을 죽였다. 29일 이원익(李元翼)이 이끄는 조선군이 왜군이 점령한 평양을 공략하지만 이도 격퇴한다. 이에 1592년(선조 25년) 12월 25일 이여송(李如松)을 사령관 낙상지(駱尙志)를 부사령관으로 한 4만 3,000명의 제2차 원군이 얼어붙은 압록강을 건너온다. 이 병력은 이여송 가문이

키워 온 사병으로 '견줄 데가 없는 정예군'이었다. 이여송(李如松)은 성주 이씨(星州李氏)의 중시조인 이장경(李長庚)의 후손이며, 요동총병관 이성량(李成梁)의 장남이다. 1593년(선조 26년) 1월 8일 이여송은 포르투갈 대포와 화전 등 신무기와 절강군(浙江軍)을 동원해, 고니시가 점령한 평양성(平壤城)을 탈환한다. ※ 절강군은 척계광(戚繼光)이 창안한 절강병법(浙江兵法)으로 단련된 군대이다. 척계광은 명나라 말기 절강성과 복건성 일대에서 왜구를 물리치고 기효신서(紀效新書) 등의 병서를 남겼다. 이 평양성 전투에는 조선의 도원수 김명원(金命元)과 우측 방어사 김응서(金應西)·좌측 방어사 정희현(鄭希玄) 등 총 8,000명의 군사와 서산대사 휴정(休靜)과 사명대사 유정(惟政)이 승병 2,200명을 이끌고 참전한다. 이여송은 그 여세를 몰아 개성을 탈환하고, 1월 24일 한성 근교의 벽제역까지 밀고 내려왔다. 그러나 왜적을 얕보던 이여송은 고양 벽제관전투(경기도 고양시)에서 이시다 미쓰나리(石田三成)에게 대패한다. 이여송은 포위되어 거의 죽을 뻔했으나, 그의 부장인 이유승(李有昇)이 간신히 구해 냈다. 놀란 이여송은 평양까지 후퇴하여 더 이상 진격하려 하지 않았다. 1593년 1월 병부상서 석성(石星)은 심복인 심유경(沈惟敬)을 한양의 왜군 진영으로 보낸다. 강화회담이 한 달 넘게 이어지면서 일종의 묵계가 성립되었다. 즉 왜군은 한양에서 자진철수해 남해안 지역으로 물러가고, 그 대가로 명은 왜군을 공격하지 않는다는 것이다. 4월 19일 왜군은 한양에서 자진 철수해 남해안 지역으로 물러갔다. 그 후 이여송은 1593년(선조 26년) 말 명나라로 돌아가 군단장급인 요동총병(遼東總兵)으로 승진했으나, 몽골군과 요동전투에서 전사했다. 무예도보통지 제독검(提督劍, 이여송이 창안한 검법) 조에는, 이여송이 조선에 주둔 중일 때 봉화 금씨(奉化琴氏) 여인과 사이에 이천근(李天根)이란 아들을 낳았는데 현재 경상남도 거제시에 그 후손들이 살고 있다고 한다.

아마도 우리 역사에서 가장 어렵던 시대를 살았던 사람은 440년 전인 1580년(선조 13년)대에 태어나 1640년(인조 18년)대까지 약 60년간을 산 사람들일 것이다. 그들은 10대 때에 임진왜란(1592년)을 20대 때에는 정유재란(1597년), 40대 때는 정묘호란(1627년)과 50대에 병자호란(1636년)을 겪었다. 반세기 동안 4번의 전쟁을 경험한 것이다. 임진왜란 와중에 〈계갑대기근(癸甲大饑饉, 1593~1594년)〉이 일어나, 약 70만 명이 굶어 죽는 지경에 이른다. 왜군의 약탈과 살육으로 경작을 포기한 것이 주요 원인이었지만, 기후 조건도 큰 몫을 했다. 오죽했으면 '기근이 왜란보다 더 무섭다'고 했을까. 왜란이 있던 1590년대는 전 세계적으로 한랭한 시기였다. 지구

전체가 겪었던 『소빙하기(Little Ice Age, 小氷河期)』 탓이었다. 지역마다 조금씩 다르지만, 지구는 대부분 13~17세기 후반 빙하기를 겪었다. 프랑스의 포도 수확이 늦어졌고, 영국의 밀 생산도 좋지 않았다. 중국에는 1593년(선조 26년) 한여름에 추위로 동사(凍死)하는 사람이 발생했고, 조선에도 한여름에 눈과 서리가 내리는 이상저온현상이 5년이나 계속되었다. 기상이변은 굶주림과 위생 불량을 낳았고, 곧 면역력의 저하를 부추겨 전염병의 창궐로 이어졌다. 겨울한파가 닥치자 추위와 굶주림으로 인해 사망자는 더 늘어났다. 시냇가나 공터에 시신들이 쌓여 곳곳에서 언덕을 이루었고 식인행위가 만연했다. 시신을 내어놓으면 굶주린 사람들이 그 살점을 베어 내어 백골만 남았다. 개성의 한 백성이 한 살배기 아이를 길가에 놓고 잠시 쉬는 사이 두 사람이 아이를 훔쳐 달아났다. 그들을 끝까지 추적하니 아이는 이미 끓는 물속에서 푹 삶아져 죽어 있었다. 범인들을 묶어 관아로 가 실상을 아뢰었다. 죄인들이 자백하지 않자 죽은 아이를 증거로 제시하려고 찾았으나 어찌된 일인지 뼈만 남아 있었다. 나졸들이 배가 고파 죽음을 무릅쓰고 아이를 먹었던 것이다. 임진왜란의 혼란과 대기근의 와중에서도 충청도 천안 일대에서 반란이 일어난다. 1594년(선조 27년)에 있었던 『송유진의 난(宋儒眞-亂)』이다. 그는 전란으로 나라가 어지럽고 한성이 수복된 지 얼마 되지 않아 수비가 소홀한 것을 알고 무리를 규합해 역모를 꾀한다. 그러나 1월 12일 진천의 무사 김응용(金應龍)이 반란군에 가담했던 조카 홍각(洪殼)을 설득하여 주모자 송유진(宋儒眞)을 유인해 체포하였다. 이 민란을 주도했던 송유진과 김천수(金千壽)·오원종(吳元宗)·유춘복(柳春福)·김언상(金彦祥)·송만복(宋萬福)·이추(李秋)·김영(金永) 등은 1월 25일 선조의 친국이 끝난 뒤 곧바로 능지처참되어 신체가 전국에 돌려졌다. 마침 서울에 와 있던 명나라 장수가 그 인육을 얻어 구운 뒤 한 그릇을 비웠다. 그러면서 '중국인은 이것 먹기를 꺼리지 않는다'며 그를 대접하던 이충원(李忠元)에게도 먹기를 권했다. 이충원도 어쩔 수 없이 저민 고기 한 점을 먹었다. 실학자 이수광의 『지봉유설』에는 더 끔직한 기록이 남아 있다. "사람들이 서로 잡아먹어 여자와 어린이들이 마음대로 바깥출입을 못할 형편이었다. 굶어 죽은 시체가 쌓이면 사람들이 다투어 그 시체의 살을 떼어 먹었으며 시체의 골까지 뼈개 그 진물을 빨아 마신 뒤 바로 그 자리에서 엎어져 죽었다. 쌓인 시체가 들판에 가득했으나 거두어 장사 지내 주는 자가 없었으며 아비가 자식을 팔고 남편이 아내를 팔았다…." 1594년(선조 27년) 1월 사헌부에서 "기근이 극심해 사람의 고기를 먹으면서도 전혀 괴이하게 여기지 않습니다"라고 보고했고, 1594년(선조 29년) 3월에는 "길가의 굶어 죽은 시신을 잘라내어 온전히 붙어 있는 살점이 하나도 없을 뿐만 아니라 어떤 이는 살아 있는 사람을 도살하여 내장과 골수까지 먹고 있습니다"라 보고한다. 의병장 조경남의 『난중잡록』에 "명나라 군사 한 명이 배부르고 술 취해서 구토를 하자 굶주린 백성 천백 명이 일시에 달려가서 머리를 박고 주워 먹었다"는 목격담도 남겼다. 그나마 도체찰사 유성룡의 건의로 〈중강개시(中江開市·의주의 대안(對岸)인 중강(中江)에 명나라의 미곡(米穀)과 조선의 은·동·무쇠(水鐵) 등을 무역한 국제시장)〉를 열어 명의 곡물을 들여왔고, 조선 백성들이 수확을 못해 굶주린다는 소식을 들은 명 황제 만력제(萬曆帝, 신종)가 명나라 재정을 털어 산둥성(山東省)의 쌀 100만 석을 매입해 원조한 덕분에 다소 나아졌다. 쌀 100만 석은 약 9만 톤에 달하는 어마어마한 양이었다. 만약 이러한 지원이 없었다면 90만에서 약 150만 명이 사망한 〈경신대기근(庚辛大飢饉, 1670~1671)〉 못지않은 대참사가 일어났을 것이다. 이럴 때 왕족 서얼 출신인 이몽학(李夢鶴)이 의병을 모집한다는 핑계로 반란을 일으킨다. 『이몽학의 난(李夢鶴—亂)』이다. 1596년(선조 29년) 7월 6일 이몽학은 모속관 한현(韓絢)의 휘하에서 군량을 모으는 일을 하다, 서얼 출신으로 계급적 한계로 불만을 품고 있던 한현(韓絢)·권인룡(權仁龍)·김시약(金時約) 등과 함께, 대기근으로 굶주린 농민들을 선동하여 임천(충남 부여)을 함락시킨다. "왜적의 재침을 막고 나라를 바로잡겠다"고 주장하여 삽시간에 수천의 무리를 이루며 정산·청양·대흥 등을 휩쓸고 한성으로 향했다. 반란군이 홍주(洪城)에 이르렀을 때, 홍주목사 홍가신(洪可臣)이 민병을 동원해 반격하며 이몽학의 목에 현상금을 내걸자 그의 부하 김경창(金慶昌)·임억명(林億明)·태척(太斥) 등이 이몽학을 살해하고 목을 베어 항복했다. 이몽학이 처음에 군사를 일으킬 때 "충용장(忠勇將) 김덕령(金德齡)과 의병장 곽재우(郭再祐)·홍계남(洪季男) 등의 모든 군대가 연합하여 도우며 병조판서 이덕형(李德馨)이 내응한다"는 거짓말에 따라 의병장 김덕령(金德齡, 1567~1596)은 혹독한 심문 도중 장살당했고, 의병장 최담령(崔聃齡, 1543~1588)은 김덕령이 무고함을 호소하여 죽음만은 면했다.

10 ──── 고니시 유키나가(小西行長)와 가토 기요마사(加藤清正)

 조선 침략의 선봉장인 제1군 주장 고니시 유키나가(小西行長)는 1558년에 태어났다. 그의 아버지는 중세 일본의 중심도시였던 사카이(堺)와 교토(京都)에서 활동하던 고니시 류사(小西隆佐, 세례명: 요아킴)라는 거상(巨商)이었다. 고니시 일족은 모두 가톨릭교도였으며 교토일대에서 가톨릭을 포교하는 중심세력이었다. 오늘날 서일본 오카야마현(岡山県) 등에 해당하는 비젠(備前)지역을 지배하던 우키타(宇喜多) 집안을 모시다가, 우키타 집안이 히데요시에게 귀순하면서 다시 히데요시를 모시게 된다. 그는 중세 일본 최대의 항구도시였던 사카이(堺市)와 주요한 수로인 세토(瀬戸) 내해를 장악할 수 있는 비젠(備前) 지역에서 활동한 경험을 바탕으로 왜 수군을 통괄하는 임무를 맡게 되었다. 일본 측 문헌을 살펴보면 고니시는, 임진왜란 전부터 어떻게든 전쟁만은 막아 보려고 애쓴 것 같다. 전쟁 발발 몇 달 전인 1592년 1~2월 히데요시는, 부하들에게 고니시가 협상차 조선에 건너가 있으니 그가 돌아올 때까지는 군대를 움직이지 말라고 명령한다(『고니시 유키나가 기초 자료집』, 28~29쪽). 고니시는 조선통신사 황윤길과 김성일이 1590~1591년 일본을 방문한 것을 조선이 일본에 항복한 것이라고 히데요시를 설득시킨 것 같다. 그러자 히데요시는 이제 조선도 항복했으니 조선을 거쳐 명나라로 진격하겠다고 주장했고, 고니시는 어떻게든 전쟁만을 막아 보려고, 개전 전까지 조선 측과 협상하려 한 것이었다. 그러나 조선의 영토 일부를 할양하고 명나라가 일본을 대등한 국가로 인정토록 조선이 중재하라는 일본 측 요구는, 애당초 조선이 받아들일 수 없는 조건이었다. 그리하여 전쟁이 시작되었다. 다만 조선의 저항이 생각보다 거셌고, 명나라의 참전이 예상보다 빨랐기에 히데요시는 「명나라 정복」이라는 전쟁초기 목적을 변경한 것으로 보인다. 새로운 목표는 명나라가 일본을 대등한 협상 대상으로 여기고, 왜군이 점령한 남부 4개도(경상·전라·충청·강원) 그중 특히 호남을 빼앗아 실효지배를 인정받는 것이다. 그리고 이 모든 책임을 조선 측에 돌려 조선이 명나라와 일본을 이간질하여 전쟁이 발발하였고 조선이 사과의 뜻으로 왕자나 고위관료를 보내지 않았기에 다시 침략했다는 정유재란의 명분으로 내세우게 된다. 고니시는 가톨릭이란 개인적 신조에 따라 전쟁을 막으려 했지만, 일단 전쟁이 시작되자 주군의 뜻에 따라 열심히 싸우는 장수였다. 흔히 말하듯 그가 명의 이여송(李如松)·심유경(沈惟敬) 등과 짜고 히데요시를 속인 것이 협상 파탄의 원인이라면, 그가 아무런 처벌도 받지 않고 정유재란에 다시 참전할 리 없기 때문이다. 당시 조선·일본·명 삼국의 기록을 보면 고니시 유키나가는 가토 기요마사·시마즈 요시아키(島津義昭)·고바야카와 다카카게(小早川隆景)·구로다 나가마사(黑田長政) 등과 함께 일본 측의 용맹한 장수로 인식되고 있다.

대마도주 소 요시토시(宗義智, 다리오)는 장인인 고니시와 유키나가(小西行長, 아우구스티누스)와 함께 십자가 깃발을 들고 출전했는데, 그는 원래 종교를 믿는 사람이 아니었지만, 독실한 카톨릭 신자인 장인 고니시와 아내 고니시 다에(小西 妙·마리아)의 권유로 임진왜란 직전인 1591년 선교사 바리니아노(范禮安) 신부에게 세례를 받고 가톨릭 신자가 되었다. 훗날 고니시의 장녀 고니시 마리아 사이에 태어난 아들 고니시 만쇼(小西, Mancio, 베드로, 1600~1644)는 마카오로 추방되어 1614년 기베 시게카츠(岐部茂勝) 등과 함께 인도의 고아, 아프리카 희망봉, 포르투갈을 거쳐 로마로 건너갔다. 1624년 8월 28일 예수회에 입회하고, 1627년 사제서품을 받아 가톨릭 신부가 되었으며 1644년 일본 최후의 순교자가 된다. 고니시 만쇼 신부는 일본인 최초로 예루살렘을 방문한 사람이며, 2008년 동료 순교자 187위와 함께 복자(福者)가 된 인물이다. 고니시 유키나가에게 포로로 잡혀 일본으로 보내진 조선인 중 최초의 예수회 수도자가 된 복자(福者) 권(權) 빈첸시오(1581~1626)는, 요시토시의 아내 고니시 마리아(小西マリア)에 의해 양육되었다. 그는 예수회 선교사 페드로 모레혼에게 세례를 받고, 1603년(선조 36년) 예수회 수사로 전도활동을 하다, 1625년 졸라(Zolla) 신부와 함께 체포되어, 이듬해인 1626년 6월 20일 파체코 신부·졸라 신부·토레 신부 등과 함께 나가사키(長崎) 니시자카(西坂) 언덕에서 화형에 처해졌다. 1617~1632년에 일본에서 순교한 사람들을 작성한 「205인 순교복자명단」에 '빈센트 카운(Vincent Caun)'이 들어 있다. 1867년 비오9세 교황으로부터 복자로 선포된 「권(權) 빈첸시오」이다. 일본의 동정녀 오타 쥴리아(大田 Julia, 1590(?)~1651)는 3살 때 조선에서 포로로 잡혀 고니시의 영지로 보내져, 고니시의 부인(쥬스타)의 양녀(養女)로 지내다가 고니시(小西)의 가문이 몰락되자 도쿠가와 이에야스(德川家康) 측실의 시녀로 전락한다. 뛰어난 미모와 덕성을 겸비한 오다 줄리아는 개종하고 측실이 되라는 이에야스의 요구를 거부하다, 적막한 작은 섬 고즈시마(神津島)로 유배된다. 그는 유배에서 풀려나 가톨릭 신앙을 지키며 전국을 떠돌다가 사망했다. 현재 일본 고우즈시마(神津島) 수호성인이자 성녀로서 추앙받고 있다. 오타(大田)를 수호성인으로 추앙하는 신진도(神津島) 사람들은 매년 5월 〈줄리아 제(祭)〉를 연다. 오타의 무덤으로 알려진 곳에 기도하면 병이 낫는다는 전설이 400년째 전해 온다. 신지도(神津島)는 동경에서 직선거리로 178km이며 객선으로 11시간 55분 정도로 갈 수 있는 외딴 섬마을이다. 일본 가톨릭은 1543년 일본 규슈(九州)에 상륙한 예수회 신부 프란시스 하비에르에 의해 전래됐다. 1580년쯤에는 일본의 가톨릭 신자는 10만 명을 넘어섰다. 그러다가 1587년 7월 24일 히데요시의 『바테렌 추방령(伴天連追放令)』이 내리고, 1614년에는 에도막부에 의해 공식적으로 금교령이 선포됐다. ※ 바테렌은 신부(神父)를 의미하는 포르투갈어 '파드레(padre)'의 음차이다. 히데요시 초기에는 오다 노부나가의 정책을 이어받아, 가톨릭에 대해 긍정적이었으나 갑자기 태도가 바뀐 동기는, 가톨릭의 포교방식이 상대국의 식민지화에 영향을 줄 수 있고, 규슈 정벌 중 쿠마모토현(熊本縣) 아마쿠사제도(天草諸島)에서 일반백성들을 노예로 팔아넘기는 포르투갈 노예상인들의 행태를 목격했기 때문이라고 한다. 15세기 초 스페인과 포르투갈 세력은 동아프리카의 모잠비크(1975년 포르투갈로부터 독립), 인도 서부 연안의 고아(Goa), 말레이시아의 말라카(Melaca), 명나라의 마카오(Macao), 일본의 나가사키(長崎)와 남아메리카 등에 이르기까지, 현지세력을 공격하고 노예들을 사고팔았다. 일본은 금교령에 따라 1617년부터 1644년까지 나가시키(長崎)와 아마쿠사(天草)에서만 가톨릭 선교사 75명이 처형됐다.

임진왜란 당시 가톨릭 신자였던 고니시와 쌍벽을 이루며, 불구대천의 앙숙처럼 지냈던 가토 기요마사(加藤淸正)는 불교 신자였다. 가토는 니치렌(日蓮)을 개조로 하는 일연종(日蓮宗) 즉 법화종(法華宗)의 신도였다. 제1군으로 선봉대인 고니시의 군대가 붉은 비단 장막에 하얀색 십자가를 내세웠다면, 제2군인 가토 군사들은 「남묘호렝게교(南無妙法蓮花經, 남무묘법연화경)」라는 깃발을 앞세웠다. 이처럼 두 사람은 서로 믿는 종교가 다른 이교(異敎)의 사상으로, 사사건건 배척하고 반목 질시하면서 경쟁했다. 이들이 틀어지게 된 동기는 가토를 피해 도망친 기리시탄(吉利支丹, 크리스천)들을, 고니시가 자신의 영지로 받아들여 보호하면서 시작되었다 한다. 가토 기요마사(加藤淸正)는 히데요시와는 혈연으로 얽힌 사이였다. 그의 모친 이토(伊都)와 히데요시의 모친 오만도코로(大政所)는 사촌간으로, 부친이 죽은 후 일찍부터 히데요시의 가신으로 들어간 기요마사는 꽤나 명석한 편이라 히데요시의 시종이 되고 규슈 지역의 영주가 됐다. 16세기부터 구마모토(熊本) 일대는 히고노쿠니(肥後國)라고 불렸는데, 1588년 히데요시가 히고노쿠니를 양분하여, 그 북부는 가토에게 남부는 고니시에게 넘겨주었다. 16:14 정도의 비율이었는데 가토가 더 크고 좋은 곳을 받았다. 가토가 받은 지역은 구마모토 성(熊本城)을 중심으로 발전하였고, 고니시가 받은 곳은 아즈치성(安土城) 일대로부터 섬 지역 아마쿠사(天草)까지였는데 더 변방이었다. 이 아마쿠사 제도는 상·하도로 나눠져 있는데, 기리스탄섬으로 알려진 곳이다. 고니시 외에도 제3군 주장 구로다 나가마사(黑田長政)·고지마 쥰겐(五島純玄)·야마쿠사 다네모토(川草種元) 등이 기리시탄으로 알려진 장수들이다. 규슈 히노에번(日野江藩)의 다이묘이기도 한 아리마 요리야스(有馬賴寧)도 '돈 프로타지오'라는 세례명을 받은 기리시탄(크리스천)이었다. 기리시탄 부대는 마치 중세의 십자군처럼 십자가 군기를 앞세우고, 조총으로 무장해 선봉에 섰다. 십자군이 이교도인 이슬람 세력을 무너뜨리기 위해 성전(聖戰)을 치른 것처럼, 이들 또한 이교도의 나라를 개종(改宗)시킨다는 나름의 사명감을 가지고 있었다. 히데요시는 이런 견원지간(犬猿之間)의 두 장수의 경쟁적 야심을 이용해, 한양 선점과 선조의 포획을 부채질했다.

임진왜란은 히데요시의 조선침략으로 시작된 동북아시아의 운명을 결정한 국제전이었다. 일본은 이 전쟁을 자신들의 연호를 따서 〈분로쿠·케이쵸의 역(文禄·慶長の役)〉이라 부른다. 중국은 황제(萬曆帝, 神宗)의 연호를 따서 〈만력(萬曆)의

역(役)〉이라 하고, 최근에는 한·중·일 공동 연구에서 〈임진전쟁(壬辰戰爭)〉이라는 호칭이 제정되었다. 1592년(선조 25년) 4월 13일 시작된 히데요시의 조선침략은 곽재우(郭再祐)·정인홍(鄭仁弘)·조헌(趙憲)·고경명(高敬命) 등 의병들의 봉기와 명군의 개입으로 전선이 고착화되면서 1593년(선조 26년) 8월 29일 심유경(沈惟敬)과 코니시 유키나가(小西行長) 사이에 50일간의 휴전(休戰)이 약속된다. 조선은 휴전을 반대했으나 종주국인 명이 강행하여 이여송(李如松)의 명군은 7월부터 9월 사이에 철수하고, 왜군도 9월 2일 부산(釜山)과 가덕도(加德島) 두 왜성에 약간의 수비병을 잔류시키고 대부분은 본국으로 철수한다. 명과 일본 간의 강화협상이 이루어지는 동안 조선은 전력강화에 노력했다. 명나라 명장 척계광(戚繼光)의 기효신서(紀效新書)에 근거해 절강병법(浙江兵法)을 도입하고, 훈련도감을 설치해 총기를 다루는 포수(砲手), 활을 다루는 사수(射手), 창검을 다루는 살수(殺手) 등 삼수병을 조련하고 조총을 비롯한 화기도 제작한다.

Ⅳ. 정유재란

1 ──────────────── 전쟁의 원인과 목표

 흔히 정유재란(丁酉再亂)을 임진왜란의 일부로 생각하지만, 그것은 성격이 완전히 다른 전쟁이었다. 정유재란은 1593년 (선조 26년) 6월 〈제2차진주성전투〉로 일단락된 전면전이, 명·일본과 조선 간 4년 여(1593년 6월~1597년 7월)에 걸친 강화협상이 실패로 끝나면서 1597년(선조 30년) 1월, 14만 1,100명의 병력을 동원하여 일으킨 두 번째 왜란이다. 이는 명나라 정벌이 아닌 조선 정복 자체가 목적이었던 침공전(侵攻戰)이었다. 대마도주 요시토시는 장인 고니시와 함께 명 측의 심유경(沈惟敬)과 평화교섭에 참여하지만, 쌍방의 요구조건이 너무 달라 협상에 난항을 겪는다. 명나라는 왜군철수를 전제로 「히데요시를 일본국왕으로 책봉」하겠다는 강화조건을 제시한다. 그러나 일본은 「명의 공주를 천황의 후궁으로 줄 것」「조선 팔도 가운데 4도(四道: 경상도, 전라도, 충청도, 강원도)를 할양할 것」「조선의 왕자를 볼모로 보낼 것」 등을 제시하여 명·일본 간의 강화교섭이 결렬된다. 1593년(선조 26년) 임진왜란 때 일본에 건너가 히데요시와 강화를 협의한 명의 유격장군 심유경(沈惟敬)은 병부상서 석성(石星)이 발탁해 파견한 달변의 유세가(遊說家)였다. 그러나 그는 강화를 추진하면서 사기문서를 만들어 "일본이 신하로서 조공을 바치겠다고 약속했다"는 등 「나라와 황제를 기만한 죄」로 총독 형개(邢玠)의 부장 양원(楊元)에게 붙잡혀 1597년(선조 30년) 12월 참형에 처해진다. 심유경에 이어 병부상서 석성(石星) 역시 강화협상 과정에서 발생한 문서 위조와 협상 잘못의 책임으로 옥에 갇힌다. 그는 「군주를 기만했다」는 죄명을 쓴 채 1599년(선조 32년) 옥사했다. 성호 이익(星湖 李瀷)은 『성호사설(星湖僿說)』 〈임진재조(壬辰再造)〉 편에서 "임진왜란에 재조(再造, 재건)의 공은 명나라 장수 석성(石星)을 으뜸으로 하고, 이순신(李舜臣)을 다음으로 하고, 이여송(李如松)·심유경(沈惟敬)을 그 다음으로 해야 한다"고 기술했다. 그가 명나라 군대의 조선 파견을 주장하여 관철하였기에 선조가 의주에서 압록강을 건너는 치욕을 면할 수 있었다는 것이다. 병부상서 석성이 조선에 원군을 파견할 것을 주장한 데는, 석성의 후처가 한어역관 홍순언(洪純彦)에게 은혜를 입었기 때문이라는 설화가 전한다. 역관 홍순언이 젊은 시절 통주(通州)를 지나다 여자를 만났는데(통주는 북경의 동쪽에 위치하며 조선사신단이 중국을 오고갈 때 거치는 곳이다), 그 여자의 아버지가 경사(京司)의 관리였지만 부모님을 병으로 모두 잃어 가난한 신세가 되자 유곽에 팔려 왔다. 홍순언이 300냥을 주어 부모의 장례를 치르도록 했는데 그 여자가 석성의 후처가 되었다. 홍순언이 이후 종계변무를 해결하기 위해 명나라에 사신으로 파견되자 석성의 후처가 홍순언을 알아보고 그때의 일을 석성에게 이야기하여 문제를 해결해 주었다고 것이다. 종계변무(宗系辨誣)는 명나라 『태조실록』과 『대명회전(大明會典)』에 태조 이성계가, 고려 이인임(李仁任)의 아들로 되어 있어 사신을 보내 이를 바로잡아 줄 것으로 요청한 사건을 말한다. 이 공으로 홍순언은 광국공신 2등에 봉해지고, 그 후에 우림위장까지 승진한다. 하지만 종계변무가 진행되던 시기 석성(石星)은 장거정(張居正) 때문에 낙향한 상태로 종계변무에 관여할 수 있었는지 의심스럽다. 이는 잡기에 속하는 정태제(鄭泰齊)의 『국당배어(菊堂俳語)』에 연원을 두었기에 믿기 어렵다. '배어(俳語)'는 해학이나 재담의 뜻이므로 꼭 진실일 필요가 없으며 패관문학(稗官文學)과 같은 부류라고 볼 수 있다. 중국 저우언라이(周恩來)의 모교로 알려진 남카이대학(南開大學) 손위국(孫衛國) 교수는 그것은 전혀 근거가 없으며, 청병진주사 정곤수(鄭崐壽)의 집요한 외교활동과 직무에 충실했던 병부상서 석성의 책임감 때문이라고 보았다. 정곤수가 처음에 경사(京司)에 도착하여 글을 올리자 만력제가 즉시 병부(兵部)와 의논토록 지시했다. 당시 정곤수는 병부에 정문(呈文)을 올려 간곡하고 절박한 마음을 표현하며 계속 구원군의 파병을 요청한다. 그리고 병부상서 석성에게도 애절하게 호소했다. 당시 정곤수의 애끓는 호소에 석성도 감동하여 눈물을 흘렸다고 한다. 명 조정에서도 조선 출병 여부에 대해 의견이 분분했다. 많은 신료들이 자국(自國)만을 방어하면 되지, 굳이 많은 수의 병마를 징발하여 스스로 피폐하게 할 필요가 없다고 주장했다. 하지만 석성이 출병을 강력하게 주장하자 만력제(萬曆帝)가 이를 윤허해 병부시랑 송응창(宋應昌)을 경략(經略)으로 삼아, 먼저 2만의 군사로 출병토록 조치한다. 곧이어 대군을 징발하고 장수들을 선발해 파견했다. 그리고 마가은(馬價銀, 명 조정의 오랑캐 방어용 자금) 3천 냥을 동원해 궁각(弓角)과 화약(火藥)을 사서 보낸다. 명의 조선파병은 당연한 결정이었다. 이는 전쟁이 요동반도까지 미치지 않도록 조선으로 출병할 필요가 있었던 것이다. 일국의 국방장관이 개인적 은원(恩怨)관계로 국가대사를 결정한다는 것이 쉽게 납득이 되지 않는다. 이후 석성의 옥중 유언에 따라 그의 차남 석천(石洊)은, 1597년(선조 30년) 배를 타고 요동과 호남을 거쳐 가야산(伽倻山) 남쪽 군성산(君聖山) 아래 성주 대명동에 정착하면서 성주 석씨(星州石氏)의 시조가 됐고, 장남 석담(石潭)은 유배지에서 풀려나 어머니 류씨(柳氏)를 모시고 황해도 해주(海州)에 이르자, 선조가 석성의 공을 기려 석담을 수양군(首陽君)에 봉하고 수양산 아래 땅을 식읍으로 하사하여 본관을 해주로 한 해주 석씨(海州石氏)가 되었다.

강화교섭에 속았다고 생각한 히데요시는 아예 조선인의 씨를 말리려는 구상을 하게 된다. "해마다 군사를 보내어 그 나라 사람을 다 죽여 빈 땅을 만든 연후에 서도 사람들을 이주시킬 것이니 10년을 이렇게 하면 성공할 수 있으리라(조경남의 『난중잡록(亂中雜錄)』)." 매년 군사를 보내 조선 사람들을 모두 죽여 조선반도를 빈 땅으로 만든 뒤에 일본인들을 옮겨 살게 하겠다는 것이다. 따라서 정유재란은 조선인의 몰살 자체가 목표였던 만큼 임진왜란에 비할 수 없을 만큼 처참했다. 왜군 한 명당 한 되씩 조선 사람의 코를 베어 소금에 절여 바치라고 명한 것도 바로 이 전쟁이다. 또한 도공 등 조선의 기술자들이 대거 일본으로 끌려간 것도 이때의 일이다. 임진왜란 때의 왜군과 정유재란 때의 왜군은 그 행태가 확연히 달랐다. 1592년(선조 25년) 임진왜란을 일으킬 당시 히데요시는 〈고려국금제(高麗國禁制)〉라는 슈인조(朱印狀, 붉은 도장이 찍힌 명령서)에서 군사들의 약탈, 난폭, 방화 등 불법적 행위를 하지 말라고 지시한 바 있다. 조선인을 자신의 신민이자 대륙공격군의 일부로 쓰려 했기에, 잔악행위는 되도록 자제하고 일본식 통치체제를 구축하는 데 힘을 썼다. 그래서 임진왜란 초기에는 조선 백성들을 상대로 약탈과 납치 등을 하면서도, 무자비한 학살은 상대적으로 덜했다. 물론 전쟁이 장기화되면서 왜군들은 이를 잘 지키지 않았고, 히데요시 또한 사실상 이를 묵인했다. 그런데 1597년(선조 30년)에는 정유재란을 일으키면서 대놓고 조선 관리나 백성이나 가리지 말고 처단하라고 지시했다. 심지어 조선의 닭과 개도 남기지 말라고 했다.

히데요시는 〈분로쿠의 역(文禄の役, 임진왜란)〉에서 조선의 곡창지대인 호남(湖南)을 장악하지 못해, 병참(兵站, 군수물자 보급)이 원활하지 못했던 것을 주요패인으로 꼽았다. 호남은 조선과 일본 양쪽에 똑같이 중요한 지역으로 이 곡창지대를 손에 쥔 쪽이 승전국이었다. 그래서 〈게이초의 역(慶長の役, 정유재란)〉을 지시하며 조선의 남부 4개 도, 특히 '전라도를 반드시 장악하라'는 명령을 내린다. 히데요시의 목표는 "전라도와 충청도를 응징하고 경기도까지 진출했다가 경상도에서 전라도의 연안부로 철수하여, 임진왜란 때 구축해두었던 울산(蔚山)에서 순천(順天)까지 18개 왜성(倭城)으로 방어선을 형성하여 주둔군을 당번처럼 본토병력과 교대시키면서 조선을 영구영토화 하는 것"이었다. 그래서 침략군의 편제를 좌군과 우군으로 나누고, 좌군(左軍) 총대장에 우키타 히데이에(宇喜多秀家)로 병력 10,000명, 고니시 유키나가(小西行長) 7,000명, 소 요시토시(宗義智) 1,000명, 마츠라 시게노부(松浦鎭信) 3,000명, 아리마 하루노부(有馬晴信) 2,000명, 오오무라 요시아키(大村喜前) 1,000명, 고토 하루마사(五島玄雅) 700명, 하치스카 이에마사(蜂須賀家政) 7,200명, 모리 요시나리(毛利吉成)·모리 카츠나가(毛利勝永) 2,000명, 이코마 카즈마사(生駒一正) 2,700명, 시마즈 요시히로(島津義弘) 10,000명, 시마즈 토요히사(島津豊久) 800명, 아키즈키 타네나가(秋月種長) 300명, 타카하시 모토타네(高橋元種) 600명, 이토 스케타케(伊東祐兵) 500명, 사가라 요리후사(相良頼房) 800명으로 좌군합계는 49,600명이며, 모리 히데모토(毛利秀元, 30,000명)가 지휘하는 우군(右軍)에는 가토 키요마사(加藤清正) 10,000명, 구로다 나가마사(黒田長政) 5,000명, 나베시마 나오시게(鍋島直茂)·나베시마 카츠시게(鍋島勝茂) 12,000명, 이케다 히데우지(池田秀氏) 2,800명, 쵸소카베 모토치카(長宗我部元親) 3,000명, 나카가와 히데시게(中川秀成) 1,500명으로 우군합계 64,300명이며, 수군(水軍)은 도도 타카토라(藤堂高虎) 2,800명, 가토 요시아(加藤嘉明) 2,400명, 와키자카 야스하루(脇坂安治) 1,200명, 쿠루시마 미치후사(来島通総) 600명, 칸 미치나가(菅達長) 200명으로 7,200명이었으며, 각 성(城)의 수비대는 서생포성(西生浦城)에 아사노 요시나가(浅野幸長) 3,000명, 부산포성(釜山浦城)에 코바야카와 히데아키(小早川秀秋) 10,000명, 안골포성(安骨浦城)에 타치바나 무네시게(立花宗茂) 5,000명, 죽도성(竹島城)에 코바야카와 히데카네(小早川秀包) 1,000

명, 가덕성(加德城)에 츠쿠시 히로카도(筑紫広門) 500명, 타카하시 나오츠구(高橋直次) 500명으로 하여 총병력은 14만 1,100명이 동원되었다.

2 ─────────────── 명나라의 지원

 이에 명의 제13대 황제 만력제 신종(神宗)은, 1597년(선조 30년) 2월 즉시 재파병을 결정한다. 그리고 전쟁의 끝장을 보기 위해 1598년(선조 31년) 7월 대공세를 펼치게 된다. 후대에 「고려의 천자(天子)」 또는 「조선의 황제(皇帝)」로 까지 불린 만력제(萬曆帝, 재위 1572~1620년)는, 은화 780만 냥 이상의 군비와 수백만 섬에 달하는 군량, 각궁과 화약 등 전략물자를 조선에 보낸다. 1600년대 초반 명나라가 토지에서 거두는 1년 세입은 약 400만 냥 정도였다. 그런데 임진왜란에 소요된 전비는 1,200만 냥 정도로 거의 3년 세입에 해당할 만큼 어마어마한 액수였다. 명은 만력제 신종(萬曆帝, 神宗)의 재위 시절에 일어난 『만력삼대정(萬曆三大征)』으로 일컬는 몽골계 〈보바이의 난(哱拜之乱, 1592년)〉과 묘족 〈양응룡의 난(楊応龍之乱, 1597~1600년)〉에 더해 〈만력동정(萬曆東征, 임진왜란·정유재란)〉으로 인해 국고가 텅 비게 되었다. 그의 사후 1630년대 이자성(李自成)의 농민반란과 요동방면군의 조선파견 공백이 부른 만주지역 통제약화가 여진족의 흥기(興起)를 불러, 중화사상(中華思想)을 내세워 몽골족 원(元)나라를 북쪽 변방으로 내쫓고 건국한 주원장(朱元璋)의 명나라(1368~1644년)는 276년 만에 멸망의 길로 들어선다. 1644년(인조 22년) 4월 25일 명의 제16대 마지막 황제 숭정제(崇禎帝, 의종)가 곁을 지키던 애첩(愛妾)의 목을 베고, 자금성 뒤 경산(景山)에서 밝은 달 아래 회나무에 목을 매 자살한다. 향년 33세. 임진왜란 당시 조선군은 17만이며, 명군은 약 5만으로 명군이 보조전력이었으나, 정유재란 때는 조선군 약 3만 명에, 명군은 최대 11만 명이 투입되었기에 주력은 명군이었다. 따라서 중국은 「왜에 맞서고 조선을 돕는다」는 뜻으로 『항왜원조(抗倭援朝)』라 불렀고, 조선은 「다시 태어나게 해 준 은혜」라고 『재조지은(再造之恩)』으로 받들었다. 동원된 무기 면에서도 세계대전(世界大戰)과 다를 바 없었다. 16세기 최신형 무기인 일본의 철포(鐵砲, 조총)와 중국의 불랑기포(佛朗機炮, Frankish gun)는 모두 당시 막강 무력을 자랑하던 포르투갈이 전수해 준 것들이다. 정유재란이 이처럼 인적·물적 자원 모두에서 국제전의 양상을 띤 것은 유럽의 힘을 이용하려 한 히데요시의 오랜 책략과 선교를 표방한 예수회 등 이에 편승한 유럽 열강들의 동아시아 진출 욕구가 얽히고설킨 결과였다. 따라서 콜럼버스가 신대륙을 발견한 1492년으로부터 정확히 100년이 지난 1592년(선조 25년)에 일어난 이 『코라이 전쟁(Bellum Corai)』은, 비록 동아시아 전쟁이었지만 근본적으로는 서세동점(西勢東漸, 서쪽 세력이 점점 동쪽으로 밀려옴)의 연장선상에서 발발했다고 볼 수 있다.

3 ──────────────── 학살과 납치

교토 히가시야마(東山)에 임진왜란의 주범 히데요시를 신(神)으로 모시는 도요쿠니 신사(豊國神社)가 있고, 그 서쪽으로 100m쯤 가면 12만 6,000여 명의 조선인 코와 귀를 매장한 무덤이 남아 있다. 무덤 앞 입간판에는 〈이총(耳塚, 귀무덤, 미미즈카)〉이라는 제목 아래 '조선 군민 남녀의 코나 귀를 베어 소금에 절여서 일본에 가지고 들어왔다'고 쓰여 있다. 본래 이름은 비총(鼻塚, 코무덤)이었으나 이름이 섬뜩하다고 하여 귀무덤으로 바뀌었다. 이런 코무덤은 교토뿐만 아니라, 후쿠오카현(福岡縣) 카시이(香椎), 오카야마현(岡山縣)의 비제시(備前市)와 쯔야마시(津山市), 가고시마성(鹿兒島城) 부근에도 있다. "사람이 귀는 둘이 있고 코는 하나뿐이니 코를 베어 한 사람 죽인 것을 표시하여 바치고 각기 코를 한 되씩 채운 뒤에야 생포하는 것을 허락한다." 〈간양록〉의 기록이다. 1597년 2월 조선 재침(再侵)을 명령한 히데요시가 그해 6월 15일 내린 지시였다. 『칠천량해전』 이후부터 조선인 코 베기 등 학살과 강간, 재물약탈과 노예사냥은 매우 조직적으로 진행되었다. 조선인들을 무자비하게 학살해 악명이 높았던 가토(加藤)는 이렇게 기록했다. "일본인 한 사람당 조선인의 코가 세 개씩 할당됐다. 그 코를 조선에서 검사관이 검사한 뒤에 큰 통에 넣어 소금에 절여서 일본에 보냈다(『청정고려진각서(淸正高麗陣覺書)』)." 히데요시가 파견한 검사관은 소금에 절인 코의 숫자를 확인한 뒤 코를 베어 온 부대장에게 청취장(請取狀)을 써 줬다. 일종의 영수증이었다. 후에 일본에서 포상으로 영지를 받거나 조선 땅에서 기득권을 인정받을 수 있는 중요한 근거였기 때문이다. 요즘도 아이들이 울거나 보챌 때 "이비야(耳鼻爺)"라는 말을 쓰는데, 이 말의 어원은 귀 이(耳), 코 비(鼻), 사람 야(爺)가 합쳐진 말로 「귀나 코를 베어가는 사람(왜군)」이라는 뜻이다. 1597년(선조 30년) 종군승으로 참전하여 『조선일일기(朝鮮日日記)』를 쓴 규슈 안요지(安養寺)의 주지 케이넨(慶念)은 "역사상 이처럼 참혹한 전쟁이 없었다. 약탈과 살육 후 이들이 집에 불을 지르니 검붉게 타오르는 불꽃과 검은 연기가 하늘을 뒤덮고, 조선 사람들의 울부짖는 소리가 온 마을을 뒤덮었다. 산 사람, 죽은 사람, 어린 아이, 노인, 여자 할 것 없이 닥치는 대로 귀를 자르고 코를 베니 길바닥은 온통 피바다가 되었다. 이들은 조선 사람들의 머리, 코, 귀를 대바구니에 담아 허리춤에 차고 다니면서 사냥했다"고 기록하고 있다. 또 "조선 아이들을 잡아서 묶고 그 부모는 쳐 죽여 다시는 만날 수가 없게 된다. 남은 부모와 자식이 서로 울부짖는 모습은 마치 저승사자의 고문과도 같았다. 애처로운 모자의 이별이 이런 것인가(1597년 8월 8일 기록)." 좌군의 총사령관 우키타 히데이에(宇喜多秀家)를 따라 함께 움직인 종군승 케이넨(慶念)은 당시 전라도에 속한 진주와 하동·전주 그리고 경상도 울산·부산포 등지를 다녔다. 그는 악귀처럼 사람을 잡아 죽이고 들과 산을 불 지르는 데 혈안이 된 일본 무사들을 보면서 아수라장(阿修羅場, 난장판) 같다고 표현했다. 임진왜란 당시 감시역을 맡은 오타 가즈요시(太田一吉)의 부하로 참전했던 오가와치 히데모토(大河內秀元)는 『조선물어(朝鮮物語, 1663년)』에서 "조선 사람 머리 18만 538개, 명나라 사람 머리 2만 9,014개 등 21만 4,752개를 교토 헤이안성 동쪽 대불전 부근에 무덤을 만들어 묻었다"고 기록했다. 사천왜성에 주둔했던 시마즈(島津) 가문에 전해지는 『시마즈중흥기(島津中興記)』에는 "시마즈 타다쓰네(島津忠恒) 군대 1만 108명, 시마즈 요시히로(島津義弘) 군대 9,520명, 시마즈 요시히사(島津義久) 군대 8,383명 등이 조·명연합군 3만 8,717명의 목을 베어 그 코를 잘라 10개의 큰 나무통에 넣고 소금으로 절여 본국에 보냈다"고 되어 있다. 남원 지역의 의병장 조경남은 『난중잡록』에서 "왜적은 사람을 보면 죽이든 안 죽이든 무조건 코를 베어 갔다. 전쟁이 끝난 뒤 거리에서 코 없는 사람들을 자주 볼 수 있었다"고 썼고, 1614년(광해군 6년) 이수광(李睟光)이 펴낸 『지봉유설』에는 "조선 시골 장날 장터에는 왜병들이 산 사람의 코를 잘랐기 때문에, 흰 천으로 얼굴을 가린 코 없는 사람이 많았다"고 기술하고 있다. '코 없는 자 누구의 자식인고 / 홀로 산모퉁이서 얼굴 가리고 우네…' 임진왜란의 모든 사실을 기록한 허균(許筠)의 『동정록(東征錄)』에 있는 '코 없는 사람'이란 시(詩)다. 이 동정록은 1597년(선조 30년) 10월 교산 허균(許筠)이 비변사 낭청(郎廳, 종6품)으로 있으면서 명나라가 군사를 보내 우리를 구원한 사연을 엮어 바친 책이다. 『선조실록』에 중요한 자료가 되었지만, 지금은 전하지 않는다. 아마도 허균이 연루된 역모(逆謀)사건과 무관하지 않을 것이다.

또한 정유재란은 노예전쟁이기도 했다. 일본에 붙잡혀 간 피로인(被擄人, 민간인 포로)은 거의 하삼도(下三道: 경상도·충청도·전라도) 사람으로 임진왜란 때의 10배가 넘었다. 세계사적으로 봤을 때 포르투갈 상인에 의해 노예무역이 빈번하게 일어나기 시작했던 때가, 바로 임진왜란을 전후로 하던 시기였다. 특히 서아프리카 출신 흑인들이 유럽과 남미 등으로 팔려 나갔던 시기도 이때다. 이들은 화승총(火繩銃, 鳥銃)을 전해 준 대가로, 노예무역을 독점하다시피 했다. 이 노예들은 유럽전역의 수도원 농장으로 팔려가, 사탕수수 재배에 이용되었다. 조선인 노예는 1인당 2.4스쿠도(scudo, 쌀 두 가마에 해당)로 마카오에서 유럽으로 끌려가서 전 세계로 팔려 나갔다. 당시 넘쳐나는 조선 노예들로 노예들의 국제 시세가 폭락해, 여자와 아이는 조총 1정의 50분의 1 가격에 거래됐다고 한다. 즉, 조총 1자루로 조선 노예 50명을 살 수 있었다는 말이다. 이탈리아 피첸체 출신의 프란체스코 카를레티 신부는 1598년 일본 여행 중 나가사키에서, 단돈 12스쿠도(scudo, 약 30엔)에 조선인 소년 노예 5명을 사들여 세례를 받게 하고 그들을 데리고 항해하게 되었다. 그러던 중 인도 고아에서 그의 아버지가 죽자 데리고 온 소년 중 4명은 풀어주고 1606년 한 명만을 피렌체로 데리고 갔다. 그 이름이 〈안토니오 코레아(Antonio Corea)〉로 17세기 바로크의 대가 페테르 루벤스(1577~1640)가 그린 「한복을 입은 남자(Man in Korean Costume)」의 모델이다. 이 작품은 1997년 미국의 석유 사업가 폴 게티가 127억 원에 사들여, LA '폴 게티 박물관(The J. Paul Getty Museum)'에 소장되어 있다. 왜군에게 잡혀 간 9만여 명의 포로 중, 공식적으로 조선에 송환된 이는 7,300여 명밖에 되지 않는다. 그나마 선조는 이항복(李恒福) 등 중신의 뜻에 따라, 전쟁 중 인질로 붙들려 일본에 끌려갔다 돌아온 부인들을 내쫓지 못하게 했다.

일본의 3대 정원 중 하나인, 가나자와(金澤)시 '겐로쿠엔

(兼六園)' 옆에는 교쿠센엔(玉泉園)이라는 정원이 있다. 수령이 400년 가까이 된 소나무가 심어져 있는데, 조선오엽(朝鮮五葉, 잣나무의 일종)이라는 품종이다. 이 묘목을 조선에서 가져와 심은 사람은 가가(加賀)번의 중신인 와키타 나오카타(脇田直賢), 그의 한국 이름은 김여철(金如鐵)이다. 그는 임진왜란 때인 1592년 왜군에 부모를 잃고 7세의 나이로 끌려왔다. 포로였지만 특유의 총명함으로 번주 부인의 총애를 받았고, 탁월한 무공과 행정능력으로 성의 책임자인 마치부교(町奉行)에 올랐다. 가가번(加賀藩, 현 이시카와현 남부)은 당시 도쿠가와 막부(德川幕府) 다음으로 100만 석의 영토를 보유했다. 그는 번주(藩主)의 신임을 받아 74세에서야 겨우 은퇴를 허락받았다. 은퇴 후 "옛 이름으로 돌아가겠다"고 선언했고, 이듬해 세상을 떠날 때까지 '여철(如鐵)'이라는 호로 불렸다. 자신이 죽으면 조선식으로 땅에 묻어 줄 것을 요구했다고 한다. 그와 자손들이 100여 년 동안 만든 정원은 그 기품과 아름다움으로 주민들의 사랑을 받고 있다. 김여철(金如鐵)은 시가에 조예가 깊었고 후손들도 문화 분야에서 대대로 업적을 쌓았다. 11대 자손인 와키타 가즈(脇田和)는 그의 이름을 딴 '와키타 미술관(脇田美術館)'이 나가노현(長野縣)에 있을 정도로 유명한 서양화가다. 12대인 와키타 사토시(脇田智)는 동물 사진작가로 활동하고 있다. 물론 임진왜란 때 끌려온 포

로들이 모두 그와 같은 대우를 받은 것은 아니다. 9만 명으로 추정되는 포로 중 일부는 배 안에서 죽어 바다에 던져졌고 일부는 유럽 등지에 노예로 팔려 나갔다. 대부분 일본에서 노비처럼 지내야만 했다. 종군승 케이넨(慶念)이 남긴 『조선일일기(朝鮮日日記)』에는 "조선 사람을 사서 목줄을 맨 원숭이처럼 끌고 가거나 짐을 나르게 하는 등 불쌍해서 볼 수가 없다"고 한탄했다. 여성 피로인들은 일본으로 끌려가서 다이묘의 집안 노비나 하녀가 돼 죽을 때까지 비참한 생활을 해야 했다. 미모와 재능이 출중하거나, 신분이 높은 여성의 경우 지배층의 부인이나 첩이 되기도 했다.

그럼에도 불구하고, 그중에서 이름을 남긴 사람들도 있다. 사가현(佐賀縣) 유학의 개조이며 서예가인 홍호연(洪浩然), 구마모토(熊本) 혼묘지(本妙寺)의 주지가 된 여대남(余大男)도 있다. 특히 역사에 이름을 남긴 이들 중에는 도공들이 많다. 그 당시 일본에선 다도가 유행했지만 도자기는 몹시 귀했다. 16세기 당시에 조선 찻잔의 가격은 최소 쌀 1만 석, 최상품은 5만 석의 쌀 가격과 맞먹었다고 했다. 그래서 "명품 찻잔 하나가 일국일성(一國一城)에 필적한다"는 말이 있을 정도였다. 히데요시는 조선에서 가져간 찻사발을 〈이도다완(井戶茶碗)〉이라 부르며 차회를 열었고, 그때 사용한 찻사발

이 일본 국보 26호로 지정된 『기자에몬 이도다완(喜左衛門 井戶茶碗)』이다. 조선의 다완 중에서도 〈기자에몬 오이도(喜左衛門 大井戶)〉는 "다미(茶美)의 절정에 이르러 '화경정적(和敬靜寂)'이란 다(茶)의 경지가 모두 함축되어 있으며, 다완(茶碗)의 극치는 이 하나로써 다한다"는 말을 들을 정도로 최고의 명물로 친다. 이도다완은 굽 언저리에 몽글몽글한 형태의 〈매화피(梅花皮, 유약이 불의 온도 부족으로 녹아 응결된 부분)〉라 불리는 포개 구운 흔적이 선명하게 보이는 것이 특징이다. 히데요시의 다도 스승이며 일본 다성으로 추앙받는 센 리큐(千利休)는 16세기 이도다완을 천하제일이라고 극찬했다고 한다. 조선을 사랑했던 일본인 야나기 무네요시(柳宗悅)도 1931년 3월 8일 고호안(孤蓬庵)에서 조선 찻사발인 〈이도다완(井戶茶碗)〉을 처음 보고는 "훌륭한 다완이다. 그렇지만 어쩌면 이다지도 평범한가"라고 외쳤다고 한다. 이처럼 이도다완은 평범함 속에 고요하고 평온한 정온(靜穩)의 아름다움을 간직하고 있다. 조선에서 포로로 잡혀간 도공들은 각지로 퍼졌고, 그들이 만든 도자기는 세계에 수출됐다. 충청도 금강(충남 공주) 출신의 도공 이삼평(李參平)과 백파선(百婆仙)이 일으킨 아리타(有田燒) 도자기, 심당길(沈當吉)과 박평의(朴平意)가 주도한 사쓰마(薩摩) 도자기 등이 대표적이다. 심수관(沈壽官)은 정유재란 때 남원(南原)에서 시마즈 요시히로(島津義弘)에게 포로로 끌려가 가고시마(鹿兒島)에 정착한 심당길(沈當吉)의 후손이다. 도요토미는 임진왜란이 소강상태로 빠진 1595년(선조 28년) 6월 잠시 귀국한 시마즈 요시히로(島津義弘)에게 직접 차를 따라 주고 차 도구를 하사하면서 조선인 도공을 납치하도록 지시했다. 14~15세기 무렵 도자기 산업은, 지금으로 치면 반도체라 할만큼 최첨단 산업이었다. 400년 넘게 이어 온 도예가 집안은 12대 이후 심수관(沈壽官)이라는 이름을 습명(襲名, 선대의 이름을 계승)한다. 심당길과 함께 시마즈 요시히로(島津義弘)에게 끌려온 박평의(朴平意)의 13대 후손 박무덕(朴戊德)은 도고 시게노리(東鄕茂德)라는 이름의 외교관이 됐고, 제2차대전을 시작한 도조 히데키(東條英機) 내각과 전쟁을 끝낸 스즈키 간타로(鈴木貫太郎) 내각에서 외무상을 지내며 군부강경파에 맞서 태평양전쟁의 종결을 이끌었다. 박무덕이 5살 때 그의 아버지 12대 박수승(朴壽勝)이 '도고(東鄕)'로 개성(改姓)했다. 그는 전쟁을 반대하였지만 20년 형을 선고받고 옥중에서 사망했다. 조선 최초의 여성 사기장(沙器匠)인 백파선(百婆仙, 1560~1656)은 김해 도공인 김태도(金泰道, 深海宗傳)의 아내로 일본으로 끌려가 아리타와 인접한 타케오시(武雄市)에서 도자기를 만들었다. 몇 해 지나지 않아 남편이 세상을 뜨자 900여 명의 조선인 도공들을 데리고 아리타로 이주해, 세계적으로 유명한 아리타(有田) 도자기를 탄생시킨 주역이다. 사가현의 아리타(有田)에서 구워진 이 도자기는 주요 수출항인 근처 사가현(佐賀縣)의 이마리를 통해 수출되었기에 이마리(伊万里) 도자기로 불린다. 규슈(九州) 사가현(佐賀縣)의 3대 도자기 마을인 가라쓰(唐津)·아리타(有田)·이마리(伊萬里) 중 하나이다. 이들은 조선의 기술에 일본의 감각을 더해 세계적인 명성을 얻었다. 네덜란드 동인도회사가 한 해에만 5만 6,700개의 아리타 도자기를 수입했다는 기록이 남아 있는데 현재 금액의 가치로는 약 200억 엔에 달한다. 도자기 수출로 번 돈은 이후 일본근대화의 종잣돈이 되었다. 또 그때 전해진 우리 활자와 활판기술은 뒤에 「게이초판(慶長版)」이라고 부르는 일본 최초의 목활자 인쇄서적을 탄생시켰다. 강항(姜沆)이 남긴 『간양록(看羊錄)』에 따르면 임진왜란 당시 끌려온 조선기술자 대부분이, 일본에서 삶과 대우가 훨씬 좋았기에 조선 귀환을 거부했다고 한다. 강항은 교토 후시미성(伏見城)에 머물며, 일본 유학의 시조인 후지와라 세이카(藤原醒窩)와 다케다성(竹田城) 성주 아카마츠 히로미치(赤松廣通) 등과 친분을 쌓고 조선 유학을 전파했다. 그는 전라도 영광의 서쪽 해안에서 도토(藤堂)의 수군에게 포로가 된 후 3년 만인 1600년(선조 33년)에 후지와라 세이카(藤原惺窩)와 아카마쓰 히로미치(赤松廣通)의 노력으로 무사히 돌아올 수 있었다. 그가 일본에서의 경험을 기록한 『간양록(看

羊錄)』은 피상적이던 일본에 대한 인식을 새롭게 이끌었다. 그러나 조선 조정은 이들을 괘씸하다고 생각했을 뿐, 기술이나 기술자를 우대해야 한다는 「발상의 전환」으로는 나아가지 못했다.

그 후 일본은 1862년 런던 만국박람회와 1867년 파리 만국박람회를 통해, 도자기(陶瓷器)와 차(茶), 부채(扇) 등을 유럽에 소개한다. 당시 프랑스 파리 만국박람회에 들여온 일본 도자기에는 싸구려 포장지가 감싸져 있었다. 바로 이 포장지에는 뜬세상을 뜻하는 '우키요(浮世)'와 그림 '회(繪)'가 만나 만들어진 가츠시카 호쿠사이(葛飾北斎)의 다색 목판화인 〈우키요에(浮世繪)〉가 그려져 있었고, 이것을 모네가 발견하게 된다. 이후 모네·마네·고갱 등 인상주의 화가나 아르누보 계통의 화가들은, 이 회화의 평면성(Flatness)에 빠지게 된다. 특히 고흐는 동생 테오와 함께 우키요에 500여 점을 수집했고 전시회까지 개최했다. 고흐의 대표작 「별이 빛나는 밤」의 소용돌이치는 하늘도, 호쿠사이가 그린 〈가나가와 해변의 높은 파도 아래(1829~1833년경)〉와 닿아 있다. 헤아릴 수 없는 에너지를 쏟아 내기 직전의 파도, 그 앞에서 숙명을 받아들이듯 고개 숙인 초라한 인간. 이 작품 속에 깃든 일본적 미학(美學)에 감탄한 예술가는 고흐 외에도 많았다. 작곡가 드뷔시는 호쿠사이의 파도에서 영감을 받아 교향곡 〈바다(La Mer)〉를 완성했고, 로댕의 연인이자 조각가인 카미유 클로델(1864~1943)은 쓰나미(tsunami) 파도를 조각으로 형상화했다. 그 외 고갱·모네·드가·마네 등도 우키요에(浮世繪)를 모방한 여러 개의 작품을 남기는 등, 19세기 중반부터 20세기 초까지 서양 미술사에 큰 공헌을 했다. 이러한 문화적인 유행은 게르만 인들이 로마인들의 건축을 흉내 낸 〈로마네스크 건축〉과 마찬가지로, 일본풍으로 만들어진 서구물건의 스타일을 「자포네스크(Japanesque)」라고 한다. 이런 자포니즘(Japonism)의 영향은 비단 회화뿐만 아니라, 조선 도공들이 전해 준 도자기에서 두드러졌다. 청색과 홍색 그리고 금박을 입힌 것이 특징인 『이마리 도자기(伊萬里燒)』는 자포니즘을 대표하는 도자기가 되었다. 역사의 불행을 딛고 이국땅에 찬란한 문화의 꽃을 피운 피로인들, 한·일이 미래로 나아가기 위해서라도 이들의 삶을 기억하는 이들이 많아졌으면 좋겠다.

4 ──────────── 선조(宣祖)는 어떤 왕인가

조선의 제14대 왕 선조(宣祖, 재위 1567~1608년)는 중종(中宗)의 서자였던 덕흥군(德興君)의 셋째 아들 하성군 이연(河城君 李昖)이다. 그의 친부 덕흥군은 제11대 왕 중종의 아홉 번째 아들로, 후궁인 창빈 안씨(昌嬪安氏)의 소생이다. 선조는 조선왕조에서 왕의 직계(直系)가 아닌 방계(傍系)에서 왕위를 계승한 첫 번째 왕이었다. 그가 16세의 나이로 운 좋게 왕위에 오를 수 있었던 것은, 명종(明宗, 재위 1545~1567년, 34세 사망)이 젊은 나이에 '심열증(心熱症)'으로 후사 없이 사망했기 때문이다. 명종에게는 7살에 왕세자로 책봉된 순회세자 이부(順懷世子 李暊, 1551~1563)가 있었으나, 13세에 중병에 걸려 요절하는 바람에 후계자가 없었다. 선조의 즉위 초에 인순왕후(仁順王后 沈氏)가 수렴청정을 했으나, 1년 뒤 수렴청정을 거두자 선조는 나이답지 않게 노련한 정치를 펼친다. 그는 훈구파를 배척하지 않으면서 사림파를 의도적으로 등용했다. 또 사림파를 삼사(三司: 사간원·사헌부·홍문관)에 배치해 훈구파를 견제할 세력으로 키웠다. 선조는 남인인 류성룡(柳成龍)에게 권력을 주면서도 중도적인 이항복(李恒福)을 버리지 않았고, 또한 북인 이산해(李山海)와 서인 윤두수(尹斗壽)에게도 권한을 주면서, 붕당끼리 견제를 유도했다. 선조 치세기는 임진왜란이라는 국가적 위기상황의 시기였고, 정치적으로는 훈구세력이 몰락하고 사림이라는 신진세력이 등장하던 때였다. 선조는 인재를 아껴, 그의 치세에 문호(文豪)와 명유(名儒)가 넘쳐났다. 퇴계 이황(李滉)·율곡 이이(李珥)·고봉 기대승(奇大升)·남명 조식(曺植)·우계 성혼(成渾) 등 헤아리기도 힘들다. 선조는 학자들을 우대했다. 경상우도 사림(士林)의 스승 남명 조식(南冥 曺植, 1501~1572)은 끝내 임금의 부름을 거부했다. 그러나 선조는 그의 병이 깊어지자 어의와 약을 보내 간호토록 했다. 조식이 세상을 뜨자 특별히 대사간에 추증했다.

선조는 난초와 대나무 그림에 탁월했다. 평생 10개의 벼루에 구멍을 내고, 1천 자루의 붓을 망가뜨렸다고 알려진 추사 김정희(金正喜)는 『완당집(阮堂集)』에서 "우리나라에는 난초를 그리는 사람이 없었다. 그런데 엎드려 살펴보니 선조의 어화는 하늘이 내린 솜씨로서, 잎사귀 그리는 법과 꽃을 그리는 격조가 정소남(鄭所南, 송말·원초 난의 대가)과 꼭 같다"라 했다. 특히 서예는 역대 국왕 가운데 최고의 명필로 후대 왕들의 서체에도 많은 영향을 주었다. 선조의 어필은 필체가 화려한 데다 막힘이 없이 능수능란하다. 한문만 잘 쓴 것이 아니라, 한글 서체도 유려했다. 그의 서예는 중국에서 온 사신이나 명의 장수들이 얻고 싶어 할 정도였으며, 당대의 저명한 서예가 석봉 한호(韓濩)보다 누가 더 잘 쓰냐는 소리가 나올 정도였다고 한다. 어릴 때부터 신동이란 소리를 들었으며, 전쟁을 치르는 와중에도 하루라도 서책을 가까이 하지 않은 날이 없을 정도로 학문이 깊었다. 율곡 이이(李珥)는 그의 경연 일기인『석담일기(石潭日記)』에서 "(선조가) 어려서부터 자질이 뛰어나고 외모가 깨끗하고 빼어났다"고 전한다. 선조는 학문을 즐겨 웬만한 학자들보다 학식이 높았다. 명종(明宗)도 왕자 시절의 선조를 볼 때면 "덕흥(德興, 선조의 친부, 명종의 이복형)은 복이 있도다"라며 부러워했다. 선조는 즉위 후에도 도학군주를 자처하며 경연에 나오길 즐겨했다. 경연의 목적은 왕에게 경사(經史, 경서와 사서)를 가르쳐 유교의 이상 정치를 실현하는 것이다. 그러나 선조가 경연에서 던지는 질문이 날카롭고 깊이가 있어, 강관들도 그의 강의를 두려워했다. 당시 경연관(經筵官)이던 사암(思菴) 박순(朴淳)이 시강하고 나오면서 "임금은 정말 영명한 군주"라며 놀라움을 감추지 못했다고 한다. 추사(秋史) 김정희(金正喜)와 더불어 조선 서도의 쌍벽을 이루는 석봉(石峯) 한호(韓濩)는, 25세 때인 1567년(선조 1년) 진사시에는 통과했지만, 대과에는 끝내 급제하지 못하였다. 그는 생애 대부분을 글씨를 쓰는 사자관(寫字官, 승문원·규장각에서 문서를 정서하는 하급관료)에 머물렀다. 1583

년(선조 16년) 선조는 한자와 글씨를 익히는 데 필요한 천자문(千字文)을 한호에게 쓰게 하고, 이를 출판했다. 이 『석봉천자문(石峰千字文)』은 숙종이 서문을 써서 다시 간행되었고, 중국과 일본 오키나와에도 전해져 그 나라에서 출판되기도 하였다. 선조는 한석봉(韓石峯)의 필법을 좋아하여, 1599년(선조 32년) 그가 57세였던 해에 한가한 곳에서 서예에 매진토록 특별히 가평군수에 임명했다. 또한 자신이 소장한 특상품인 벼루원석을 주며 잘 다듬어 사용하라고 하였다. 서예가에게는 최상의 선물이자 최고의 예우였다. 그러면서 "게을리하지도 급하게 하지도 말라"고 당부했다. 또 1519년(중종 14년) 기묘사화(己卯士禍) 때 화를 당한 조광조(趙光祖) 등을 증직시키는 등 억울하게 화를 입은 사림들의 신원(伸寃)을 회복시켰다. 시(詩)에 능해 한호(韓濩, 1543~1605)의 글씨(書體), 최립(崔岦, 1539~1612)의 문장(文章)과 함께 『송도삼절(松都三絶)』로 일컬어지는 차천로(車天輅, 1556~1615)는 젊은 시절 홍문관정자(弘文館正字, 정9품)로 있을 때, 고향 사람 여계선(呂繼先)이 과거를 볼 때 표문(表文)을 대신 지어 장원급제시킨 일이 발각되어 함경도 명천(明川)에 유배되었다. 흔히 〈송도삼절〉로 서경덕과 황진이 그리고 박연폭포를 내세우지만, 이는 황진이가 자기를 내세우기 위해 지어낸 말이다. 조선 후기 실학자 이긍익(李肯翊)의 『연려실기술』에 황진이의 실제 이름은 「진랑(眞

娘)이고 여자 소경의 딸이라고 전하고 있다. 효전(孝田) 심노숭(沈魯崇)의 『자저실기(自著實紀)』에 따르면 선조는 함경도 북병사에게 "차천로의 죄가 무겁지만 재주가 아까우니 잘 대우하라"고 명했다. 북병사가 날마다 연회를 베풀어 그를 융숭하게 대접하였다. 이에 차천로가 이상하게 여겨 사양하자 "정승, 판서의 부탁도 감히 어기지 못하는데 이것이 어떤 명령인가"라며 그 까닭을 이야기했다. 차천로가 듣고 목 놓아 통곡했다. 차천로는 1588년(선조 21년) 문재(文才)가 있다는 이유로 용서되었다. 그는 명나라에 보내는 대부분의 외교 문서를 담당하여, 문명이 명나라에까지 떨쳐 〈동방문사(東方文士)〉라는 칭호를 받았다. 선조는 도량이 넓었다. 왕조시대 신하를 왕과 비교하는 것은 큰 불충(不忠)이었다. 명나라 장수 이여송(李如松)이 한음 이덕형(李德馨)의 인품에 반해 "그대의 용모가 왕의 상"이라고 했다. 이 불경스런 말이 선조의 귀에 들어갔다. 선조는 불안해하는 이덕형을 불러 술자리를 갖고 "내 어찌 가슴에 담아 두겠는가"라며 안심시켰다. 이덕형은 임진왜란 발발 5년 전부터 3년 동안 사신으로 일본에 다녀왔다. 이덕형을 상대했던 대마도주 소 요시토시(宗義智)와 승려 겐소(玄蘇)는 그의 풍부한 학식과 인품을 존경했고 임진왜란에서 협상파트너로 이덕형만을 원했다. 명나라와의 관계에서도 마찬가지였다. 당시 명은 조공국인 유구국(琉球國,

오키나와)을 통해 히데요시가 조선을 통해 명나라를 침공할 것이라고 경고하고 있었기에, 정보를 접한 명나라는 조선이 일본과 한 편이 된 것이 아닐까 하는 의구심을 가지고 있었다. 이에 이덕형이 명나라로 가서 명나라 조정의 오해를 풀고 참전에 소극적이던 병부상서 석성(石星)에게 "만약 조선을 도와주지 않는다면, 훗날 왜군은 물론이고 조선군도 모두 왜군이 되어 창을 잡고 명나라를 상대할 지경이 올 수도 있다"는 강한 논리로 명나라를 설득했다. 1591년(선조 24년) 선조는 이덕형을 대제학(정2품)에 임명한다. 조정이 발칵 뒤집혔다. 당시 이덕형의 나이 31세였다. 이덕형은 "아직 신의 나이가 젊고 학문이 부족합니다"라고 사양했지만, 선조는 이덕형에게 예조참판(종2품)을 겸직하는 대제학 임명을 고집해 이덕형은 거듭 사양 끝에 직책을 받아들일 수밖에 없었다.

선조는 수많은 의학서도 간행하고 배포하고자 했다. 태의(太醫, 어의) 허준(許浚)은 선조의 명을 받아 임진왜란과 정유재란 중에도 『언해태산집요』·『언해구급방』·『언해두창집요』 등 3종의 의학서적을 언해본(諺解本, 국문본)으로 출간했다. 유네스코의 세계기록유산으로 등재된 『동의보감(東醫寶鑑)』은 동아시아에서 2천년 동안 축적되어 온 의학이론을 집대성하여, 나무활자로 간행된 총 25권 25책의 백과사전식 의서다. 선조는 전란의 소용돌이에서도 허준(許浚)과 양예수(楊禮壽) 등을 불러『동의보감』편찬을 완수할 것을 당부했고, 궁중소장의 의서 100여 권을 참고도서로 내려 주는 등 지원을 아끼지 않았다. 1610년(광해군 10년) 8월, 조선 의학의 전통을 계승한『동의보감』이 완성된다. 이 책의 언해본은 19세기에『동의보감 내경편언해』로 간행되었다. 1724년(경종 4년) 제8대 쇼군(將軍)인 도쿠가와 요시무네(德川吉宗)의 명에 의해 일본판이, 1747년(건륭 12년) 청나라의『왕륜초본(王綸抄本)』과 1763년(건륭 28년)『좌한문간본(左翰文刊本)』이 발간된다. 이후 300년을 더 존속한 조선왕조에서는『동의보감』을 능가할 의서가 나오지 않았다. 그 배경은 유학의 교조적 세계관에 갇힌 조선지배층들의 의학, 천문학을 위시한 서양학문과 문물습득에 대한 거부반응 때문이었다. 현재 전하고 있는 것은 한국학중앙연구원 장서각의 유일본으로 1권과 2권 두 책이다. 선조는 "허준은 고금의 의서에 통달하고 치료하는 것이 노련하다"고 틈만 나면 허준을 칭찬했다. 1608년 선조가 승하하자, 허준은 어의로서 책임을 지고 의주로 유배되었다가 곧 풀려나, 광해군의 어의로 활동하면서 의서 편찬을 계속하여 1610년(광해군 2년)『동의보감』의 집필을 끝내고, 1613년(광해군 5년) 내의원에서 초간본(初刊本)을 간행한다. "양평군(陽平君, 본관인 양평을 읍호로 받음) 허준은 일찍이 선조 때 의방을 찬집하라는 명을 특별히 받들고 몇 년 동안 자료를 수집하였는데 유배되어 옮겨 다니고 유리하는 가운데서도 그 일을 쉬지 않고 하여 이제 비로소 책으로 엮어 올렸다. 이어 생각하건대 선왕께서 찬집하라고 명하신 책이 과인이 계승한 뒤에 완성을 보게 되었으니 내가 비감한 마음을 금치 못하겠다. 허준에게 숙마 1필을 직접 주어 그 공에 보답하라(『광해군일기』 광해군 2년 8월 6일)." 선조는 서얼 출신인 어의 허준(許浚)에게 중인신분임에도 정1품 보국숭록대부라는 작위를 내리려다 사간원·사헌부의 맹렬한 반대로 실패하는 등 총애한 기록이 많이 남아 있다. 허준(許浚, 1539~1615)의 관직은 종1품 숭록대부 양평군에 이르렀으며 그가 사망하자 광해군은 정1품 보국숭록대부 작위를 추증한다.

선조는 인재를 알아보는 안목이 있었다. 1589(선조 22년) 1월 21일 왜란의 조짐이 보일 때 선조는 전국의 장수들 가운데 계급에 구애받지 말고 유능한 인재를 천거하라는 「무신불차탁용(武臣不次擢用)」의 명을 내린다. 45세의 늦은 나이에 병과에 급제한 형조정랑(정5품) 권율(權慄)과 정읍현감(종6품) 이순신(李舜臣)이 이때 파격적으로 각각 의주목사(정3품)와 전라좌도 수군절도사(정3품)로 승진 임용될 수 있었던 것도, 류성룡 등의 천거가 있었지만 선조가 윤허했기에 가능했던 일이다. 선조는 평소 생활이 검소했다. 이긍익이 지은 『연려실기술』에 "선조는 평생 비단옷을 입지 않았다. 수라에 두 가지 고기를 올리는 법이 없었고, 겨우 물에 만 밥 한 그릇과 마른 생선, 생강 조린 것, 김치와 간장뿐이었다"고 기록하고 있다. 선조는 아끼던 인빈 김씨(仁嬪 金氏) 소생인 삼녀 정숙옹주(貞淑翁主)를 상촌 신흠(象村 申欽, 1566~1628)의 아들 동양위(東陽尉) 신익성(申翊聖, 1588~1644)에게 시집보냈다. 신익성의 집안은 찢어지게 가난했다. 대궐에서 귀하게만 컸던 정숙옹주가 "이웃과 가까워 말소리가 들리고, 처마도 얕아 집 안이 외부로 다 드러난다"고 하소연하자 검소했던 선조는 "사람의 거처는 무릎만 들여놓으면 그만"이라며 집 안을 가릴 수 있는 굵은 발 두 개만 내려 주었다. 평소에도 육식을 즐기지 않았던 선조는 1575년(선조 8년) 1월 명종비(仁順王后 心氏)와 1577년(선조 9년) 11월 인종비(仁聖王后 朴氏)가 연이어 사망하자, 아예 고기반찬을 끊었다. 신하들이 간청할 때만 고기 먹는 시늉을 하고 채소에만 입을 댔다. 전란 후 허리띠를 더욱 졸라매 밥알 하나라도 땅에 흘리면 불호령이 떨어졌다. 나인들이 불고기를 먹는 것을 보자 "농사짓는 소를 어찌 마음대로 잡느냐"며 소 도살을 금지하기도 했다. 그 외에도 율곡 이이(李珥)의 『석담일기(石潭日記)』에는 백성 아끼는 마음도 남달랐다고 기록하고 있다. 그런 반면 선조는 여성 편력이 심했다. 조선의 여러 왕 중에서 성종(成宗)과 연산군(燕山君) 그리고 숙종(肅宗)이 여색을 밝혔던 왕으로 알려져 있지만 8명의 부인에게서 14남 11녀의 자녀를 둔 선조(宣祖)도 이에 못지않았다. 금욕주의자였던 율곡 이이는 선조의 이런 성향을 매우 못마땅하게 여겼다. 1574(선조 7년) 2월 그의 『석담일기(石潭日記)』에서 "임금이 지나친 방사로 잔병치레가 잦았다"라고 썼다. 또한 여러 신하들이 "여색을 경계하라"고 간했지만 임금은 들은 체 만 체했다고 기록하고 있다.

선조 치세(治世) 41년은 임진왜란 이전 25년과 그 이후 16년에 대한 상반된 평가가 존재한다. 국가를 제대로 재건했더라면 위기를 기회로 극복한 위대한 군주로 남았을지 모른다. 즉위 초 선조의 통치는 안정적인 국정운영과 백성을 위한 정치, 탁월한 인재등용으로 이 시기를 가리켜 〈목릉성세(穆陵盛世, 학문과 문화가 발전한 선조시대)〉라 부를 정도였다. 그러나 선조는 왜적의 침략을 예측하지 못해 온 국토가 망가졌고, 수많은 백성들의 목숨을 잃게 만들었다. 전란 뒤에도 제대로 난국을 수습하지 못한 왕으로 기억되고 있다. 그는 「치세의 능군(能君)」이고 「난세의 암군(暗君)」이라는 평을 듣는다. 다만 선조가 도성을 버리고 도망친 일을 너무 가혹하게 비판하는 것은, 왕정시대 전쟁 논리에 맞지 않는다. 주권이 국민에게 있는 '민국(民國)'과는 달리, 주권이 왕에게 있는 '왕국(王國)'은 왕이 곧 국가(國家)다. 왕이 사로잡히면 그것이 곧 패전(敗戰)이다. 선조의 도망은 한성에서 항복을 기대했던 왜군에게도 매우 아쉬운 일이었다. 선조가 파천에 성공했기에, 한성이 함락되어도 전쟁을 이어 나갈 수 있었다. 명나라로 도망칠 생각만 제외한다면, 피난 자체는 불가피한 선택이라고 볼 수 있다. 임진왜란은 조선이 맞이한 최대의 국난(國難)이다. 선조는 보잘것없는 군사력으로 세계 최강의 군대에 맞서 나라를 지켜냈다. 류성룡을 기용한 것도 이순신을 등장시켜, 전쟁을 승리로 이끈 것도 결국 선조였다. 선조의 굴욕만으로 이순신의 영웅적 행동만으로 보아서는 아니 될 것이다. 하나의 전체로서 임진왜란을 맞아야 했던 사람은, 이순신이 아닌 선조였다. 즉 이순신이 부분적 영웅이라면 선조는 전체의 지휘자다. 선조는 평생 소화불량·편두통·이명(耳鳴, 귀울림)에 시달렸다. 원래 원기가 허약한 체질로 비위가 약했고, 심열(心熱) 증세도 있었다. 결국 두 차례의 전란(戰亂)과 당파싸움으로, 면역력이 극도로 약화된 가운데 「백약이 무효」인 실어증(失語症)까지 걸렸고(1605년), 새벽에 기급하여 쓰러지는(1607년) 일을 반복하다 1608년(선조 41년) 2월 1일 57세의 일기로 타계했다. 처음 묘호는 〈선종(宣宗)〉이었다가 임진왜란에서 나라를 구해낸 공으로 『선조(宣祖, 광해군 8년 8월 4일)』

로 격상됐다. 능호는 목릉(穆陵)이며 경기도 구리시 인창동 동구릉(東九陵) 중에서도 가장 깊숙한 곳에 있다.

5 — 조선의 전쟁 준비

조선은 건국(1392년) 이후 임진왜란(1592년) 전까지 200년 동안 국경지대를 빼고 거의 침략을 받아 본 적이 없었다. 당시 명나라는 서북방 몽고(蒙古)를 방비하느라 조선에 신경 쓸 틈이 없었고, 만주와 한반도 북부에 흩어져 살던 여진족(女眞族)은 건주여진, 해서여진, 야인여진, 장백여진 등으로 분열된 상태였고, 일본은 센고쿠 시대(戰国時代, 1467~1590년)로 100년간 내전 중에 있었다. 그렇지만 선조는 을묘왜변(乙卯倭變, 명종 10년 5월 11일) 이후 일본의 침략 위험성을 우려해, 임진왜란 1년 전부터 전쟁 준비를 하고 있었다. 대표적으로 당시 종6품 정읍현감인 이순신(李舜臣)을 전쟁 발발 1년 전에 공을 세우라는 전교(傳敎, 임금의 명령)와 함께, 단 하루 만에 7단계를 뛰어넘어 전라좌수사(정3품)로 임명한다. 1591년(선조 24년) 1월 29일 전라좌수사로 원균(元均)이 임명되었으나 2월 8일 유극량(劉克良)으로 교체되었다. 그는 쓸만한 인물이지만 노비 출신이라 출신이 한미하여 영이 서지 않는다며 다시 2월 13일 이순신(李舜臣)을 임명한다. 임진왜란이 일어나기 14개월 전이었다. 18세기 후반 작자 미상의 〈좌계부담(左溪裒談)〉에 따르면, 유극량(劉克良, ?~1592)의 어머니 옥대는 영의정 홍섬(洪暹, 1504~1585)의 노비였다. 옥대(玉臺)는 옥 술잔을 깨자 처벌이 두려워서 도망쳤다. 조령에 이르러 탈진해 쓰러진 것을 유좌수란 인물이 구해 살렸다. 유좌수(劉座首)는 16살 된 옥대의 미모에 반해 후처로 삼고 유극량을 낳았다. 유극량은 무예를 배워 선조 초에 무과에 급제했으며, 장수의 재주를 지녀 벼슬이 계속 높아졌다. 유극량의 어머니는 아들의 신분이 탄로 나 곤경에 처할까 항상 두려움에 떨었다. 어머니에게 자초지종을 들은 유극량은 홍섬을 찾아가, 그간의 사정을 털어놓고 벌 줄 것을 청했다. 그러자 홍섬은 이를 기특하게 여겨 "너는 나의 노비가 아니다"라며 양인(良人)으로 방면했다. 유극량은 벼슬이 전라좌수사(정3품)에 이르렀다. 임진왜란 때인 1592년 5월 17일 임진강 전투에서 방어선이 붕괴되어 전사했다. 시호는 무의(武毅)이며, 연안 유씨(延安劉氏)의 시조이다. 전라좌수영은 순천도호부(순천시)·보성군·낙안군(순천시 낙안면)·광양현·흥양현(고흥군) 5관(官)과 방답진(여수돌산)과 사도진(고흥 영남면)·여도진(점암면)·녹도진(도양읍)·발포진(도화면) 5포(浦)를 관할한다. 당시 사간원에서 이순신의 파격적 발탁에 대해 "관작의 남용이 이보다 심할 수 없다"며 초수(超授, 뛰어넘어 제수함)를 명분으로 강하게 반대했으나, 선조는 "이러한 때에 상규에 얽매일 수 없다. 더 이상 그의 마음을 흔들지 말라"[『선조실록』 1591년(선조 24년) 2월 16일]. 이틀 뒤인 『선조실록』 2월 18일, "사간원이 또다시 아뢰기를 '이순신은 경력이 매우 얕으므로 중망에 흡족할 수 없습니다. 아무리 인재가 부족하다고 하지만 어떻게 현령을 갑자기 수사에 승임시킬 수 있겠습니까. 요행의 문이 한번 열리면 뒤 폐단을 막기 어려우니 빨리 체차시키소서' 하니, 왕이 답하기를 '이순신에 대한 일을 개정하는 것이 옳다면 어찌 개정하지 않겠는가. 개정할 수 없다. 두 번 다시 말을 꺼내지 말라[가물경론(可勿更論)]!'"며 막아 주었다 그 외에 이천(李薦, 임진강 방어 전투에서 전사)·이억기(李億祺, 전라우수사로 칠천량 해전에서 전사)·양응지(梁應池, 남원 전투에서 순절)·이순신(李純臣, 1554~1611) 등 당시 이름 있는 장수들을 대거 남쪽으로 배치했다. 『선조수정실록』 25년(1592년) 2월 1일 자에 "대장 신립과 이일을 여러 도에 보내 병비를 순시하도록 하였다"고 전하는데 이 역시 선조가 전쟁 대비책을 지시했음을 보여 주는 것이다.

당시 육전(陸戰)에서는 조총(鳥銃) 등 신식무기로 무장한 왜군에 비해 취약했으나 수전(水戰)에서는 잦은 왜란에 대비해 판옥선(板屋船)이 있었다. 판옥선은 임진왜란이 일어나기 불과 40여 년 전인, 1555년(명종 10년)을 전후하여 개발됐다. 임진왜란 당시 거북선(龜船)을 가장 많이 보유했을 때도, 그 척수는 7척 내외에 불과했지만 판옥선 수는 모두 250여 척이었다. 경상좌수영과 우수영에 180척, 전라좌수영과 우수영도 약 70척의 판옥선을 보유하고 있었다. 조선 수군의 주력인 판옥선은 단단하고 강한 재질의 소나무(赤松)로 제작되었다. 바닥이 넓은 평저선(平底船)으로 속도에는 취약했으나, 제자리에서 360도 방향 전환이 가능했고 충돌과 충격에 대단한 강점을 가졌다. 1층 주갑판인 포판 위에 상장(上粧)이라 부르는 2층 갑판을 둔 배가 판옥선이다. 포판 아래에도 병사들이 휴식할 수 있는 선실이 있어 선실까지 포함한 전체 높이는 3층이 된다. 갑판이 2중 구조로 되어 있기 때문에 노를 젓는 격군은 1층 갑판에서 안전하게 노를 저을 수 있고, 전투요원들은 2층 갑판에서 적을 내려다보면서 유리하게 전투를 수행할 수 있다. 격군(格軍, 노꾼)과 사수(射手)를 합쳐 125명이 승선했다. 여기에 비해 왜군의 주력함 세키부네(関船)는 속도를 중시했던 데다, 대한해협을 건널 때 큰 파도에 침몰하지 않기 위해 배 밑바닥을 V자처럼 뾰족하게 만들었다. 그러다 보니 방향을 바꾸려면 커다란 원을 그려야 했고, 썰물이면 모래톱에 좌초되기 일쑤였다. 가공하기 쉬운 삼나무(杉木, 스기목)나 전나무(檜木, 회목)로 만들어 강도나 내구성에서도 판옥선에 비해 약했다. 노(櫓)가 40개 정도인 세키부네(関船, 중형군함)는 비전투 요원인 수부(水夫) 40명과 조총병 20명을 포함해 70~80명이 탑승하며, 고바야(小早)는

30여 명 정도의 인원만 탑승하는 소형 선박이다. 또한 일본의 제일 큰 군함인 안택선(安宅船, 아다케부네)은 주로 대장선으로 지휘용이었다. 일본의 돛은 매우 단순하고 주행 성능도 좋지 못한 4각 홑 돛이어서 조선의 쌍 돛과는 상대가 안 됐다. 일본의 돛이 순풍이 아닌 경우에는 활용할 수 없어 오직 노 젓기에 의존해야 하는 반면, 조선의 돛은 역풍에도 항해가 가능하기 때문이다.

판옥선에는 조총(鳥銃)보다 사거리(射距離)가 5배 이상이며, 사거리 1km나 되는 지자(地字)·현자(玄字)·천자총통(天字銃筒)을 안정적으로 운용할 수 있었던 데 비해, 기껏해야 1~2문의 대포만 탑재하고 주로 조총으로 전투를 수행하는 세키부네(関船)는 화력 면에서도 판옥선의 상대가 될 수 없었다. 화약(火藥)은 1374년(공민왕 23년) 최무선(崔茂宣, 1325~1395)이 원(元)나라에서 배워 온 후 도입되었다. 조선은 천자문 순서로 화포(火砲)의 이름을 붙였다. 이 가운데 가장 큰 천자총통(天字銃筒)에 쓰는 화살을 대장군전, 지자총통(地字銃筒)에 사용하는 화살은 장군전이라고 불렀다. 조선은 1555년(명종 10년) 해남군 달량포(達梁浦)에 왜선 60여 척이 쳐들어온 을묘왜변(乙卯倭變) 이후 1563년(명종 18년)까지 화포제작에 거국적인 노력을 기울여 10만 근(60t) 이상의 동철(銅鐵·구리와 쇠)을 소

비했다. 이러한 판옥선이 함포전과 충돌 면에서 일본군함에 비해 우위를 누릴 수 있는 바탕이 됐다. 조선과 왜 수군은 전투방식이 달랐다. 조선은 멀찍이 떨어져 화포를 쏘고 근접전투를 벌일 때는 판옥선이 맨 앞에서 치고 나갔다. 반면 왜군은 조총을 주로 쏘며 배를 가까이 댄 후 상대방의 배에 뛰어올라 싸우는 전술을 펼쳤다. 선체 길이가 20~30m 정도였던 판옥선은 임란해전에 참전한 한·중·일 군함 중 크기가 가장 큰 편에 속한 데다 선체도 높은 덕택에 왜군은 그들의 장기인 승선전투전술을 사용하지 못했다. 특히 조수간만의 차이가 큰 서해에서 배 밑바닥이 뾰족한 왜 수군의 첨저선(尖底船)은 썰물 때 갯벌 위에서 넘어질 수밖에 없지만, 배 밑바닥이 평평한 평저선(平底船)인 판옥선은 물속에 잠기는 흘수(吃水)가 깊지 않고, 선회반경이 작아 배의 움직임이 자유로운 장점을 갖고 있었다. 당시 도승지 이항복(李恒福)은 "판옥선은 마치 성곽과 같다"고 그 성능을 격찬했다. 거북선은 판옥선의 상체 부분을 개량해 덮개를 덮은 구조다. 흔히 거북선은 이순신 작품으로 잘못 알려져 있지만 그보다 훨씬 이전의 것이다. 기록상 처음 보이는 건 『태종실록』 30권이다. 1413년(태종 13년)에 "왕이 임진강 나루를 지나다 귀선과 왜선으로 꾸민 배가 해전 연습을 하는 것을 보았다"는 기록이 있다. 2년 뒤 인 1415년(태종 15년) 좌대언(左代言) 탁신

(卓愼)이 귀선(龜船)을 만들어 대비하라는 내용의 상소를 올린다. 이를 보면 거북선은 왜구의 침입이 빈번하던 「여말선초(麗末鮮初)」에 이미 있던 것이다. 『선조실록』 82권, 1596년(선조 29년) 11월 7일에 "귀선(龜船)의 제도는 어떠한가?"라고 선조가 묻자, 남이공(南以恭)은 "사면을 판옥으로 꾸미고 형상은 거북 등 같으며 쇠못을 옆과 양머리에 꽂았는데 왜선과 만나면 부딪치는 것은 다 부서지니 수전에 쓰는 것으로는 이보다 좋은 것이 없습니다" 하였다. "어찌하여 많이 만들지 않는가?" 하니, 조인득(趙仁得)이 "소신이 황해도에 있을 때에 한 척을 만들어 검을 꽂고 거북 등과 같이 하였는데 그 제주가 아주 신묘하였습니다"고 한다. 남이공(南以恭)이 "전선은 가볍고 빠른 것이 상책입니다. 지금은 군사가 없는 것이 걱정이지 배가 없는 것은 걱정이 아니니 바닷가에 사는 공천과 사천을 오로지 수군에 충당하면 국가의 계책에 좋을 것입니다"라고 한 것을 볼 때 거북선(龜船)은 철갑선이 아닌 판옥선 지붕에 목판을 깔고 쇠 송곳을 꽂아 개조한 배라고 여겨진다. 『선조실록』 206권, 1606년(선조 39년) 12월 24일 삼도수군통제사 이운룡(李雲龍)이 "거북선(龜船)은 전쟁에 쓰기는 좋지만, 사수와 격군의 숫자가 판옥선의 125명보다 적게 수용되지 않고 활을 쏘기에도 불편하기 때문에 각 영에 한 척씩만을 배치하고 더 이상 만들지 않고 있다"고 치계(馳啓, 보고서를 올린다)한다.

6 ———————————————— 이순신과 원균

 조선이 남해안에서 제해권(制海權)을 장악할 수 있었던 데에는, 이런 판옥선과 다도해(多島海)의 복잡한 해안지형을 이용해 도도 다카토라(藤堂高虎)·호리우치 우지요시(堀內氏善)의 선단을 습격해 승리를 거둔 옥포해전(1592년 5월 7일)과 당포해전(1592년 5월 29일), 왜 수군장 와키사카 야스하루(脇坂安治, 1554~1626) 등을 한산도(閑山島) 앞바다로 유인하여, 59척을 격파한 한산도대첩(1592년 7월 8일)과 그 뒤를 이은 부산포해전(1592년 9월 1일)에서, 수군연합작전으로 승리를 거둔 이순신과 이억기, 원균 등의 공이 컸다. 그중에서도 거북선 3척과 판옥선 52척을 거느린 조선 수군과 전선 73척으로 구성된 왜 수군이 맞붙은 〈한산도대첩(閑山島大捷)〉은 단 한 척의 전선도 잃지 않고 적선 47척을 침몰시키고 12척을 빼앗았다. 조선 수군 전사자는 3명, 부상 10명이라는 경미한 피해를 당한 반면, 왜군은 6,500여 명이 죽거나 다쳤다. 이순신은 옥포해전 후 가선대부(嘉善大夫, 종2품), 당포해전과 한산도대첩의 공로로 정헌대부(正憲大夫, 정2품)로 승진하고, 원균과 이억기는 가의대부(嘉義大夫, 종2품)의 관계를 받았다. 왕실의 종친(宗親, 정종의 아들 덕천군의 후손)으로 17세에 무과에 장원급제한 이억기는, 1587년(선조 20년) 7월 32세 때 순천부사를 거쳐 1592년(선조 25년) 1월 20일 전라우수사(정3품)에 임명되어 옥포·당포(지금의 통영) 등 초기해전에는 참여하지 못했으나, 당항포·한산도·안골포·부산포 등지에서는 전라좌수사 이순신·경상우수사 원균 등과 합세해 큰 공을 세웠다. 1592년(선조 25년) 7월 26일 오희문(吳希文)의 임진왜란 기행일기인 『쇄미록(瑣尾錄)』에 기록된 한산대첩의 승전보에는 "우수사는 이 달 초(음 7월 8일)전라 좌·우 수군과 함께 나가서 적선 80척을 나포해서 700여 명의 수급을 베었다. 초 10일에도 또 적선을 만나 80여 척을 사로잡았다…"고 남아 있다. 당연히 이순신의 승전 기록일 것 같지만 그렇지는 않다. 일기에서 전투를 주도한 우수사는 경상우수사인 원균이다. 원균의 주도 아래 전장에 나서 대승을 도운 전라 좌·우수군의 지휘관이 전라좌수사 이순신과 전라우수사 이억기다. 이 밖에도 "원균이 지난달에 적선 10여 척을 불태웠다 하고…", "수군절도사 원균이 적선 24척을 불사르고 적병 7명의 수급을 베었다는 소식을 담은…"이라는 기록이 보인다. 『쇄미록(瑣尾錄)』은 임진왜란이 일어나기 전인 1591년 11월부터 1601년 2월까지 9년 3개월간의 내용을 담고 있다. 1593년(선조 26년) 8월 15일, 조정은 수군지휘관의 품계가 동일해 경상·전라·충청 세 도의 수군을 통솔할 삼도수군통제사(三道水軍統制使, 종2

품)직을 신설하여 전라좌수사 이순신(李舜臣)을 겸직시킨다. 인간사회에는 갈등이 있게 마련이며 전장에서도 전략·전술적 견해차가 있겠지만, 이순신과 원균 간의 반목(反目)은 옥포해전의 승전(勝戰)을 보고하는 장계를 이순신이 단독(單獨)으로 올린 것이 그 시작이다. 처음에는 원균이 이순신에게 구원병을 청하여 적을 물리치고, 연명으로 장계를 올리려고 했다. 이에 이순신이 말하기를 "천천히 합시다" 하고는 밤에 스스로 연유를 갖춰 장계를 올리면서, 원균이 군사를 잃어 의지할 데가 없었던 것과 적을 공격함에 있어 공로가 없다는 상황을 모두 진술하였으므로, 원균이 이를 듣고 대단히 유감스럽게 여겼다. 이로부터 각각 장계를 올려 공을 아뢰었는데 두 사람의 틈이 생긴 것이 이때부터였다(『선조수정실록』 26권, 선조 25년 6월 1일). 1594년(선조 27년) 11월 12일, 판돈녕부사(종1품) 정곤수(鄭崑壽)는 "이순신은 휘하 장령들 위주로 전공 보고를 하여 당상(堂上, 정3품)에 오른 자가 많았던 데 비해, 원균 휘하의 장령 중 우치적(禹致績)이나 이운룡(李雲龍) 등은 공이 큰데도 상대적으로 푸대접을 받은 결과가 되었다"고 보고한다. 선조 역시 "원균이 먼저 군사를 요청했고, 이순신은 따라간 것이다. 이순신이 원균보다 왜군을 많이 잡았으나, 원균이 청해서 성공이 시작된 것"이라고 평가했다(『선조실록』 선조 29년 11월 7일). 이렇게 불공평한 포상으로 야기된 반목은 두 장수의 예하부대에 집단적으로 파급되어, 수군전체의 전투력을 저하시키는 원인이 되었다(『선조실록』 57권, 선조 27년 11월 28). 이에 비변사가 이순신과 원균의 불화에 대해 "이순신과 원균은 본래 사이가 좋지 않아 서로 헐뜯고 있습니다. 만일 율로 다스린다면 마땅히 둘을 다 죄주어 내쳐야 할 것입니다. 그런데 이순신은 왜변 초에 병선을 모아 적의 진로를 차단하여 참괵(斬馘, 참수)을 바친 공로가 많았고, 원균의 경우는 당초 이순신과 협력하여 역시 적의 선봉을 꺾는 성과를 올렸으니, 이 두 사람의 충성과 공로는 모두 가상합니다. 급히 선전관을 보내 하서하여 국가의 위급을 우선으로 돌보라고 권한다면, 어찌 감격한 마음으로 새로운 각오를 하지 않겠습니까. 만약에 성상의 뜻을 받지 않고 끝까지 깨닫지 못한 채 잘못을 고집한다면 그때에는 나라의 법이 그들을 처리할 것입니다"라고 보고한다. 1567년(선조 즉위년) 식년 무과에 을과 2위로 급제해 9년의 군 선배였고, 나이도 5살이 많았던 원균은, 이순신에 대한 편파적 대우에 경상우수영 장수들이 불만을 터뜨리자 찾아가 폭언을 하며 대들었다. 이에 이순신은 장계를 올려 지휘에 어려움이 많으니 원균을 해임(解任)시켜 달라고 요청한다. 선조는 이순신을 통제사에 유임시킨 채 원균을 전라병사로 교체할 뜻을 밝혔다. 그러자 정탁(鄭琢)이 원균을 적극 옹호하면서 수사의 자리에서 체직(遞職, 관직이 바뀌는 것)시키지 말 것을 청했다. 결국 원균은 충청병사로 전임되었다. 경상우수사(정3품)에서 충청병사(종2품)로 발령이 났으니 형식상으론 승진이었다. 그만큼 이순신을 편애(偏愛)했다고 볼 수 있다. 조선은 개국 후 200년 동안이나 큰 전쟁이 없는 시대가 지속되면서 〈숭문천무(崇文賤武, 글을 숭상하고 무력을 천시)〉의 경향이 두드러졌다. 전통적인 조선의 유교사상은 '무(武)'에 대한 '문(文)'의 우위를 지키는 것이다. 또한 조선 초기 주요 진(鎭)을 중심으로 방어체제를 구축하는 진관체제(鎭管體制) 대신 을묘왜변(1555년)을 계기로 채택한 『제승방략체제(制勝方略體制)』는 방어에 큰 허점을 보였다. 유사시 필요한 방어지역에 해당지역 군사를 동원한 뒤 중앙에서 파견된 장수가 지휘하는 방어체계였다. 각지의 병사들이 적시적소에 모이기 힘들뿐더러 잡다한 병사들이 기껏 모여도 중앙의 장수가 현장에 도착하지 않는 경우가 허다했기 때문이다. 또한 소속감이 부족해 한번 방어선이 무너지면 이후 적절한 대책을 세울 수 없다는 한계도 있었다. 그러나 한편으로는 일선 지휘관들에게 힘을 실어 주지 않은 이유는 조선 건국의 태생적 한계에서 찾을 수 있다. 태조 이성계가 위화도회군으로 정권을 잡았기에 제2의 이성계(李成桂)가 나오는 걸 극도로 경계하여 무력을 동원할 수 있는 군체제를 통제할 필요성이 있었을 것이다. 그러나 가장 근본적 원인은 일본의 내부사정에 어두워 본토의 군사력을 제대로 가늠하지 못하고, 마치 1510년(중종 5년) 삼포왜변(三浦倭變)이나 1555년(명종 10년)에 을묘왜변(乙卯倭變)에 비해, 조금 크거나 비슷한 수준이라고 판단했기 때문이다.

1596년(선조 29년) 12월 11일, 재침 준비를 위해 부산포왜성 천수각(天守閣, 성에서 가장 크고 높은 누각)에 머물고 있던 고니시유키나가(小西行長)는, 통역인 사이노 시치다유(梯七太夫, 요시라·要矢羅)를 경상우병사 김응서(金應瑞)에게 보내 "가토 키요마사(加藤淸正)가 7,000명의 병력을 거느리고 대마도에 도착했는데, 순풍이 불면 곧 바다를 건너 부산포에 도착할 예정이니 조선 수군이 지키고 있다가 공격하면 그를 잡을 수 있다"는 밀서를 전한다. 이 밀서에는 가토 군의 해상 이동 경로와 도착 예정 날짜, 조선 수군의 대비책까지 구체적으로 담겨 있었다. 요시라(要時羅)는 대마도주 소 요시토시가 장인에게 보낸 사람으로, 고니시 휘하에서 조선과 사이에 통역이자 막후 외교밀사였다. 경상우병사 김응서(金應瑞)는 즉시 이를 도원수 권율(權慄)에게 보고하고, 권율이 다시 조정에 보고하자, 선조와 대신들이 숙의한 끝에 강경파 가토(加藤)를 제거하는 것이 유리하다고 판단, 통제사 이순신에게 전함을 이끌고 나가 공격하라는 명령을 내린다. 선조는 이와 별도로 전라감사 황신(黃愼)을 이순신에게 보내 비밀리에 유시했다. 그러나 이순신(李舜臣)은 "바닷길이 험난하고 왜적이 필시 복병을 설치하고 기다릴 것이다. 전함을 많이 출동하면 적이 알게 될 것이고 적게 출동하면 도리어 습격을 받을 것이다"며 조정의 출전독촉에도 움직이지 않았다. 세자 광해군(光海君)이 전라도까지 직접 달려가 무군사(撫軍司, 왕세자의 행영)에서 이순신을 불렀으나, 전쟁 중 장수가 관할지역을 벗어날 수 없다며 거절했다(『선조실록』 29년 6월 26일). 당시 무군사는 전쟁지휘부였다. 이순신이 선조의 명령을 오해한 측면도 있다. 선조는 출정하여 가토를 잡으면 좋겠지만, 어려울 경우 단지 부산항 일대를 순항하여 왜군이 섣불리 상륙하지 못하도록 방해하라는 뜻일 수도 있다. 그 내용은 『선조실록(선조 84권 30년 1월 19일)』에 기록되어 있다. "가토 키요마사가 7,000명의 군사를 거느리고 4일에 이미 대마도에 도착했는데, 순풍이 불면 곧 바다를 건널 것이며 그가 오면 바다에 가까운 지역은 틀림없이 약탈할 것이니 사전에 예방하여 간사한 계교를 부리지 못하게 해야 한다. 때문에 수군이 속히 거제도(巨濟島)에 나아가 정박하였다가 가토가 바다를 건너는 날을 엿보아야 한다. 그리고 가토는 도요토미에게 고니시가 하는 일은 모두 허사라고 하며 자신이 조선에 나가면 한 번의 출격으로 조선을 평정하고, 왕자도 사로잡아 태합(太閤, 타이코우) 앞에 바칠 수가 있다며 병마를 청하고 있다. 지금 대마도에 와 있으니 만약 조선에서 차단한다는 기별을 들으면 즉시 바다를 건너지 못할 것이다. 그렇게 되면 가토가 말한 '한 번 출격에 조선을 평정할 수 있다'는 말이 거짓이 되고 고니시가 말한 '조선을 공파하기가 쉽지 않다'는 말이 진실이 된다. 그러면 도요토미가 반드시 가토의 오산과 망언에 죄줄 것이고 행장은 뜻을 얻게 되어 강화를 하든 안하든 간에 형세가 매우 편리하게 될 것이니 이것이 제일 좋은 계책이다."

이것이 요시라(要時羅)의 정보였을까. 아니면 간계(奸計)였을까? 시간상으로 보면 가토가 대마도에 상륙한 지 7일 만에 경상우병사 김응서(金應瑞)에게 정보를 알려 주었고, 그로부터 32일 후에 가토가 부산 다대포와 울산 서생포에 상륙하였으므로, 정보전달 체계상 가토(加藤)가 대마도에 상륙한 직후 재빠르게 김응서에게 알려 주었다고 볼 수 있다. 또한 조선 측에 비교적 시간 여유를 가질 수 있도록 정보를 전달했다. 만약 요시라의 정보가 간계(奸計)로 『이순신(李舜臣)의 제거작전』이었다면, 고니시·가토 간에 합의된 작전이든가, 히데요시의 명령으로 왜군 지휘체계가 가동된 작전이어야 한다. 만약 고니시·가토의 연합 작전이라면 당연히 공격대상이 되는 가토 측이 알아야 하고, 가토 가문의 기록에도 언급되어야 한다. 즉 이 작전으로 이순신이 파직되었다면 일본사에 대단히 성공적인 작전으로 기록되어야 마땅하다. 임진왜란 당시 고니시군을 따라 종군했던 승려 덴케이(天荊)는 전란상황을 상세히 기록한 『서정일기(西征日記)』를 남겼다. 이는 임란연구의 중요한 사료로 손꼽힌다. 그러나 그 어디에도 이런 첩보전에 대한 기록이 없다. 임진왜란 최대의 『성공적 작전』이 되었을 〈이순신 제거공작〉이 일본 측 기록에 없다는 것은, 이 정보가 공작이 아니라는 반증이 아닐까? 요시라의 정보는 휴전을 깨고 정유재란의 시작을 알리는 가토의 상륙을 방해하여 강화회담을 지속시키려는 목적과 정적(政敵)인 가토를 제거하기 위한 『가토(加藤) 제거작전』으로 봄이 타당할 것이다. 비록 불가피한 측면이 있다지만, 마음대로 무과(武科)를 실시하고 둔전(屯田, 군사들의 군량을 확보하기 위해 경작하는 토지)을 만들고, 전공(戰功)을 허위보고 하여 논란이 되고 있는 마당에 요시라의 첩보를 무시하는 태도를 보인 것은 선조나 비변사의 입장에서 충분히 『명령불복종이나 기만(欺瞞)』으로 볼 수 있는 것이다. ※ 1596년(선조 29년) 12월 도체찰사 이원익의 군관 정희현(鄭希玄)의 지시를 받은 부산수군 허수석(許守石)이 부산 왜군진영에 침투해 군량 2만 6,000석과 정박 중이던 왜선 20척을 불태웠고, 이순신의 군관이 적의 진영이 불타는 것을 보고 이를 자기의 공으로 보고해 이순신이 장계를 올려 포상을 신청했다. 이런 와중에 1월 23일 가토가 부산 다대포에 도착했다는 보고를 받자 선조는 명령에 따르지 않은 이순신에게 격노한다. 1597년(선조 30년) 1월 27일 열린 어전회의에서 윤두수(尹斗壽)는 "이순신이 명령을 어겼으니 파직시키라"라고 했고, 이순신을 천거했던 류성룡(柳成龍)도 "이순신이 교만해지고 게을러진 것 같다"고 했다. 훗날 이순신을 변호했던 정탁(鄭琢)조차 "이순신이 죄를 지었다"고 했다. 사헌부는 "통제사 이순신은 막대한 국가의 은혜를 받아, 차례를 뛰어 벼슬을 올려 주었으므로 관직이 이미 최고에 이르렀는데, 힘을 다해 공을 세워 보답할 생각은 하지 않고, 바다 가운데서 군사를 거느리고 있은 지가 이미 5년이 경과하였다. 군사는 지치고 일은 늦어지는데, 방비하는 모든 책임을 조치한 적도 없이 한갓 남의 공로를 빼앗으려고 기망하여 장계를 올렸으며, 갑자기 적선이 바다에 가득히 쳐들어왔는데도 오히려 한 지역을 지키거나 적의 선봉대 한 명을 쳤다는 말은 듣지 못하였다. 뒤늦게 전선을 동원하여 직로로 나오다가 거리낌 없는 적의 활동에 압도되어 도모할 계책을 하지 못했으니 적을 토벌하지 않고 놓아 주었으며, 은혜를 저버리고 나라를 배반한 죄가 크다. 잡아 오라고 명하여 율에 따라 죄를 정하소서"라고 아뢴다. 이에 선조는 2월 6일 우부승지 김홍미(金弘微)에게 전교하여, 선전관에게 표신(標信)과 밀부(密符)를 주어 왕명을 어긴 이순신을 잡아 오라고 명한다. 이순신은 2월 10일 뒤늦게 부산포로 출정해 무력시위를 벌이고 돌아오지만, 2월 26일 한산도 통제영에서 한성으로 압송되어, 3월 4일 의금부에 하옥된다. 사헌부가 지목한 죄명은 기망조정(欺罔朝廷), 무군지죄(無君之罪), 종적불토(縱賊不討), 부국지죄(負國之罪), 탈인지공(奪人之功), 함인어죄(陷人於罪), 무비종자(無非縱恣), 무기탄지죄(無忌憚之罪)였다. 즉 조정을 속이고 임금을 업신여긴 죄, 적을 쫓아가 치지 아니하여 나라를 등진 죄, 남의 공을 가로채고 남을 모함한 죄, 한없이 방자하고 거리낌이 없는 죄다. 이 정도 죄목이라면 사형은 당연했다. 그러나 도체찰사 이원익(李元翼)의 치계와 72세의 원로대신 판중추부사 약포(藥圃) 정탁(鄭琢)의 신구차(伸救箚, 구명 진정서)를 명분으로 선조는 이순신을 도원수 권율(權慄)의 휘하에 백의종군(白衣從軍)토록 처분한다. 선조의 눈에는 「비록 유능할지는 몰라도 오만하며 정직하지 않은 지휘관」이나, 당시 상황을 고려해 기회를 준다는 뜻도 내포하고 있었을 것이다. 그리하여 이순신은 하옥된 지 28일 만인 4월 1일, 옥(獄)에서 풀려난다. 이날의 『난중일기』에는 이렇게 적혀 있다. "4월 1일 맑다. 옥문 밖을 나왔다. 남대문 밖에 있는 윤간(尹侃)의 종의 집에 이르러 조카

봉(䒞)·분(芬), 아들 울(蔚)사행(士行) 원경(遠卿) 등과 한방에 같이 앉아 오래도록 이야기를 나누었다. 지사 윤자신(尹自新)이 와서 위로해 주었고 비변랑 이순지(李純智)가 와서 만나 보았다. (중략) 영의정 유성룡(柳成龍)이 종을 보내고 판부사 정탁(鄭琢)·판서 심희수(沈禧壽)·우의정 김명원(金命元)·참판 이정형(李廷馨)·대사헌 노직(盧稷)·동지 최원(崔遠)·동지 곽영(郭嶸) 등이 사람을 보내어 안부를 물었다. 술에 취하여 몸이 땀으로 흠뻑 젖었다." "4월 2일 종일 비가 내렸다. 여러 조카들과 이야기했다. 방업(方業)이 음식을 매우 풍성하게 차려 왔다. 필공(筆工)을 불러 붓을 매게 했다. 어두울 무렵 성으로 들어가 영의정(서애 류성룡)과 밤 깊도록 이야기하다가 닭이 울어서야 헤어져 나왔다."

왜군의 보급선은 히젠 나고야에서 해로(海路)로 이키섬을 거쳐 대마도 이즈하라에 이르렀다가, 다시 북단 오우라항에서 출발하여 부산포에 도착해 짐을 내리고, 그 후 육로(陸路)로 한성까지 보급하는 것이었다. 이 보급로를 조선 수군이 차단하려면, 부산포를 해상봉쇄하든지 아니면 부산포를 탈환하는 수밖에 없다. 그래야 남해안 제해권을 제대로 확보했다고 말할 수 있다. 1597년(선조 30년) 1월 12~14일 우군의 선봉장 가토의 군대는, 전함 130척에 1만 명의 병력을 이끌고 조선 수군의 아무런 제재도 받지 않고, 부산 다대포(多大浦)에 상륙해 부산에 주둔 중인 왜 수군과 합하여 잠시 기장 죽성리 왜성에 주둔했다가, 양산을 거쳐 울산 서생포왜성(西生浦倭城)에 둔진한다. 이어 고니시의 좌군 7,000명이 상륙해 진해 웅천왜성(熊川倭城)으로 들어간다. 나머지 병력은 7월 초에 조선으로 건너온다. 고니시의 군선에는 X자 모양의 군기가 펄럭이고 있었다. 원래는 붉은 바탕에 흰색 십자가 모양의 깃발을 사용했으나 크리스천 금교령이 내리자, 십자가를 X자 모양으로 변형시켜 눈가림을 했다. 7월에 이르러 부산일대에 정박한 왜 전함은, 무려 600여 척에 이르렀다. 1597년(선조 30년) 2월, 이순신의 후임으로 삼도수군통제사가 된 원균에게 왜군의 부산 본진이 있는 부산포(釜山浦)를 공격하라고 압박한다. 하지만 원균은 안골포(安骨浦, 진해)·가덕도(加德島, 부산) 등에 주둔한 왜군을 먼저 섬멸하여 후방을 든든하게 한 후, 부산을 공격해야 하며 육군과 수군이 합동작전을 펼쳐야 한다고 주장한다. 그러나 4도도체찰사 이원익(李元翼)과 도원수 권율(權慄)은 원균에게 부산포 앞바다로 나가 싸우기를 강력하게 요구한다. 통제사 원균이 이유를 대며 불응하자 도원수 권율이 곤장을 치며 "국가에서 너에게 높은 벼슬을 준 것이 어찌 한갓 편안히 부귀를 누리라 한 것이냐? 임금의 은혜를 저버렸으니 너의 죄는 용서받을 수 없다"고 했다. 원균이 분하고 창피한 중에 선전관(宣傳官, 武職承旨) 김식(金軾)이 부산포로 출정하라는 어명(御命)을 가지고 나타나자, 7월 12일과 13일 거북선 4척, 판옥선 180여 척, 협선(부속선)과 포작선(어선) 200여 척 등 휘하의 모든 수군을 거느리고, 통제영인 한산도를 출발 7월 14일 왜군의 본거지인 부산 영도 인근에 도착했다. 조선 수군의 동향을 꿰뚫고 있던 왜군은, 맞대응을 피하며 회피전술을 펼쳐 조선 수군을 지치게 만들었다. 때마침 거센 풍랑이 일자 조선 수군은 해 질 무렵 가덕도 앞바다로 물러나, 땔나무와 물을 구하러 섬에 상륙했다가 매복한 왜군에게 기습을 당한다. 급히 거제도로 후퇴해 북쪽 영등포(장목면)에 상륙하려 했으나, 이곳에서도 기습당한다. 왜군은 육군과 수군 합동으로 중요 지점마다 대비하고 있었던 것이다. 결국 조선 수군은 부산에서 거제도까지 후퇴하는 과정에서 400명의 병력을 잃게 된다. 다음 날 비가 내리면서 기상 상태는 더욱 나빠졌다. 조선 수군은 7월 15일 오후 거센 비바람을 뚫고, 거제도 북서쪽 칠천량(漆川梁)으로 이동한다. 칠천량은 거제도와 칠천도(하청면) 사이 약 425m의 좁은 바다로, 비바람을 피할 수 있는 곳이었다. 하지만 왜 수군이 1,000여 척의 전선으로, 이날 밤부터 조선 수군을 포위하기 시작해 7월 16일 새벽 총공세를 펼친다. 가토 요시아키(加藤嘉明)·도도 다카토라(藤堂高虎)·와키자카 야스하루(脇坂安治) 등 왜장들이 경쟁하듯 전장을 누비며 조선 함선을 파괴했다. 가덕도왜성(부산)과 영등포왜성(장목면 구영리) 등에 주둔하고 있던 시마즈 요시히로(島津義弘)와 시마즈 타다츠네(島津忠恒) 부자는, 병사 3,000명을 칠천도 해안에 미리 배치해 조선 수군의 상륙을 막았다. 조선 수군은 칠천도 앞바다에서 160여 척의 전함을 잃으며 완전히 궤멸되고 만다. 이것이 『칠천량해전(漆川梁海戰)』이다. 이 해전에서 전라우수사 이억기(李億祺)는 분투 중 스스로 바다에 빠져 자결하고, 충청수사 최호(崔浩)를 비롯한 9,000여 명의 조선 수군들이 전사한다. 경상우수사 배설(裵楔)은 재빨리 한산도 본영으로 후퇴해, 왜군에게 유리할 만한 병기와 막사, 양식을 불사르고 남은 전선 12척과 병사 120명을 수습하여 전라도로 대피한다. 전투교범에 따라 펼친 청야작전(淸野作戰)의 하나였다. 통제사 원균(元均)의 최후에 대해 선전관(宣傳官, 武職承旨) 김식(金軾)이 "15일 밤 2경에 왜선 5~6척이 불의에 내습하여 불을 질러 우리 전선 4척이 전소·침몰되자 제장들이 창졸간에 병선을 동원하여 어렵게 진을 쳤는데, 닭이 울 무렵에는 헤아릴 수 없이 수많은 왜선이 몰려 와서 서너 겹으로 에워싸고 형도(刑島) 등 여러 섬에도 끝없이 가득 깔렸습니다. 우리의 주사는 한편으로 싸우면서 한편으로 후퇴하였으나 도저히 대적할 수 없어 할 수 없이 고성 추원포(현 추봉리)로 후퇴했는데, 적세가 하늘을 찌를 듯하여 마침내 우리 전선은 모두 불에 타서 침몰했고 제장과 군졸들도 불에 타거나 물에 빠져 모두 죽었습니다. 신(臣)은 통제사 원균(元均) 순천부사 우치적(禹致績)과 간신히 탈출해 상륙했는데 원균은 늙어서 걷지 못하여 맨몸으로 칼을 잡고 소나무 밑에 앉아 있었습니다. 신(臣)이 달아나면서 돌아보니 왜군 6~7명이 칼을 휘두르며 원균에게 달려들었는데 그 뒤로 원균의 생사를 자세히 알 수 없었습니다. 경상우수사 배설(裵楔)과 옥포(玉浦)·안골(安骨)의 만호(萬戶) 등은 간신히 목숨만 보전하였고 많은 배들은 불에 타서 불꽃이 하늘을 덮었으며 무수한 왜선들이 한산도로 향하였습니다"라고 보고한 기록이, 『선조실록 90권』 1597년(선조 30년) 7월 22일 자에 남아 있다. 그러나 논공행상을 위해 왜군도 죽인 적장을 빠짐없이 기록하는데 그 어느 기록에도 원균에 대한 언급이 없다.

그러나 원균(元均)이 삼도수군통제사로 임명(1597년 2월) 되기 전인 1월 12~14일 사이에 걸쳐, 가토의 군대가 울산 서생포(西生浦)와 부산 다대포(多大浦)에 상륙하였으므로, 그 정보의 활용시기를 놓친 『칠천량해전(漆川梁海戰)』의 결과만을 놓고 첩보를 간계로 단정해서는 안 된다. 관점에는 차이가 있게 마련이다. 우리는 이순신의 한산대첩과 권율의 행주대첩, 김시민의 진주대첩을 〈임진왜란의 3대첩〉이라 부르지만, 명나라는 평양성 탈환전투와 행주산성전투, 직산전투를 〈조선 3대전〉이라고 하며, 일본은 벽제관전투, 울산성전투, 칠천량전투를 〈3대 전투〉라 한다. 오늘날 이순신(李舜臣)이 전쟁영웅으로 확립된 데에는 류성룡의 『징비록(懲毖錄)』이 원인된 것도 적지 않다. 1719년(숙종 45년) 제9차 조선통신사 홍치중(洪致中)의 제술관으로 동행했던 신유한(申維翰)이 오사카(大阪) 서점에서 『징비록』 등 조선서적을 발견한 일을 『해유록(海遊錄)』에 기록하고 있다. 에도막부와 조선은 우호적인 관계였으나, 이순신(李舜臣)은 중국이나 조선, 일본에서 특별히 주목받는 존재가 아니었다. 임진왜란 당시나 전후 일본의 자료에도, 이순신에 대한 언급이 전혀 나타나지 않는다. 1695년(숙종 21년) 류성룡의 『징비록(懲毖錄)』이 교토에서 『조선징비록(朝鮮懲毖錄)』으로 간행됐고, 17세기부터 일본어로 번역된 『조선태평기(朝鮮太平記)』와 『조선군기대전(朝鮮軍記大全)』이 나오면서, 노비 출신으로 「임진강전투」에서 장렬히 전사한 유극량(劉克良)을 비롯해 송상현(宋象賢)·류성룡(柳成龍)·신각(申恪)·곽준(郭䞭)·곽재우(郭再祐) 등의 활약이 대서특필되고, 이순신(李舜臣)에게도 「영웅(英雄)」이란 칭호가 붙어졌다. 또 『징비록』은 19세기 말 청나라에도 전해진다. 일본에 징비록이

유입되기 전에는 「행주산성전투(幸州大捷)」에서 왜군을 격퇴한 부대가 조선군이 아닌 명군으로 알려져 있었다. 원균에 대한 기록은 빈약한 반면, 이순신은 『난중일기(亂中日記)』 등 기록이 풍부하다. 원균은 조정의 무리한 공격명령을 받고 휘하의 함대를 이끌고 공격하다가 〈칠천량해전〉에서 패전한다. 반면 이순신은 〈노량해전〉에서 승리하고 극적인 최후를 맞는다. 이순신의 『난중일기』에는 무려 42회 이상이나 원균에 대한 험담이 기록되어 있다. 1593년(선조 26년)에 17회, 1594년(선조 27년)에 11회, 1597년(선조 30년)에 12회로 집중적으로 나쁘게 썼다. 1593년 2월 23일 "경상우수사 원균은 흉악하고 음험함", 1593년 7월 21일 "원균의 말이 극히 흉측하고 거짓되어 무어라 형언할 수 없음", 1593년 8월 26일 "한산도에서 원균이 술을 마시자고 하여 조금 주었더니 잔뜩 취하여 흉악하고 도리에 어긋나는 말을 함부로 지껄였으므로 매우 해괴하게 여김", 1596년 3월 12일 "원균을 원흉이라 칭함" 등이다. 심지어 칠천량해전 얼마 전인 1597년 5월 8일 자 일기에는 "원균이 수하 아전을 육지로 심부름 보내 놓고는 그 아내를 사통하려 했다. 그러나 그 아내는 원균이 기를 써도 따라 주지 않고 밖으로 뛰쳐나가 고래고래 소리쳤다. 그런 원균이란 자가 온갖 꾀로 나를 모함하려 하니 이 또한 나의 운수로다. 원균이 나를 헐뜯기 위해 쓴 글은 너무 많아 말에 얹혀 조정으로 보내질 정도로 그 짐이 서울 길에 잇닿았을 지경이다. 그렇게 나를 헐뜯는 짓이 날이 갈수록 심하니 그저 때를 못 만난 것을 한탄할 따름이다"라고 기록하고 있다. 1597년(선조 30년) 5월 7일 자『난중일기』에는 "서산군수 안괄(安适)이 한산도에서 왔다. 음흉한 자(원균)의 일을 많이 말했다. 저녁에 이기남(李奇男)이 또 왔다. 이원룡(李元龍)은 수영에서 돌아왔다. 안괄이 구례에 갔을 때 조사겸(趙士謙)의 수절녀를 사통하려 했으나 뜻을 이루지 못했다"고 한다. 심지어는 "원균이 공연수(孔連水)와 이극함(李克諴)이 좋아하는 여자들과 모두 관계했다"고 비난한다. 물론 의도적이지는 않겠지만 이런 난중일기의 기록들이 원균을 나쁘게 평가하는 데 일조했음은 물론이다. 평소 이순신을 아끼던 류성룡의『징비록』에도 이순신에 대한 설명이 더 자세히 전해진다. 아무리 영웅이라도 인간적 결점은 있고, 업적에도 공과가 따르기 마련인데, 만약 이순신이 류성룡이 속한 남인 계열이 아닌 북인이나 서인 계열이었다면 지금과는 조금 다른 평가를 받을 수도 있다.

7 ──────────── 당파와 당쟁

 그럼 조선의 당파 싸움은 언제부터 시작되었을까? 조선은 제14대 왕 선조(宣祖) 때까지, 실제적 권력은 왕이 아닌 훈구세력에게 있었다. 훈구세력은 주로 태종(太宗, 왕자의 난)과 세조(世祖, 계유정난) 때 왕의 집권을 도운 공신들이다. 그들 척신(戚臣)들의 위세는 명종(明宗)이 후사 없이 세상을 떠나면서 한풀 꺾이게 된다. 그 후 성리학(性理學)으로 무장된 율곡 이이·퇴계 이황·남명 조식·화담 서경덕 등 사림(士林)이 대거 등용되면서, 조정은 성리학 중심체계로 이루어지게 된다. 그때 한 사건이 발생한다. 이조전랑 김효원(金孝元)이 자리를 옮기면서 차기 이조전랑을 뽑는 일이 벌어졌는데 주변에서 명종 비(인순황후)의 동생인 심충겸(沈忠謙)을 추천한다. 이조전랑(吏曹銓郎)은 비록 종5품이지만 중요한 청요직(淸要職)으로, 여론기관인 삼사(三司, 사헌부·사간원·홍문관)의 관리를 임명하고 자신의 후임을 추천할 수 있어 정승들조차 함부로 대하지 못하는 직책이었다. 전랑직(銓郎職)은 중죄가 아니면 탄핵받지 않았고 순조로운 승진이 보장되어 정승에 이르는 지름길로서 누가 차지하느냐에 따라 권력의 향배가 결정되었다. 사림은 척신들을 배제하기로 했다며 거부권을 행사하고, 심충

겸을 추천한 사람들은 당시 대사헌으로 있던 심의겸(沈義謙)의 예를 들어 예외를 요구한다. 심의겸은 심충겸의 형제로 명종 때 자신의 고모부인 이량(李樑)을 몰아냄으로써 신망을 얻은 적이 있었다. 이량은 골수척신이다. 당시 사람들은 윤원형(尹元衡)·심통원(沈通源)과 더불어 3흉(凶)이라 불렀다. 이 다툼은 사림과 과거 청산 방향을 둘러싼 갈등이었다. 김효원처럼 원칙론을 강조하던 사람들은 동인(東人)이 되고, 심의겸 형제를 포용했던 사람들은 서인(西人)이 되었다. 당시 김효원의 집은 서울 동쪽 낙산(駱山) 건천동(乾川洞, 류성룡과 이순신도 건천동 출신임)에 있었고, 심의겸의 집은 도성 서쪽 정동(貞洞)에 있었다. 이에 선조는 김효원을 함경도 경흥부사로 좌천시켰다가, 조금 내지인 부령부사로 보내고 심의겸도 개성유수로 내보냈다. 당쟁을 유발해 조정을 시끄럽게 했다는 견책이었다. 이 양자 간의 분열이 동서(東西) 분당이자, 조선왕조 붕당(朋黨)의 출발점이 되었다. 과거 청산에서 강경한 태도를 보였던 동인(東人)은 주로 퇴계 이황(李滉)과 남명 조식(曺植)에게 수학했던 인물들이다. 유성룡(柳成龍)·김성일(金誠一)·정탁(鄭琢)·김우옹(金宇顒)·정인홍(鄭仁弘)·김효원(金孝元) 등 영남 출신으로 주로 언관이나 낭관 등의 자리에 있었다. 반면 서인(西人)은 박순(朴淳)·윤두수(尹斗壽)·정철(鄭澈)·이이(李珥)·성혼(成渾)등 기호지방(경기·충청도·전라도) 출신들이 많았고, 대체로 동인에 비해 연장자들이었다. 동서분당의 초기에는 원칙을 강조하는 동인의 목소리가 컸고 정치적으로 우세한 입장에 있었다. 율곡 이이(李珥)는 이들 양자 사이의 분열과 대립을 조정하여 화합시키려고 노력했으나, 그의 노력에도 불구하고 동서 간의 대립은 날로 심해져 갔다. 율곡은 동인과 서인이 모두 학문을 하는 사류이니 비생산적인 논쟁을 중단하고 같이 조정에 출사하여 국사와 민생 문제를 논할 것을 호소했다. 이이가 일찍이 경연에서 '미리 10만의 군사를 양성하여 앞으로 뜻하지 않은 변란에 대비해야 한다'고 말하자 류성룡(柳成龍)은 '군사를 양성하는 것은 화단을 키우는 것이다'라고 하며 매우 강력히 변론하였다. 이이는 늘 탄식하기를 '유성룡은 재주와 기개가 참으로 특출하지만 우리와 더불어 일을 함께 하려고 하지 않으니 우리들이 죽은 뒤에야 반드시 그의 재주를 펼 수 있을 것이다' 하였다. 임진년 변란이 일어나자 유성룡이 국사를 담당하여 군무를 처리하게 되었는데 그는 늘 '이이는 선견지명이 있고 충근스런 절의가 있었으니 그가 죽지 않았다면 반드시 오늘날에 도움이 있었을 것이다'라고 했다[『선조수정실록』 16권, 선조 15년 (1592년) 9월 1일]." 1589년(선조 22년) 10월 『정여립의 난(鄭汝立-亂)』을 계기로 일어난 〈기축옥사(己丑獄事)〉로 동인의 영수 이발(李潑)·이길(李洁)·이급(李汲) 형제와 백유양(白惟讓)·백진민

(白振民) 부자를 비롯해 조대중(曺大中)·유몽정(柳夢井)·최여경(崔餘慶)·이황종(李黃鍾)·윤기신(尹起莘)·이진길(李震吉)등 무려 1,000여 명이 처형되고 영의정 노수신(盧守愼)과 우의정 정언신(鄭彦信, 정여립과 9촌)·직제학 홍종록(洪宗祿) 등 동인의 핵심 인물들도 파직되었다. 특히 조식(曺植)의 문인들이 큰 피해를 입었는데 평소 신망이 높았던 최영경(崔永慶) 등 제자들이 옥사했다. 본래 동인은 퇴계 이황 문하의 세력과 조식·서경덕을 따르는 세력의 연합체였으나, 정철(鄭澈)의 처리 문제를 놓고 퇴계 이황의 계열은 남인(南人)으로, 남명 조식과 화담 서경덕 계열은 북인(北人)으로 떨어져 나갔다. 안동 출신의 퇴계 이황(退溪 李滉)이 경상좌도의 스승이라면, 합천에서 태어난 남명 조식(南冥 曺植)은 경상우도의 선구자다. 같은 해 태어나 영남유림의 쌍벽을 이루었던 두 사람은, 서로를 존중했으나 기질적으로는 사뭇 달랐다. 퇴계는 청량산 밑에서 살아 품성이 온화하고 치밀한 데 비해, 남명은 지리산 밑에서 살아 기질이 드높고 강인했다. 이황은 조식을 두고 "오만하여 중용의 도를 기대하기 어렵다"고 했고, 조식은 이황을 두고 "물 뿌리고 청소하는 절차도 모르면서 천리를 담론하고 허명을 훔친다"고 비꼬았다.

1589년(선조 22년)부터 3년 동안 조선의 인재 1,000여 명이

도륙된 〈기축옥사(己丑獄事)〉를 주도한 서인인 송강 정철(松江 鄭澈)은 임진왜란이 일어나자 귀양에서 풀려나, 평양에서 왕을 맞이하여 의주까지 호종했고 사은사로 명나라에 다녀왔다. 하지만 사신을 다녀온 후 동인들에게 모함을 당하자 스스로 사면을 청하고 강화도 송정촌(松亭村)에 은거했다. 그리고 은거 한 달 남짓 만에 영양실조로 숨을 거두었다. 향년 58세. 온 나라가 환란 중에 있던 1593년(선조 26년) 12월 18일 추운 겨울 홀로 굶어 죽었던 것이다. 북인은 남인-노론-소론과 함께 조선시대『4색 당파(四色黨派)』중 하나로 분류되지만 그중에서는 가장 미약한 소수세력이었다. 북인의 사상적 시조로 받들어지는 남명 조식이나 화담 서경덕만 해도 퇴계 이황이나 율곡 이이에 비해 인지도나 학문적 위세가 떨어졌다. 북인의 핵심은 정인홍·이이첨이지만 알려진 사람은 허균이나 임진왜란 때 의병장으로 활약한 홍의장군 곽재우 정도에 불과하다. 그런데 북인은 임진왜란과 함께 황금기를 맞게 된다. 남명의 선명한 태도와 화담의 현실 참여적 성향을 이어받은 북인(北人)은 임진왜란 때 화의론(和議論)을 이끌었던 남인(南人)에 맞서 강력한 주전론을 펼쳤고, 정인홍·곽재우 같은 의병장을 배출하여 발언권이 커졌다. 특히 광해군과 영창대군으로 후계구도가 나뉘어 있을 때, 이이첨과 정인홍이 이끈 대북(大北)세력은 광해군을 지지하다 귀양을 가는 등 고초를 겪었는데, 선조의 급사로 광해군이 왕위에 오르자 이들 세력이 실세로서 급부상한다. 하지만 인조반정(仁祖反正)으로 서인(西人)과 남인(南人)의 연합정권이 들어서자 다시 피의 보복으로 이어진다. 대북세력의 영수 정인홍(鄭仁弘)은 89세의 고령에도 고향 합천(陜川)에서 압송돼 형장의 이슬로 사라졌고, 실질적 리더였던 이이첨(李爾瞻)은 도주하던 중 경기도 이천(利川)에서 체포되어 역시 처형된다. 요행히 처형을 면한 북인인사들도 투옥되거나 유배되어, 중앙정치무대에서 완전히 지워졌다. 사림파(士林派)도 그 시작은 훌륭했다. 그런데 동인과 서인으로 나뉘고 동인은 다시 남인과 북인으로, 서인은 다시 노론과 소론으로 나뉘고, 노론은 다시 시파와 벽파로 갈라졌다. 성호 이익(李瀷)은 『성호전집(星湖全集)』 제45권 「잡저(雜著)」 「붕당을 논함(論朋黨)」에서 「붕당은 투쟁에서 나오고 투쟁은 이해(利害)」에서 나오며 그 본질은 밥그릇 싸움이라는 주장을 펴고 있다. 지금 우리의 정당정치와 조선의 붕당정치가 〈밥그릇 싸움〉이라는 본질에서 어떤 차이가 있을까.

8 ────────────── 사문난적(斯文亂賊)

　유학(儒學)에서 보다 논리적이고 철학적으로 심화한 성리학(性理學)은 '이(理)'를 중심으로 하는 주리학파와 '기(氣)'를 중심으로 하는 주기학파, 그리고 그 중간에서 '이기(理氣)'의 상호작용에 비중을 두는 학파로 가닥을 잡는다. 인간과 세계, 우주의 모든 영역을 '리'와 '기'의 관계에 입각해 누가 더 논리정연하게 설명할 수 있느냐를 놓고, 이들은 사생결단의 싸움을 벌였다. 논쟁에서 이긴 학파는 도덕적 권위와 함께 권력과 부를 독점했다. 패한 쪽은 권력에서 배제되는 것은 물론 심지어는 목숨까지 잃었다. 그 주리학파(영남학파)의 영수가 퇴계 이황이고, 주기학파(기호학파)의 영수가 화담 서경덕이며 그 중간이 율곡 이이다. 율곡은 「이기지묘(理氣之妙)」 즉 이(理)와 기(氣)는 오묘하게 합해 있다고 보았다. 이(理)가 이상이라면 기(氣)는 현실이며 이가 보수(保守)라면 기는 진보(進步)다. 이(理)는 원칙이고 변화를 주장하는 진보는 기(氣)에 속한다. 12세기 남송의 주희가 완성한 성리학을 독점적 지배이념으로 채택한 조선은 양난(兩難) 이후 포용력이 더 약화되었다. 조선의 지배층들은 이런 전란에도 불구하고 국체가 온전히 보존되자 유학의 안정성을 과신하게 된다. 이들은

2000년 전에 소멸한 주나라를 다시 구현하겠다는 목표로, 명분과 의리를 중시하는 주자학의 근본주의에 매몰된다. 그들은 관(冠)·혼(婚)·상(喪)·제(祭)에 관한 「주자가례(朱子家禮)」를 일반서민들까지 강요하며, 향촌의 지배력을 강화하고 특권을 독점한다. 양반들 간에도 당파나 이념이 다른 사람은 모두 적으로 돌리는 『사문난적(斯文亂賊)』이라는 개념까지 도입한다. 사문난적은 '우아한 글(斯文)을 어지럽히는 도적(亂賊)'이란 의미인데 정적인 상대 당을 실각시키는 데 그치지 않고, 사문난적으로 몰아 죽이는 사례가 많았다. 노론의 송시열(宋時烈)과 정치적으로 대립했던 남인 허목(許穆)은 "주자학만이 절대적 가치는 아니며 다른 학문도 진리일 수 있다"고 주장했다가 사문난적으로 몰렸다. 윤휴(尹鑴)도 유교경전을 주자의 해석에 따르지 않고 독자적으로 해석했다 하여, 송시열에 의해 사문난적이라는 비난을 받았다. 주자에게 목숨을 걸었던 송시열(宋時烈)은 "주자가 모든 학문의 이치를 이미 밝혀 놓았는데 윤휴가 감히 자기 의견을 내세워 억지를 부리니 진실로 사문난적이로다"라고 했다. 당시 윤휴는 북벌론(北伐論)을 주장했던 개혁적인 남인으로, 서인과의 싸움에서 패하여 유배지에서 사약을 받는다. 그로부터 9년 뒤 남인이 집권한 〈기사환국(己巳換局)〉으로 서인인 우암 송시열 역시 사약을 받는다. 실사구시의 학문을 추구했던 서계(西溪)

박세당(朴世堂)은 주자학과 송시열을 비판하며, 독자적 견해를 밝힌 『사변록(思辨錄)』을 저술하여 노론으로부터 사문난적으로 몰렸다. 한말의 역사가 김택영은 한사경(韓史綮)에서 숙종(肅宗)을 가리켜 "다양한 사상 발전을 가로막는 「사문난적 금법(斯文亂賊禁法)」을 만든 장본인"이라고 했다. 김택영은 "조선은 인재가 매우 적게 태어난다. 숙종이 금법(禁法)을 시행한 이래 학문적으로 크게 퇴보했기 때문이다. 일마다 중국을 배웠지만 일마다 반드시 중국보다 심했다. 주자의 성리에 관해 들으면 다른 사상가는 다 폐하였고, 주자도 혹 틀린 것이 있고 다른 사상가들도 혹 옳음이 있다는 것을 알지 못했다. 부녀의 수절에 관한 말을 들으면 가혹하게 개가를 금지했고, 귀천에 관한 말을 들으면 크게 벌열(閥閱, 엘리트)을 숭상했다. 진실로 견문이 협소하고 비루하다"고 강하게 질타한다. 같은 시기 네덜란드(和蘭)를 통해 란가쿠(蘭學) 등 서양문물을 받아들인 일본은 의학·천문학·물리학·화학 등 자연과학과 측량술·포술·제철 등 과학·기술 분야에서 근대화의 지렛대로 활용했다. 구한말 세계사적 격변기에도 조선은 〈위정척사(衛正斥邪, 성리학 이외 모든 종교와 사상을 배척하자는 것)〉의 깃발 아래 사상의 자유는 허용되지 않았고, 나라가 멸망할 때까지 상공업을 천시하며 성리학적 질서를 더욱 강화했다. 교토대학의 오구라 기조(小倉紀蔵) 교수는 『한국은 하나의 철학이다』라는 책에서, 한국은 이(理)와 기(氣)의 시스템으로 움직인다고 보았다. 지독하다 싶을 정도로 옳고 그른 것을 따지는 한국인의 도덕지향적인 심리기저에는 〈이기론(理氣論)〉으로 이루어진 성리학(性理學)이라는 단 하나의 철학만이 들어 있다고 오구라(小倉) 교수는 말한다. 조선왕조가 망한 지 100년이 훨씬 지난 지금도 한국사회는 도덕적 명분을 놓고 권력 다툼과 밥그릇 싸움을 벌이는 거대한 극장이란 게 그의 시각이다. 한국은 이(理)의 나라고, 일본은 법(法)의 나라다. 조선에서 이치는 법 위에 있고 심지어는 왕권보다 높았다. 일본은 무력을 기초로 하여 사회질서를 세웠다. 따라서 일본인들은 〈분수(身の丈, 미노타케)〉에 맞게 살라고 가르친다. 에도시대 무가를 통제하기 위한 법령인 「무가제법도(武家諸法度, 부케쇼핫토)」에 따르면 "법으로써 이치를 깨뜨릴 수 있지만, 이치로써 법을 깨뜨리진 못한다"며 권력자가 만든 법이 이치보다 우위에 있음을 명시하고 있다. 즉 일본은 법으로 정했으면 싫든 좋든 그것이 끝이 돼야 하는 사회다. 일제강제징용 문제도 '이(理)'와 '법(法)'의 충돌을 상징적으로 보여준다. 한국인은 이치(理致)에 맞지 않으면, 합의도 재고될 수 있다고 믿는다. 인권을 강조하는 법의 흐름에 따라 〈한일청구권협정(1965년)〉도 재검토될 수 있다는 주장이다. 반면 일본인에게 있어 협정(協定)은 법(法)과 동일한 것이며, 이로써 모든 문제가 종결되었다는 입장이다. 일본은 몰(沒)도덕적이며 현실주의다. 한쪽은 도덕에 집착하고 다른 한쪽은 도덕을 가벼이 여긴다.

9. 왕조실록의 진실

 국보(제151호)이자 유네스코 세계기록유산인 『조선왕조실록』은 1392년 조선 제1대 왕 태조 이성계(李成桂)로부터 1863년 제25대 왕 철종 이원범(李元範)에 이르기까지 472년간 조선왕조에서 벌어진 일들을 연월일 순으로 상세하게 담은 1,894권 888책의 기록물이다. 실록에는 태조부터 철종조까지 2,125명의 졸기(卒記)도 수록하고 있다. 철종 이후 「고종실록」·「순종실록」은 일제가 저술에 개입하면서 오류와 왜곡이 많아 전체 실록에서 배제됐다. 2001년과 2011년에는 『승정원일기(承政院日記)』와 『일성록(日省錄)』도 세계기록유산으로 등재됐다. 『조선왕조실록』은 객관성을 최대한 담보하기 위해 왕의 사후에 만들어졌다. 편찬에 사용되는 문헌은 역사 편찬의 공식 자료인 사초(史草) 외에도 『춘추관일기(春秋館日記)』·『승정원일기(承政院日記)』·『의정부등록(議政府謄錄)』·『조보(朝報, 관보)』·『비변사등록(備邊司謄錄)』·『일성록(日省錄)』 등이며 개인의 일기(日記)나 문집(文集)이 포함되기도 했다. 『승정원일기』는 왕명출납을 관장하는 승정원 주서(注書, 정7품) 2명이 하루 종일 임금을 시종하며 국정전반에 관한 보고와 이에 대한 임금의 명령, 임금과 신하의 대화 등을 빠짐없이 기록한 것이다. 그러나 제16대 인조(仁祖) 때에는 『광해군일기』의 편찬뿐만 아니라 『선조실록』을 수정하는 작업도 이루어진다. 『선조실록』 수정은 책을 완전히 새롭게 간행하지 않고 원본의 1/5 정도만 고치는 수준으로 진행됐다. 즉 중요한 사건에 대하여 기사를 보완한 뒤 평가에 해당하는 사론을 수정하는 방식을 택했다. 하지만 실록은 단순한 역사 서술이 아니어서 투쟁과 갈등의 대상이 되기도 했다. 따라서 실록은 승자의 기록일 수밖에 없었다. 사론수정은 광해군 시대의 집권 세력에 대한 평가를 뒤집고 비판한 인물의 위상을 높이는 방향으로 전개됐다. 광해군 때 득세했던 북인(北人)들의 주도로 저술된 『선조실록』은 서인(西人)과 남인(南人) 등 반대파를 폄훼했다. 북인(北人)은 남인과 함께 동인(東人)에서 갈라져 나왔지만 남인(南人)과도 대립했다. 『선조실록』에서 류성룡의 단점을 "재상으로 그릇이 작다. 붕당에 대한 마음을 떨치지 못해 자신과 의견을 달리하면 용납하지 않았다. 임금에게 바른 말을 고하지 못하여 대신다운 풍절이 없었다"고 기록하고 있다. 광해 본(光海 本)에는 "왜와 강화를 주장했고 부모님을 뵈러 가서는 술을 마셨다"고 나쁘게 평가했는데, 효종 본(孝宗 本)은 "전란을 수습하려는 노력은 당시에도 세간의 인정을 받았고, 학행과 효우로 주변의 칭찬이 자자했다"고 기록했다. 반대로 광해군 대의 실세였던 이이첨은 "천성이 영특하고 기개가 있었으며 간쟁하는 기품이 있었다. 바른 사람이다"라는 평가가 "간사하고 악독한 성품으로 일찍이 사헌부·사간원에 들어가 오직 공격하고 해치는 것을 능사로 삼았다"로 바뀌었다. 또한 정철은 "편협하고 망령되어 … 원망을 자초했다. … 죽을 때까지 비방이 그치지 않았다(『선조실록』)"가 "권간이나 적신으로 지목하는 것은 문제가 있다. 정승 노릇을 1년 남짓 했고 이산해·류성룡 등 다른 정승들도 있는데 어떻게 권세를 부린단 말인가(『선조수정실록』)"라고 바뀌었으며 또 "기자헌은 도량이 넓고 덕망이 있었다(『선조실록』)"가 "기자헌이 실록을 감수할 때 자기 입맛대로 스스로를 칭찬했으니 주벌을 가해도 모자라다(『선조수정실록』)"로 바뀌었다. 이처럼 선조에서 광해군 대를 풍미했던 이들이 상반되게 평가된 것은 동서남북의 붕당정치가 치열하게 이뤄졌던 시기인 점을 감안하면 실록이 집권세력의 입맛에 맞게 수정되었다는 뜻이다. 『선조실록』의 수정은 왕조실록 편찬사(編纂史)에서 초유의 일이다. 인조반정으로 정권을 잡은 서인세력이 곧바로 『선조실록』 수정을 요구했으나, 『광해군일기』의 편찬에 밀려 결국 효종 8년(1657년)에 완료됐다. 그런데 광해군 대에 나온 『선조실록』도 『광해군일기』처럼 사초가 부족해 편찬에 오랜 시간이 걸렸다. 1592년(선조 25년) 발생한 임진왜란으로 각종 서적과 『승정원일기』 등 모든 사초가 불탔기 때문이다. 임진왜란이 발발한 직후 선조를 수행하던 조존세(趙存世)·박정현(朴鼎賢)·임취정(任就正)·김선여(金善餘) 4명의 사관은 사초책을 불구덩이에 집어넣고 야음을 틈타 줄행랑을 쳤다(『선조실록』 27권, 선조 25년 6월 29일). 이들 사관 4인방은 선조 즉위년(1567년)부터 임진왜란이 일어난 1592년(선조 25년) 3월까지를 기록한 사초를 모조리 불살랐고, 『광해군일기』도 활자본 없이 필사본만이 남았다. 사초책을 전부 불구덩이에 밀어 넣고 도망간 이들은 모두 살아남아 떵떵거렸다. 박정현(朴鼎賢)은 인조 때 청나라 사절단장으로 발탁됐고, 임취정(任就正)은 이조참판과 대사헌을 지냈으며, 조존세(趙存世)는 한성부우윤에 이어 대사성까지 올랐다. 김선여(金善餘)는 그나마 수치스럽게 여겨 벼슬을 하지 않으려 했다지만 예조좌랑에 이르렀다. 그러나 초고를 수정한 중초본(中草本, 태백산본)과 중초본을 바탕으로 완성한 정초본(正草本, 정족산본)은 각각 존재한다. 조선 중기 〈한문사대가(漢文四大家, 이정구·신흠·장유·이식)〉의 한 사람인 상촌(象村) 신흠(申欽)은 "나라는 (임진왜란에도) 망하지 않았지만 (그들 때문에) 역사가 망했다"고, 그의 『상촌집(象村集)』에서 말한다. 이후에도 왕조실록은 여러 번 재편찬됐다. 1677년(숙종 3년) 발간된 『현종실록(顯宗實錄)』은 애초에 남인 주도로 만들어졌다. 하지만 3년 뒤인 1680년(숙종 6년) 서인이 남인을 몰아내고 국정을 장악하자,

서인을 편파적으로 기술한 부분이 적지 않다며 실록을 다시 썼다. 1732년(영조 8년) 소론이 펴낸 『경종실록(景宗實錄)』도 다시 쓰였다. 노론은 "소론이 노론 인사들을 악의적으로 매도했다"며 불리한 내용은 모두 삭제하거나 수정해 1781년(정조 5년) 7월에야 완성됐다. 그나마 다행인 것은 비록 수정하기는 했지만 예전 기록을 파기하지 않고 함께 보존한 것이다. 때문에 역사의 기록은 사실이기도 하고 해석이기도 하다.

10 ──────────── 이순신과 백의종군

 이순신(李舜臣)의 본관은 덕수(德水) 자는 여해(汝諧) 시호는 충무(忠武)다. 1545년(인종 원년) 4월 28일 한양 건천동(乾川洞, 현재의 인현동)에서 4남 1녀 중 셋째 아들로 태어났다. 이순신의 증조부 이거(李琚)는 성종(成宗) 때 병조참의(兵曹參議, 정3품)를 지냈다. 지금의 국방부 차관보 정도로 상당히 높은 벼슬이다. 조부 이백록(李百祿)은 봉사(奉事, 종8품)를 지냈으며, 부친 이정(李貞)은 지방의 말단관직도 제대로 맡아 보지 못한 몰락한 양반이었다. 그는 경제사정이 넉넉하지 않자 집을 처가 쪽인 충청도 아산(牙山)으로 옮긴다. 이순신은 보성군수를 지낸 방진(方震)의 외동딸(방수진, 方守震)과 21세 때 결혼하고 문과시험을 공부하다가 결혼 이듬해부터 무과(武科)를 준비한다. 23세가 되던 이듬해에 맏아들 이회(李薈) 27세에 둘째 아들 이울(李蔚) 그 뒤를 이어 이면(李葂) 세 아들과 딸 하나를 두었고, 둘째 부인 해주 오씨(海州吳氏) 사이에 이훈(李薰)·이신(李藎) 두 아들과 두 명의 딸을 두었다. 22살에 첫 시험에서 낙마하여 낙방하고 32살에 식년시 무과 병과에 4위로 합격하여, 그해 12월 동구비보(董仇非堡, 함경도 삼수) 권관(종9품)으로 발령을 받는다. 1579년(선조 12년) 2월 훈련원

봉사(종8품)로 승진하고 36세가 되던 1580년(선조 13년) 7월에 전라도 발포(鉢浦, 전남 고흥군 도화면) 수군만호(水軍萬戶)로 전근된다. 1586년(선조 19년)에는 사복시(司僕寺) 주부(종6품)가 되었고, 1587년(42세)에 조산보만호(종4품) 겸 녹도둔전사의가 됐다. 그가 관직에 오른 지 만 13년 만인 1589년(선조 22년) 12월, 당시 이조판서 류성룡(柳成龍)의 천거로 정읍현감(종6품)에 부임한다. 류성룡은 건천동(乾川洞, 오늘날 인현동)에서 어린 시절을 함께 보낸 '동네 형'이었다. 이순신보다 3살 많았던 류성룡은 그의 둘째형 요신(堯臣)의 친구로, 서로 집안사정을 잘 알고 지내는 사이였다. 선조는 신하들의 반발과 논핵을 피하기 위해 벼슬의 각 단계마다 임명하여 제수하고 승진시키는 방법을 써서, 1591년(선조 24년) 2월 정읍현감(종6품)에서 진도군수(종4품)로 승진시키고, 그가 부임지에 미처 부임하기도 전에 가리포첨절제사(종3품)로 전임시킨다. 이어 가리포(加里浦, 지금의 완도)에 부임하기도 전에 다시 당상관인 전라좌도수군절도사(정3품, 좌수영: 여수)에 임명한다. 육군 소령에서 7단계를 뛰어넘는 파격적 조치로 해군 소장이 된 것이다. 그리고 각 수사 간 원활한 지휘 체계를 위해 1593년(선조 26년) 8월 1일 삼도수군통제사직을 신설, 전라좌수사 이순신(李舜臣)을 초대 삼도수군통제사(종2품)에 겸직시킨다. 그가 무과에 급제한 지 17년 만이며 나이 49세 때였다. 지휘관청은 삼도

수군통제영으로 한산도(閑山島)에 두었다. 1598년(선조 31년) 11월 19일 노량해전에서 전사(戰死)한 뒤 선무공신 1등 및 증 의정부우의정에, 1604년(선조 37년)에는 덕풍군으로 추봉되었다가 광해군 때는 다시 증 의정부좌의정에 추증되고 덕풍부원군으로 추봉되었다. 1643년(인조 21년) 3월 시호『충무(忠武)』가 내려진다. 1793년(정조 17년) 정조는 「명나라 은총으로 명장(名將)이 된」 이순신에게 의정부 영의정을 더 추증한다(1793년 7월 21일 『정조실록』) '호학군주'로 자처하는 정조는 왕권의 상징인 「일월오봉도(日月五峯圖)」 대신 『책가도(冊架圖)』를 어좌 뒤에 세워 문치(文治)를 표방하고, '문(文)'에서 송시열을 '무(武)'에서는 이순신을 현창하여 명나라 신종(神宗)에게 입은 은혜를 기억하고, 병자호란 이후 조선유학자들이 세운 『숭명배청(崇明排淸)』의 대의를 이어가려고 했다.

흔히 선조가 이순신을 시기(猜忌)하거나 의심하는 군주로 나오지만, 그것은 왕조시대 왕과 신하의 관계에 대한 오해에서 비롯됐다고 볼 수 있다. 왕에게 있어 신하는 질투나 시기의 대상이 아니다. 당파 싸움이 심각할 때도 이순신을 지켜준 사람은 선조(宣祖)였다. 당시 조정은 동인과 서인 간에 심각한 정쟁이 있었고 더욱이 이순신을 반대하는 서인(西人)들이 정국을 주도하던 시기였다. 기록을 보면 그를 사형이 아니라 도원수 권율(權慄) 휘하에서 백의종군토록 처리한 것도 선조였다. 백의종군은 파면보다도 약한 형벌이다.『조선왕조실록』에 백의종군은 연산군(燕山君) 때부터 등장하며 이후 60여 건의 기록이 나온다. 이순신은 두 번씩 백의종군을 경험했다. 그 첫 번째는 1587년(선조 20년) 9월, 조산만호(함경북도 나선시, 종4품) 시절「녹둔도(鹿屯島, 연해주 하산군)전투」에서 패배했으나 선조의 특명으로 백의종군 처분을 받는다. 평소 선조는 초(楚)나라가 강국(强國)이 된 것은, 패전한 장수를 반드시 죽였기 때문이라며 '패전한 군사 책임자는 반드시 참형에 처한다'는 방침을 갖고 있었다. 1583년(선조 16년) 1월 하순 여진족 대추장〈니탕개의 난(尼湯介-亂)〉때 함경북도 육진(六鎭) 중 가장 큰 성인 경원진성(慶源鎭城)이 일시 함락되자, 그 죄를 물어 경원부사(정3품) 김수(金璲)와 판관(종5품) 양사의(梁士毅)를 군사들 앞에서 효수하였고, 4년 뒤인 선조 20년 2월〈정해왜변(丁亥倭變)〉이 일어났을 때 전라좌수사(정3품) 심암(沈巖)을 패전의 책임을 물어 역시 효수했다. 그런데 이순신에 대해서는 "전쟁에서 패배한 사람과는 차이가 있다. 병사로 하여금 장형을 집행하게 한 다음 백의종군(白衣從軍)으로 공을 세우게 하라"(『선조실록』21권, 선조 20년 10월 16일)며, 죄를 진 무장에게 과하는 가장 가벼운 백의종군 처분을 하였던 것이다. 일반적으로 백의종군은 무관의 복장에서 서민의 옷인

흰옷을 입고 종군하는 것이기에 「계급장 떼고 졸병으로 종군」 하는 것으로 오해하지만, 기록을 보면 이순신은 졸병이 아닌 '우화열장(右火烈將)'으로 참전한다. 〈우측화포부대의 장수〉라는 의미다. 이순신은 백의종군 처분을 받은 지 3달 만인 1588년(선조 21년) 1월, 함경도북병사(종2품) 이일(李鎰)이 지휘하는 「시전부락(時錢部落)전투」에 참전해 추장 우을기내(于乙其乃)를 꾀어내어 사로잡은 공을 인정받아 훈련원에 복직된다. ※〔두만강 하구 녹둔도(鹿屯島)는 여의도 면적의 10배로 1800년(정조 24년) 이후 강의 퇴적작용으로 쌓인 흙 때문에 연해주(沿海州, 블라디보스토크)와 연결되었다. 제2차 아편전쟁의 결과인 베이징 조약으로 청나라는 두만강 하구를 포함한 연해주를 러시아에 빼앗겼다. 따라서 불과 15.5km 거리인 동해로 나갈 출구를 잃어 만주(滿洲)가 맹지가 된 쓰라린 역사가 있다. 반면 러시아는 부동항을 확보해 러시아 태평양함대기지로 활용하고 있다. 연해주는 한반도의 세 배가 넘는 땅이다.〕두 번째가 1597년(선조 30년) 이순신이 삼도수군통제사로 재직하던 때이다. 백의종군은 죄를 지은 장수를 처형하는 대신 공을 세워 속죄할 기회를 주는 처분이다. 『난중일기』에서 당시 기록을 보면, 영의정 류성룡과 밤이 깊도록 술을 마셔 몹시 취했고, 길을 지날 때마다 그 지방 관리와 장수들이 문안인사를 오고, 술과 식량 그리고 짐이 무거울까 봐 말을 보내 주었으며, 보좌하는 군관도 배속이 되어 있고 어느 일정 수준의 급료도 받았다. 따라서 보직이 없어 지휘권을 가지지 못한 장수를 의미한다. 백의종군을 하는 중에 전쟁에 참전하게 되면 병사나 하급 장수가 장군을 하대할 수 없었고, 자신이 소속되어 있는 상급 장군에게 전략·전술에 대한 자문을 하거나 병참이나 군마를 관리하는 등의 업무를 맡았다. 현대의 사례와 비교하면 6.25 전쟁 발발 이전인 1948~1949년 육군정보국 소속 박정희(朴正熙) 소령이 남로당 사건에 연루됐을 때 군 내 남로당원을 토설한 대가로, 사형 대신 복무기록말소와 강제예편을 겪은 후 문관신분으로 군 관련자료 정리와 작전자문을 하던 것과 하는 일은 비슷하지만, 그 강도는 오히려 더 낮은 수준의 처벌인 것이다. 초계(합천) 권율(權慄)의 원수부에서 백의종군 중인 이순신은, 1597년(선조 30년) 7월 18일 새벽 노량에서 달려온 한산도 시절 중군장 이덕필(李德弼)과 변홍달(卞弘達)로부터 7월 16일 새벽에 일어난 칠천량해전의 비보를 듣는다. 원균의 패전 소식에 조정은 물론 백성들의 놀라움도 컸다. 1597년(선조 30년) 7월 22일 열린 어전회의에서 선조는 비변사 신하들을 불러 앞으로의 대책을 논의했다. 그때 형조판서 김명원(金命元)과 병조판서 이항복(李恒福)이 "현재의 계책으로는 이순신을 다시 통제사로 삼아야만 한다"며 선조에게 건의하자, 선조가 이를 받아들여 이순신(李舜臣)을 전라좌수사 겸 삼도수군통제사로, 권준(權俊)을 충청수사로, 김억추(金億秋)를 전라우수사로 임명하여 전력을 재편한다.

이순신은 도원수 권율로부터 패전상황을 파악하라는 임무를 부여받고 노량 등 남해연안을 돌아보던 중, 8월 3일 이른 아침 진주 소곡면 원계리 손경례(孫景禮)의 집에서 선전관 양호(梁護)로부터 삼도수군통제사 재임명 교지(教旨)와 유서(諭書)를 받고 통제사에 복귀한다. 이순신이 복직된 지 12일 만인 1597년(선조 30년) 8월 15일 추석날, "주사(舟師·전선)가 너무 적어 왜적과 맞설 수 없으니 경은 육전에 의탁하라"는 선전관 박천봉(朴天鳳)이 들고 온 선조의 유지(宥旨)를 받는다. 8월 7일 작성된 이 문서에는 "수군의 전력이 너무 약하니 권율의 육군과 합류해 전쟁에 임하라"는 것이었다. 그러나 이순신에게는 수군을 재건할 자신이 있었다. 그것이 가능했던 것은 8월 8일 순천읍성에 도착했을 때, 소각(燒却)되지 않고 남아 있는 병기류(兵器類)를 대거 확보했기 때문이다. 전라병사(종2품) 이복남(李福男)이 남원성(南原城)을 지키기 위해 순천을 떠나면서 청야(淸野)하지 않고 남겨둔 덕분이었다. ※ 전라병사 이복남은 음 8월 15일 남원성 전투에서 고니시 등 왜군과 대적하다 접반사 정기원(鄭期遠)·방어사 오응

정(吳應井)·조방장 김경로(金敬老)·산성별장 신호(申浩) 등과 화약고에 불을 질러 자결한다. 남원성 전투는 부총병 양원(楊元)이 지휘하는 명나라 군사 3,000명과 조선군 1,000명, 남원백성 6,000명이 왜군 6만 명과 격돌한 대혈전이었다. 이때 순절한 1만 명을 합장한 무덤이 〈만인의총(萬人義塚, 사적 제272호)〉이다. 이복남의 셋째 아들 이성현(李聖賢)은 7살에 왜군에게 끌려가 리노이에 모토히로(李家元宥)로 개명하고 일본여자와 결혼해 3남 4녀를 두었다고 한다. 리노이에(李家) 가문은 에도시대 이후에도 '조선이씨(朝鮮李氏)'로 불리면서 이복남의 혈통을 이어 나갔다(『羽溪李氏 族譜』). 이순신은 순천에서 확보한 장전(長箭)과 편전(片箭) 등을 군관에게 져 나르게 하고 총통 등 운반하기 어려운 무기는 훗날에 쓰기 위해 깊이 묻어 두었다(『난중일기』). 또한 보성 고내 마을 조양창(兆陽倉, 군량창고)에 봉인된 채 온전히 남아 있는 군량미 600석(1,200가마)도 발견했다. 장정 600명이 1년간 먹을 수 있는 양이었다. 병력도 송대립(宋大立)·유황(柳滉)·윤선각(尹先覺)·방응원(方應元)·현응진(玄應辰)·임영립(林英立)·이원룡(李元龍)·이희남(李喜男)·홍우공(洪禹功) 등 장수 9명과 군사 6명을 시작으로, 8월 9일 보성(寶城)에 도착하였을 때 정예병만 120명으로 늘어나 있었고 의병(義兵)도 수천 명이나 됐다. 1597년(선조 30년) 8월 17일 이순신은 보성의 해안가 군영구미(軍營仇

未) 마을에서 이 마을 출신 김명립(金明立)과 마하수(馬河秀)가 구해 온 어선 10여 척에 식량과 무기를 싣고 바다로 나가 이튿날인 18일 장흥 회령포(회진항)에 도착한다. 여기서 칠천량 해전에서 빠져나온 배설(裵楔)의 판옥선 12척과 전라우수사 김억추(金億秋)가 이끄는 배 1척 등 모두 13척의 배를 수습한다. 그 후 배설은 종을 시켜 이순신에게 병세(수질: 어지럼증 등)가 중하여 몸조리를 하겠다는 청원서를 내고 군영을 떠났다. 그러나 배설이 복귀하지 않자 현상금을 걸어서라도 붙잡아야 한다는 목소리가 높았고 결국 『선조실록』 1599년(선조 32년) 3월 6일 '도원수 권율이 선산에서 잡아 차꼬(족쇄)를 채워 한성으로 보냈으므로 참수했다'는 기록이 실려 있다. 이순신은 다음 날인 19일 회령포구(會寧浦口)에 모든 군사들을 모이게 하고 숙배행사를 열었다. 숙배(肅拜, 충성과 복종의 서약으로 머리가 땅에 닿도록 네 번 절함)를 마친 이순신은 곧바로 회수한 함대 12척을 판옥선(板屋船)으로 개조하는 작업에 착수한다. 김억추(金億秋)를 전함수리 책임자로 지정하고, 함선을 거북선(龜船)으로 바꾸도록 했다. 판옥선 몸통을 둥근 나무통 모양의 목앵(木甖, 물에 뜨는 나무로 만든 병)으로 만들어 거북선으로 꾸미는 방식이었다. 군관 권준(權俊)·임준영(任俊英)·송희립(宋希立)·배문길(裵門吉)·조기(趙琦) 등도 김억추와 함께 참여했다. 8월 3일 삼도수군통제사로 재임명되어 수군 재건에 나선 지 불과 17일 만이었다. 이렇게 짧은 기간에 수군을 재건할 수 있었던 것은 전라도 백성들의 도움 덕분이었다. 장흥 연해민인 마하수(馬河秀)는 향선을 동원했고, 김명립(金明立)과 궁장 지이(智伊), 태귀생(太貴生)·선의(先衣)·대남(大男) 등도 자발적으로 참여했다. 강진의 황대중(黃大中)은 배 10척에 곡식 100석을 싣고 왔고, 일반 백성들도 자진하여 의병에 참여했다. 이순신은 8월 15일 보성 열선루(列仙樓)에서 선전관 박천봉(朴天鳳) 편으로 선조에게 장계를 올린다. "신에게는 아직 12척의 배가 있습니다(今臣戰船 尙有十二, 금신전선 상유십이)"는 장계였다. 이순신은 전날 찾아온 선유어사 임몽정(任蒙正)과 나주목사 배응경(裵應褧)에게도 수군 재건의 의지를 밝혔다. 그리고 8월 20일 '소리를 내어 우는 바다'인 울돌목(鬱陶項)으로 나간다. 울돌목은 길이 1.5km에 폭 300m로, 물길이 암초에 부딪혀 튕겨 나오는 소리가 바다가 우는 듯하다고 붙여진 이름이다. ※ 울돌목의 한자 표현인 『명량(鳴梁)』의 '량(梁)'은 다른 해전 지역인 노량(露梁)과 견내량(見乃梁), 칠천량(漆川梁)에도 공통으로 들어 있다. 량(梁)은 물길을 막을 수 있을 정도의 좁은 해협 또는 해협의 육지 쪽 돌출 부위를 뜻한다. 따라서 그곳은 가장 폭이 좁은 해협이 되니, 평시엔 어장을 설치하여 고기를 잡거나 배를 타고 건너가는 나룻길이 되고, 전시엔 육지의 협곡처럼 적을 유인하여 격멸

할 수 있는 바닷목이자 군사요충지로서의 성격을 띤다. 현재 명량에는 진도대교(484m), 노량에는 남해대교(660m), 견내량에는 거제대교(740m), 칠천량에는 칠천량대교(425m)가 놓여 있다. 곶(串)은 바다 쪽으로 좁고 길게 뻗어 있는 육지의 한 부분이지만, 량(梁)과 달리 서로 마주하는 섬이 없다. 그래서 장산곶(長山串)이나 호미곶(虎尾串)은 가보지 않아도, 그 이름만으로도 그 앞에 섬이 없음을 알 수 있다. 이순신이 임진왜란의 영웅이라는 데 이견을 가진 사람은 없다. 불과 13척의 전선과 32척의 초탐선으로 해적 출신의 구루지마 미치후사(來島道總)·수군 총대장 도도 다카토라(藤堂高虎)·와키자카 야스하루(脇坂安治)가 이끄는 130척의 세키부네(関船)를 맞아 31척을 격침시키고 대승을 거둔『명량대첩(鳴梁大捷)』은 명장(名將)의 반열에 올려야 마땅하다. 하지만 삼한일통(三韓一統)을 이룩한 김유신(金庾信)이나 수(隋)나라 대군을 수장시킨 살수대첩(薩水大捷)의 을지문덕(乙支文德)을 밀어내고, 유독 이순신만이 400년의 시차를 뛰어넘어『성웅(聖雄)』으로 거듭난 데에는, 분명 과거정권이 만들어 놓은 〈우상화(偶像化)〉 작업이 큰 역할을 했다고 볼 수 있다. 존 F.케네디 대통령은 "진실(眞實)의 가장 큰 적은 거짓이 아니라 신화(神話)"라고 했다. 이제 그에게 덧씌워진 우상의 더께를 벗겨 낼 때가 되었다. 2017년 이순신 종가는 현충사(顯忠祠) 본전(本殿)에 걸려 있는 박정희의 친필 현판을 철거하고, 숙종의 사액 현판(賜額懸板)으로 복구해 줄 것을 요구했다니 역사의 아이러니다.

11 ── 노량해전과 종전(終戰)

 소 요시토시는 1597년(선조 30년) 정유재란이 일어날 때 좌군에 속해 참전했다. 그는 1,000명의 대마도 병사를 이끌고 조선의 남부지역을 공격한다. 같은 해 5월 1일 도요토미 히데요시는 조선 남부의 거제도(巨濟島)를 소 요시토시에게 영지로 주었다. 요시토시는 우선 서쪽으로 진격해, 8월 13일 남원성(南原城) 공략을 개시해 4일째 성을 함락시킨다. 다음 전라도의 중심지인 전주(全州)를 점령하고 전라도를 제압한다. 그 후 겨울을 앞두고 후퇴한 뒤 12월 그의 영지인 거제도를 떠나 남해왜성에 머물며 전쟁의 추이에 대응했다. 이 선소왜성(船所倭城, 남해왜성)은 1597년 11월 와키자카 야스하루(脇板安治)와 소 요시토시가 축성을 담당했다. 이후 소 요시토시가 수비장이 되어 1,000여 명 병력으로 주둔한다. 1598년(선조 31년) 8월 18일 학살과 약탈로 점철된 7년 전쟁의 주범 히데요시가 교토 후시미성(伏見城)에서 환갑을 갓 넘긴 나이에 사망한다. 당시 후계자인 토요토미 히데요리(豊臣秀頼)는 6살의 어린아이로 대외전쟁을 지속할 수 있는 상황이 아니었다. 결국 10월 15일 히데요시의 죽음을 비밀로 한 채 5대로(五大老)의 합의하에, 조선에 파견된 전 왜군에게 귀국 명령이 하달된다. 히데요시는 생전 제4군의 주장 시마즈 요시히로(島津義弘)와 도미다죠오의 성주 깃카와 히로이에(吉川広家)에게 조선 호랑이를 사냥해 고기를 소금에 절여 보내라고 지시했다. 이들은 1592년(선조 25년) 부산 근처 죽성리 왜성을 점령하여 호랑이 한 마리를 보냈다. 당시 공문서에는 "조선 호랑이의 가죽, 머리, 뼈와 고기, 간과 담을 목록 그대로 받았다. 히데요시 님은 기뻐하시며 드셨다"라고 기록돼 있다. 그는 규슈의 다이묘에게도 학과 백조를 진상하라 명했다. 학과 백조 고기 또한 호랑이 고기와 마찬가지로 기력회복에 도움을 준다는 설이 있었기 때문이다. 도요토미는 이처럼 체력과 정력강화를 위해 여러 식이요법을 썼고, 심지어는 희귀한 새와 짐승고기까지 섭취했다고 한다. 그러나 몸에 좋다는 호랑이 고기는 물론 간과 쓸개까지 먹었지만, 그리 오래 살지는 못했다. "도요토미 히데요리(豊臣秀賴)의 일이 이루어지도록 이 글을 다섯 분께 맡깁니다. 이 밖에는 여한이 없습니다. 거듭거듭 히데요리(秀賴)를 부탁합니다. 당신들 다섯 사람만 믿습니다. 자세한 내용은 여러분께 모두 전했습니다. 한스럽습니다. 이상. 도쿠가와 이에야스(德川家康)/마에다 도시이에(前田利家)/모리 데루모토(毛利輝元)/우에스기 가게카쓰(上杉景勝)/우키타 히데이에(宇喜多秀家)에게(『대일본고문서 모리가문 문서 3』)." 히데요시가 56세에 얻은 6살짜리 아들 도요토미 히데요리(豊臣秀賴)를 잘 부탁한다며 오대로(五大老, 고타이로)에게 남긴 애절한 유언이다. 히데요시는 죽기 전에 오대로와 오봉행 제도를 만들어 히데요리에게 복종할 것을 맹세시켰다. 그러나 오대로의 한 명인 이에야스(家康)는 히데요시의 부탁과는 달리 야심을 드러내며 자신의 천하를 계획하기 시작한다. 히데요시의 사인(死因)은 성병의 일종인 뇌매독·대장암·이질로 알려져 있다. 교토 방광사(方廣寺) 뒷산에 안장했다. 그리고 도요쿠니 신사(豊國神社)를 세워 도요쿠니대명신(豊國大命神)으로 받든다. 당시 조선 조정과 명군 지휘부도 여러 경로를 통해 히데요시의 사망 사실을 짐작하고 있었다. 『선조실록』 106권 선조 31년 11월 2일에 따르면, 중국인 오자화(吳自化)라고 하는 자가 왜적의 소굴에 들어가 소서행장을 보니 행장이 '풍신수길(豊臣秀吉)은 이미 죽고 국가에 큰 변고가 있어서 내가 들어갈 것이다'라는 말을 들었다고 선전관 허전(許㙉)이 선조에게 보고한다.

1597년(선조 30년) 3월 심유경(沈惟敬) 등이 북경에 도착해 거짓으로 강화협상의 성공을 보고했지만, 일본군이 조선을 재침했다는 소식이 전해지자 강화파인 석성과 심유경 등은 모두 처벌받는다. 명나라는 새로 병부상서가 된 형개(邢玠)를 총독으로 첨도어사 양호(楊鎬)를 경리 전 도독동지 마귀

(麻貴)를 제독으로 삼아 1만 2,000명을 거느리고 조선에 출병한다. 그러나 실제 조선 총책은 경리 양호(楊鎬)로 그는 한성에 부임하자마자 경리아문(經理衙門)을 설치하고 선조가 이양한 전시작전권을 행사한다. 예나 지금이나 전시작전통제권이 없는 건 마찬가지다. 1598년(선조 31년) 병부상서 형개(邢玠)는 『사로병진책(四路竝進策)』을 통해 왜군을 몰아내기로 결정한다. 조명연합군을 전라도 방면의 서로(西路)와 경상우도 방면의 중로(中路), 경상좌도 방면의 동로(東路) 세 갈래로 나누고, 여기에 수군(水軍)이 맡은 수로를 더하여 네 갈래로 총공세를 펴는 전략이다. 이에 따라 경상좌도 방면의 동로군인 명 마귀(麻貴)와 조선 김응서(金應瑞)가 울산왜성의 가토 기요마사(加藤淸正)를 경상우도 방면의 중로군인 명 동일원(董一元)과 조선 정기룡(鄭起龍)이 사천왜성의 시마즈 요시히로(島津義弘)를 전라도 방면 서로군인 명 유정(劉綎)과 조선 권율(權慄)이 순천왜성의 고니시 유키나가(小西行長)를 명의 진린(陳璘)과 조선 이순신(李舜臣)의 수로군이 해상에서 협공토록 했다. 이에 따라 8월 18일 마귀(麻貴)·동일원(董一元)·유정(劉綎) 등이 병력을 이끌고 남쪽으로 출발한다. 앞서 7월 16일 명 수군 총병관 진린(陳璘)이 전선 400여 척에 병력 5,000명을 이끌고 강진(康津) 고금도진(古今島鎭)에 도착했다. 당시 고니시 유키나가는 1597년(선조 30년) 9월 순천에 도착한 이후 근 1년

간을 순천왜성에 시마즈 요시히로(島津義弘)는 사천왜성에 가토 기요마사(加藤淸正)는 울산왜성에서 장기전을 준비하고 있었다. 1597년 가토가 주둔한 울산왜성(蔚山倭城)은 조선의 권율(權慄)과 명의 양호(楊鎬) 등이 이끄는 조명 연합군에 포위되어 군량과 식수가 차단되는 등 큰 피해를 보았고, 12일간의 전투에서 1만 5,000명의 병사 대부분이 전사하고 불과 500여 명만이 성에 불을 지르고 일본으로 도주한다. 일본 측 기록물인 『조선물어(朝鮮物語)』에는 전사자가 2,800명이라고 기록되어 있다. 이 울산왜성(울산학성동)은 왜란 초부터 울산 울주군 서생포에 왜성을 쌓아 근거지로 삼아 온 가토가 정유재란 때 조명연합군의 남하공세에 대응해 동쪽 최전선에 전초 방어 요새로 쌓은 것이다. 가토가 설계하고 그의 부장인 오다 가쓰요시(太田一吉)가 감독을 맡았으며, 1만 6,000여 명을 동원해 1597년(선조 30년) 12월 울산왜성의 전투가 벌어지기 직전까지 40여 일 만에 공사를 끝낸 것으로 기록되어 있다. 서생포왜성은 1592년부터 1593년에 걸쳐 가토가 축성했으며 성곽의 전체 면적은 호(湖)를 포함한 15만 1,668m^2(4만 5,960평)에 이르며, 남아 있는 왜성 가운데 가장 규모가 크다.

임진왜란 때 왜군의 선봉으로 한성에 처음 입성한 부대는 동대문(東大門, 흥인지문)으로 들어온 소 요시토시를 비롯한 고니시 부대였고, 가토는 뒤늦게 남대문인 숭례문(崇禮門)을 통해 들어왔다. 그러나 가토가 문서를 교묘하게 꾸며 히데요시에게 사자를 보내 자신의 공적을 위조했다. 가토의 부정을 간파한 이시다 미츠나리(石田三成)가 이를 탄핵했고, 이런 이유로 원수처럼 여겼던 이시다가 히데요시 사후에 정권을 잡게 되자 가토는 세키가하라(關ヶ原) 전투에서 도쿠가와의 동군(東軍) 편에 서게 된다. 히데요시의 혈족(血族)이면서 동군 편에 가담한 가토는 그 공로로 구마모토(熊本)번의 다이묘가 되었고, 영지도 19만 5,000석에서 51만 5,000석으로 늘어난다. 가토는 1607년 자신의 성을 증축하면서 축성의 대가답게 화포공격에도 견딜 수 있도록 성벽을 더욱 높고 견고하게 쌓고, 폭 30m 정도의 넓은 해자(垓子)를 팠다. 성벽의 둘레는 5.3km, 면적은 98만m^2(약 30만 평)에 달했다. 출입문은 복잡하게 꾸몄고 성벽 모퉁이마다 거대한 망루를 세웠다. 가토는 울산왜성 농성 때 물과 식량이 떨어져 시체 썩은 물은 물론 소변과 말의 피를 마셨던 기억을 되살려, 성내에 우물 120개를 팠고 만약의 경우 비상식량으로 활용할 수 있도록 고구마 줄기로 다다미(疊, 첩)를 짰다. 은행나무를 많이 심은 것도 은행(銀杏)을 비상식량으로 삼기 위해서였다. 그렇게 1607년에 세운 성이 규슈의 구마모토성(熊本城)이며 그 별칭

이 은행나무성(銀杏城, 킨난조)이다. 그러나 가토는 성을 완공한 3개월 후인 1611년 6월 24일에 병으로 사망한다. 그의 나이 50세였다. 이후 도쿠가와 막부가 아들인 가토 다다히로(加藤忠広)의 영지를 몰수하면서 가토 가문의 구마모토 지배는 2대 44년으로 끝난다. 그래도 자손들은 더 이상 숙청당하지 않은 채 가문을 유지할 수 있었고 이후 메이지 유신 때까지 끈질기게 살아남아, 현재도 일본에 생존해 있다고 한다.

순천에 주둔하고 있던 고니시 유키나가·마쓰라 시게노부(松浦鎭信)·아리마 하루노부(有馬晴信)·오무라 요시아키(大村喜前)·고토 스미하루(五島純玄) 등 5명의 왜장은, 조명연합수군에게 퇴로를 차단당해 순천왜성에서 움직일 수 없었다. 1597년(선조 30년) 12월 축성된 순천왜성(順天倭城, 18만 8,000㎡)은 고니시가 군사 1만 3,700명을 이끌고 주둔한 성이다. 고니시가 조선인들을 강제 동원하여 3개월 만에 완성한 이 성은 성곽이 다섯 겹으로 만들어졌다. 외성과 내성 사이에는 바닷물을 끌어들여 해자를 만들고, 해자에 다리를 놓아 필요할 때만 사용했다. 멀리서 보면 성과 육지를 다리로 연결해 놓은 모습이어서 '왜교성(倭橋城)'이라 불렸다. 이 성을 함락시키기 위해 명 서로군 제독 유정(劉綎)의 2만

1,900명과 조선 도원수 권율(權慄)이 이끄는 5,928명 명 수군도독 진린(陳璘)의 1만 9,400명과 통제사 이순신(李舜臣)이 이끄는 7,328명이 투입됐다. 이덕형(李德馨)·김수(金晬) 등 대신들도 사후사·접반사의 자격으로 전투에 참관했다. 남해에 주둔한 대마도주 소 요시토시는 시마즈 요시히로(島津義弘)·다치바나 무네시게(立花宗茂)·다카하시 무네마스(高橋統增)·데라자와 마사시게(寺沢正成) 등과 함께 300여 척의 함선을 이끌고 순천왜성에 갇힌 왜군을 구원하러 출전하였고, 남해군 노량리(설천면)과 하동군 노량리(금남면) 사이를 흐르는 〈노량해협(露梁海峽)〉에 매복하고 있던 조명연합수군과 교전한다. 이 전투가 바로 『노량해전(露梁海戰)』이다. 조명연합함대는 북서풍을 이용한 신화(薪火, 횃불)와 화전(火箭, 불화살)으로 화공을 펴면서 전투를 벌였다. 경상우수사 이순신(李純信)이 적선 10여 척을 불태웠고, 명나라 장수 계금(季金)이 직접 왜군 7명을 참살하는 등 왜군을 궁지로 몰았다. 1598년(선조 31년) 11월 18일부터 11월 19일까지 이틀간 발생한 이 해전은, 히데요시의 사망으로 전의를 잃고 비밀리에 철군하려는 왜군과 이를 극력 저지하려는 조명 연합 수군 사이에 벌어진 근접 화공전(火攻戰)이었다. 통제사 이순신이 이끄는 전함 60척과 명 도독 진린이 이끄는 전함 400척을 합한 460여 척의 조명연합수군과 아타케부네(安宅船)·세키부네(関船)·고바야(小

부)로 구성된 약 500척(주력 300척)의 왜 수군 간에 벌어진 11월 19일의 전투에서 삼도수군통제사 이순신(李舜臣)이 왜 철포병(鐵砲兵, 조총병)의 일제사격으로 전사한다. 명의 부총병 등자룡(鄧子龍)과 중군장 도명재(陶明宰)도 총탄에 맞아 전사하고, 가리포첨사 이영남(李英男)·낙안군수 방덕룡(方德龍)·흥양현감 고득장(高得蔣) 등 조선의 장수 10여 명도 분전하다 전사했다. 그만큼 치열한 전투였다. 〈일본사〉에는 "노량해전에서 이순신은 시마즈 요시히로(島津義弘)를 선두에서 추격하다, 선미에 엎드린 철포병의 일제사격으로 심장 왼쪽 가슴에 피탄되어 전사했다. 이 싸움에서 시마즈 함선 300척 가운데 250척이 침몰하고 겨우 50척이 빠져나왔다. 시마즈(島津)는 그의 아타케부네(安宅船)가 대파하자 다치바나 무네시게(立花宗茂)의 배로 옮겨 탔다"고 기록되어 있다. 1598년(선조 31년) 11월 25일 자 『선조실록』에는 "왜적의 배 100여 척을 포획하고 200여 척을 불살랐으며 500여 급을 참수했고 180여 명을 생포했다. 물에 빠져 죽은 자는 아직 떠오르지 않아 그 수를 알 수 없다"고 전과를 기록하고 있다. 고니시는 해전이 벌어진 해역을 피해, 전투에 참가하지 않고 해로 탈출에 성공해 거제도에 도착한다. 시마즈(島津)·소오(宗)·타치바나(立花) 부대 등도 거제도에 도착했다. 서부방면의 왜군들은 부산포로 향했다. 울산·서생포·양산·죽도 등 동부방면의 왜군은, 이보다 앞선 11월 15일경부터 각각 성에서 철수하여 부산으로 향하고 있었다. 11월 중순경 왜군은 부산으로 집결했다. 11월 23일에는 가토 키요마사, 24일에는 모리 요시나리, 25일에는 코니시 유키나가·시마즈 요시히로 등이, 부산을 출발해 대마도를 거쳐 일본 하카다로 돌아간다. 1599년(선조 32년)에는 명군의 철수도 시작되었다. 1월에는 유정(劉綎)·진린(陳璘)·마귀(麻貴)·동일원(董一元) 등이 병영을 철수하여 한성으로 돌아오고, 4월에는 총독 형개(邢玠)가 이들 사로병들을 거두어 본국으로 돌아간다. 경리 만세덕(萬世德)·도독동지 이승훈(李承勳)·산동안찰부사 두잠(杜潛) 등은 군사 2만 4,000으로 잠시 한양에 주둔하다 만력제(萬曆帝, 신종)의 명에 따라 다음 해 9월 모두 본국으로 철수했다. 그러면서 의주(義州)에 저장해 두었던 쌀과 콩 12만여 석 모두를 조선에 넘겨 백성을 구제토록 했다. 이것으로 《조·일 7년 전쟁》은 끝이 난다.

12 ──────────── 명 수군도독 진린(陳璘)

 명나라 수군도독 진린(陳璘)은 어떤 사람인가? 그는 성격이 포악하고, 이순신의 공을 가로채는 장수로 곧잘 묘사되곤 한다. 진린은 1543년 중국 광둥성(廣東省)에서 태어났다. 자는 조작(朝爵)이고 호는 용애(龍厓)다. 명나라 장수로 병부상서 석성의 탄핵을 받아 물러났다가 정유재란 때 부총병으로 다시 발탁되었다. 이후 진린은 정유재란이 끝나 명에 돌아가 조선에서의 공적을 인정받아 도독동지지휘첨사에 임명된다. 광동백(廣東伯)에 봉해졌고 1605년(선조 38년)에는 신첨장관사로 옮겨 묘족(苗族, 먀오족)을 토벌하는 데 애썼다. 1607년(선조 40년) 세상을 뜨자 묘족을 평정한 공으로 태자소보(太子少保)에 추증되었고 시호는 충강(忠康)이다. 진린에 대한 평가가 부정적으로 그려진 데에는 이순신을 다루는 소설과 TV 드라마에서 그렇게 만들어졌기 때문이다. 1931년 동아일보 연재소설「이순신」에서 춘원 이광수는 진린에 대해 "이순신 혼자만이 넉넉히 적을 소탕할 능력이 생길 만한 때에 명나라 수군제독 진린이 1만 명에 가까운 수군을 끌고 강화도로부터 내려왔다. 이름은 청병이었으나 기실은 순신의 행동을 방해하여 적을 놓아 보내 마침내는 순신을 죽게 하는 결과를 낳게 만들었다"고 썼다. 여러 TV 드라마에서도 진린은 거만하고 급한 성격에 이순신의 공을 가로채고 고니시 등 왜군의 뇌물공세에 퇴로를 열어 준 비겁한 장수로 등장하고 있다. 그러나 정유재란 당시 좌의정이었던 백사 이항복(李恒福)은 선조가 "진린은 어떤 인물이냐"고 묻자 "명장(名將)입니다"라고 대답한다. 『선조실록』에 나오는 대목이다. 또 노량해전이 끝난 뒤 순천에서 왜군이 보관해 두었던 수만 석의 곡식을 접수했으나 조선군에 그대로 넘겨준 것으로 기록되어 있다. 이순신이 노량해전에서 전사하자 그의 시신(屍身)을 수습해 명의 수군사령부인 완도 고금도(古今島)에서 극진한 예를 올려 장례를 치러 준 이도 진린이었다. 진린은 이순신의 전사 소식에 배에서 넘어지기를 세 번이나 하면서 울부짖었다. "함께 싸울 이가 없구나! 나는 노야(老爺, 이순신을 지칭)가 살아와서 나를 구원한 것으로 생각했는데 어찌하여 죽었는가?"라며 진린이 가슴을 치며 통곡하자 온 군사가 모두 울어서 곡성이 바다 가운데 진동했다. 조선군은 물론 명군도 이순신의 관을 부여잡고 울부짖었으며 고기를 물리고 먹지 않았다고 한다. 그는 선조에게 장계를 올려 송의 충신 악비(岳飛)에 비유하는 등 최상급의 존경을 표했다. 또한 명 황제 신종(神宗)에게 이순신을 '천지를 주무르는 재주와 나라를 바로잡은 공로가 있는 인물(經天緯地之才, 補天浴日之功)'이라고 아뢴다. 이에 신종(神宗)은 이순신에게 도독(都督) 직함과 함께 〈명조팔사품(明朝八謝品)〉을 내렸다. 명조팔사품은 8종 15점으로 통제영에 보관돼 오다가 1896년부터 통영 충렬사로 옮겨졌고 1969년 현충사(顯忠祠)가 지어지자 도독인(都督印)을 제외한 나머지 유물 1점씩을 그곳으로 옮겨 놓았다. 현재 통영 충렬사(忠烈祠)에는 도독인·호두령패(虎頭令牌)·귀도(鬼刀)·참도(斬刀)·독전기(督戰旗)·홍소령기(紅小令旗)·남소령기(藍小令旗)·곡나팔(曲喇叭, 구리로 만든 목이 구부러진 나팔) 등 8종류 8점이 보관되어 있다. 진린(陳璘)의 조명연합수군이 각종 해전에서 승리하는 데 일조한 것이 사실이다. 물론 지금의 미군(美軍)처럼 대국에서 파견된 장수였기에, 요즘 말로 어느 정도의 '갑질(?)'은 있었겠지만, 다른 명나라 장수들과는 달리 그는 조선 군사와 백성들을 함부로 대하지 않은 점도 다른 점이다. 흔히 말하듯 진린이 이순신의 인격에 감화되고 소 요시토시가 송상현의 충절에 감동해 그의 장례를 치러 준 것이라면, 그것은 반쪽만을 바라보는 시각이다. 만약 이들이 그런 인품의 소유자들이 아니었다면 애초에 그런 일 자체가 성립될 수 없기 때문이다. 지금 진린의 직계 후손이 한국에 살고 있다. 1607년(선조 40년) 진린 도독이 죽고 진린의 아들 진구경(陳九經)도 중국 애산(崖山)에서 청나라 군사들과 싸우다 죽었다. 진구경의 아들 조(詔) 또한 감국수위사로 있다가 명이 멸망하자 난징(南京)에서 해안으로 빠져나와 배를 타고 경상남도 거제도 장승포(長承浦)에 도착했다. 그 후 조부가 머물렀던 고금도(古今島, 완도)로 옮겨 와 정착했고 그의 아들 석문(碩文)이 해남 황조 마을로 이주해 한 마을을 이뤘다. 조선에 정착한 후손들은 진린(陳璘)을 시조(始祖)로 삼아 '광동 진씨(廣東 陳氏)' 가문을 이루고 있다. 전국에 있는 광동 진씨는 약 2,000여 명이다. 광동 진씨들이 모여 사는 해남군 산이면 황조마을은 '중국 황제의 조정'에서 공을 세운 집안이라는 뜻을 포함하고 있으며 마을의 한복판에는 진린(陳璘)을 기리는 사당인 '황조별묘(皇朝別廟)'가 있다.

13 ──────────────── 대마도 정벌론

 7년 전쟁이 끝나자 조선 조정에 침략의 앞잡이인 대마도를 정벌해야 한다는 강경론이 일어난다. 1598년(선조 31년) 12월 21일 전라도관찰사 황신(黃愼, 1560~1617)이 대마도를 쳐부수어 훗날의 근심을 없애자며 대마도 정벌론을 주청한다. 황신(黃愼)은 조선의 정사(正使)로서 1596년(선조 29년) 7월 4일 명나라의 정사 양방형(楊方亨)과 심유경(沈惟敬)이 이끄는 책봉사절단과 함께 강화교섭을 위해 일본을 오가는 기간 동안, 대마도에 머물며 지리와 풍속 등 상세한 정보를 획득할 수 있었고 이를 바탕으로 왜란의 보복 차원으로 대마도 정벌을 주장했다. 또한 경상좌병사 김응서(金應瑞)도 보고서를 올린다. "대마도의 형세는 군사가 매우 적고 기근 또한 심하니, 이런 때에 들어가 친다면 조금도 항전할 리가 없으며 다른 섬의 왜병도 필시 구원하러 오지 못할 것이므로 진격하는 것이 어렵지 않을 것입니다. 이러한 의견을 중국 장수에게 통보하여 힘을 합쳐 나아가 무찔러 만분의 일이나마 설분(雪憤)하소서(『선조실록』 1599년(선조 32년) 4월 17일 자)." 그러나 일본의 재침략을 우려한 명나라가 수만 명의 군대를 배치해 주겠다고 제안하여도, 먹일 식량이 없어 주둔병의 수를 줄여 달라고 부탁해야 할 입장이 조선이 처한 현실이었다. 게다가 압록강 너머 후금(後金)의 누르하치가 세력을 키우고 있었다. 조선과 명나라가 견제의 손길을 늦춘 사이, 1593년(선조 26년) 누르하치는 아홉 여진 연합군을 무찌르고 1599년에는 만주 문자를 제정하는 등 국가 체제를 갖추고, 임진왜란 때 조선을 도와주겠다는 제안을 할 정도로 군사력이 급성장했다. 이러한 상황에서 명나라의 도움 없이 누르하치의 위협을 무시하고, 단독으로 대마도를 공격하는 것은 무모한 행동이라며 비변사에서 반론을 제기한다. 세종 때 『이종무(李從茂)의 정벌군』이 왜구가 대마도를 비운 상태에서 공격했음에도 지휘부의 실책으로 군사 100여 명을 떼죽음시킨 사례가 있는지라, 비변사 입장에선 비록 대마도 내의 왜군의 수가 적더라도 쉽게 군사 작전을 주장할 수 없었을 것이다. 전쟁 마지막 해인 1598년(선조 31년) 12월 22일 우의정·좌의정으로 승진한 이덕형(李德馨)이 명 측과 접촉 결과를 보고한다. 『선조실록』에 따르면 명나라 측은 대마도를 공격하려면 어느 정도의 군대가 필요하고 정복한 뒤에는 대마도를 어떻게 지킬 것인가 물었다고 한다. 이에 대해 이덕형은 "조명 연합군의 정예병 1만 명 정도가 있으면 공격할 수 있겠으나 주둔하여 지킬 수는 없다. 다만 천조의 위령을 크게 보여 주고 싶을 뿐이다" 그리고 "대마도를 공격하기 전에 항왜

(降倭)와 포로가 되었다가 도망쳐 온 조선인을 먼저 보내 대마도의 상황을 잘 살펴야 한다"고 답했다. 그리하여 항왜 소기(小棄)와 포로가 되었다 돌아온 박선(朴善)에게 왜복을 입혀 고기 잡는 왜인으로 위장시켜 대마도에 정탐차 보낸다. 그러나 이듬해인 1599년 2월 4일까지 아직 돌아오지 않았다는 선조의 말을 마지막으로 더 이상 대마도 정벌론(征伐論)은 등장하지 않는다. 물론 상황은 충분히 이해되지만 이는 잘못된 판단이었다. 조선은 402년(태종 2년)부터 1591년(선조 24년)까지, 무과 급제자가 총 7,758명이었지만 임란이 발발한 1592년(선조 25년)부터 1607년(선조 40년)까지는 무려 2~4만 명이 무과(武科)에 합격해 훈련된 군사력과 실전 경험을 보유하고 있었다. 일본은 히데요시 사후 리더십의 부재와 정국 혼란으로 인해 대마도를 방어할 의지나 능력도 없었고, 대마도 역시 피할 수 없는 동원령에 섬 안에 있던 16세부터 55세까지 농민과 어민, 심지어 죄수를 포함한 모든 남자들이 전쟁에 동원되었기에 전후 심각한 노동력 부족현상에 시달리고 있었다. 또한 30만 왜군의 중계지로 변한 대마도는 식량 부족에 시달렸고 체류하던 병사들이 닭, 개, 고양이 등을 약탈하는 일까지 벌어져 이를 막는 금령(禁令)이 내려질 정도로 민심이 이반된 때였다. 만약 이러한 때에 임진왜란의 대마도 책임론을 내세워 조선 수군만이라도 출정하였다면 충

분히 정벌이 가능했고, 지방관을 파견해 민심을 위무했다면 대마도를 영구히 우리 영토화할 수 있었을 것이다. 2년 뒤인 1600년(선조 33년) 8월 24일 이덕형(李德馨)은 대마도는 조선을 바라보며 사는 곳인데 임진왜란 때 왜군의 앞잡이가 되었으니 응징하기는 해야겠지만 결국 절교하기는 어려울 것이므로 상황이 여의치 못하여 무력을 보여 주지 못한 점은 아쉽지만 이제는 대마도의 국교 재개 요청을 받아들일 수밖에 없다고 보고한다. 당시 일본은 히데요시가 사망한 후 5대로, 5봉행 간의 대립이 표면화되어 그로부터 한 달 뒤인 9월 15일 이에야스의 동군(東軍)과 이시다 미츠나리(石田三成)가 이끄는 서군(西軍) 간에 〈세키가하라(關ヶ原)전투〉가 발생한다. 만약 이러한 때에 조선이 대마도를 정벌했더라면, 향후 국교 재개가 시급했고 문민정부를 지향했던 에도막부와 전쟁 배상금 명목으로도 외교적 타결이 가능한 상황이었다.

14 ──────── 국교 재개

 대마도는 정유재란이 끝난 직후인 1599년(선조 32년) 조선에 국교재개를 요청하기 위해, 가케하시 시치다유(梯七太夫, 요시라·要矢羅)와 요시조에 사콘(吉副左近) 등의 사절을 보낸다. 1600년(선조 33년)에는 유타니 야스케(柚谷彌介)를 다시 보냈다. 하지만 이들은 모두 살아서 귀환하지 못했다. 대마도는 왜란 당시 잡아간 조선인 포로 57명을 돌려보내는 등 성의를 표시한다. 조선은 양반관료가 아닌 승려 사명당 유정(惟政)을, 탐적사(探賊使)라는 애매한 명칭으로 파견하여 일본 정세를 살피게 한다. 1604년(선조 37년) 8월 탐적사 유정은 대마도주 소 요시토시의 인도를 받아 교토에서 도쿠가와 이에야스(德川家康)와 만났다. 이에야스는 "나는 전쟁에 관여하지 않았고 조선과 원한이 없으며 통화를 청한다"고 했다(『조선통신사』, 나카오 히로시). 이에 따라 조·일 관계는 새로운 국면을 맞는다. 유정은 1605년(선조 38년) 3월 후시미성(伏見城)에서 이에야스를 만나 화친에 대한 그의 의도를 재차 탐지하고 4월 조선인 포로 3,000여 명을 데리고 귀국한다(『선조수정실록』 1605년 4월 1일, 『선조실록』 5월 24일에는 1,390명으로 기록). 이어 조선은 '일본이 먼저 화친을 요청하는 국서를 보낼 것', '선릉과 정릉을 파헤친 범인을 묶어 보낼 것', '조선인 포로들을 돌려보낼 것' 등을 국교 재개를 위한 전제 조건으로 제시한다. 대마도는 조선이 제시한 요구에 신속히 응답해 1606년(선조 39년) 9월 이에야스 명의의 국서와 다른 죄를 짓고 귀양을 가 있던 마고사쿠(麻古沙九)와 마타하치(麻多化之)를 범릉적(犯陵賊, 왕릉을 훼손한 범인)으로 조선에 보낸다. 국서는 위조된 것이었고 범릉적 또한 날조된 인물이었다. 그러나 조선은 진실을 알고도 덮어 두었고 이들을 저잣거리에서 참수함으로써 논쟁의 종지부를 찍게 된다. 조선은 "지난 만행으로 일본과는 한 하늘 아래 살지 못할 정도지만 먼저 위문편지를 보내어 잘못을 고쳤다고 하니 후의에 답한다"는 취지로 답장을 보낸다. 전쟁이 끝난 지 9년 만인 1607년(선조 40년) 1월, 포로 송환을 위해 회답겸쇄환사(回答兼刷還使)라는 명칭으로 통신사 파견을 결정한다. 쇄환(刷還)이란 포로를 데려오는 일을 맡았다는 의미인데, 임진왜란으로 단절된 양국의 국교가 회복되는 출발점이었다. 국교 정상화를 주도한 사람은 대마도주 소 요시토시였다. 일본의 새 권력자인 이에야스는 임진왜란의 선봉장인 소를 국교정상화에도 앞장세웠다. 그는 갈등 소지 부분을 통째로 덜어내고 '조선이 화교를 먼저 요청한다'는 문장을 집어넣었다. 국교재개는 이렇게 시작되었다. 임진왜란의 첫 전투가 벌어졌던 절영도(絶影島)에, 간이 숙소를 차려 놓고 양국은 교섭을 벌였다. 막대한 민간인 피해를 입은 조선은, 포로 송환을 통해 노동력 확보를 원했다. 일본은 교역을 통해 부를 창출하고자, 통상을 원했다. 정상화교섭 도중인 1607년(선조 40년), 임진왜란으로 사라졌던 두모포 왜관(豆毛浦倭館, 33,058m², 현 부산 동구청 자리)이 설치됐다. 1607년(선조 40년) 1월 12일 회답겸쇄환사로 파견된 첫 통신사는 정사 여우길(呂祐吉) 부사 경섬(慶暹)을 단장으로 하여 507명이 구성되었다(경섬, 『해사록(海槎錄)』 1607년). 이들은 조선인 포로에게 귀국하자는 포고문을 보이며 걸었다. 그러나 이들을 통해 귀국한 피로인(被擄人, 포로)은 1607년 1,400여 명, 1617년 321명, 1624년 146명에 불과했다. 돌아가면 천민으로 천대받거나, 북쪽 국경으로 가서 군역을 한다는 소문이 퍼지면서 10만 피로인 대부분이 귀국을 거부했다고 한다. 피로인은 돌아와서도 죄인처럼 차별과 멸시를 받았다. 천민 출신은 돌아온 뒤에도 천민 신세를 면치 못했고, 귀환한 양반도 대부분 관직에 임용되지 못하였다. 조선은 일본으로 끌려간 그 자체를 절의를 잃은 것으로 보았던 것이다. 통신사 일행은 에도에서 이에야스의 후계자인 도쿠가와 히데타다(德川秀忠)를 접견하고, 1609년(광해군 1년) 6월 기유약조(己酉約條)를 맺어 대마도의 교역을 허락했다. 그리고 1617년 (광해군 9년) 조선은 2차 회답겸쇄환사를 보내 히데요시의 잔

당을 소탕한 것을 축하했다. '서로 신의로써 교류한다'는 뜻을 지닌 통신사(通信使)란 명칭이 정식으로 사용된 것은, 제4차 때인 1636년(인조 14년)부터였다. 1678년(숙종 4년) 3년간 연인원 125만 명을 동원해 새로 지은 초량왜관(草梁倭館, 용두산 공원 일대)은 70년간 존속한 두모포 왜관(豆毛浦倭館)에 비해 10배나 넓은 약 33만m²(10만 평) 규모로, 강화도조약이 체결된 1876년(고종 13년)까지 약 200년 동안 대마도주의 관리하에 운영되었다. 강화도조약(江華島條約·병자수호조약) 체결 이후에 일본 외무성으로 이관된 왜관은, 일본인들의 전관거류지(專管居留地)로 바뀌었고 일제강점기에도 일본인들이 주로 거주했다.

V. 정묘호란과 병자호란

1 ─────────── 광해군의 중립 외교

 임진왜란과 정유재란의 『조·일 7년 전쟁』이 끝나자 선조(宣祖)는 광해군(光海君)에게 냉담한 태도를 취한다. 아이를 낳지 못해 광해군을 친자식처럼 돌보았던 정비(正妃) 의인왕후 박씨(懿仁王后 朴氏)가 1600년(선조 33년) 6월 46세로 사망하자, 선조는 1602년(선조 35년) 51세의 나이에 19세의 이조좌랑 김제남(金悌男)의 둘째 딸 인목왕후 김씨(仁穆王后 金氏)를 계비(繼妃)로 맞아들여 52세에 정명공주(貞明公主)를, 55세 때는 영창대군(永昌大君) 이의(李㼁)를 낳는다. 정통성 콤플렉스에 시달렸던 선조는 이미 세자로 책봉한 광해군 대신, 영창대군을 왕세자로 책봉할 것을 영의정 유영경(柳永慶) 등과 비밀리에 의논한다. 따라서 세자인 광해군은 선조로부터 급격히 멀어졌다. 하지만 전화와 이념의 질곡에서 기를 펴지 못하고 살았던 선조(宣祖 李昖: 재위 40년 7개월)가 57세의 일기로 1608년(선조 41년) 2월 1일 정릉행궁에서 급체와 중풍(뇌졸중)으로 급사한다. 이때 인목왕후는 25살, 정명공주는 6살, 영창대군은 3살에 불과했다. 이에 따라 광해군(光海君, 34살)은 정인홍(鄭仁弘) 등 대북파(大北派)의 지원을 받아 선조가 세상을 떠난 다음 날인 1608년 2월 2일 오후 5시 경시(庚時), 정릉동 행궁 서청(西廳)에서 조선 제15대 왕으로 즉위한다. 왕세자가 된 지 16년 만이었다. "형제 사랑하기를 내가 있을 때처럼 하고 참소하는 자가 있어도 삼가 듣지 말라. 이로써 너에게 부탁하니 모름지기 내 뜻을 본받아라"(『선조실록』 1608년 2월 1일). 왕세자 광해군(이혼, 琿)에게 선조가 남긴 유명이다. 그러나 선조의 유언에도 불구하고 광해군(光海君)이 즉위한 직후, 친형인 임해군 이진(臨海君, 李珒, 37세)과 배다른 동생 영창대군 이의(永昌大君, 李㼁, 8세)가 차례로 반란혐의로 유배지에서 살해된다. 광해군은 임진왜란을 직접 경험했기에 명과 밀착해 청과 관계가 악화되면, 명·청 대결구도 속에 빠질 수밖에 없다고 판단 중립적인 외교행보를 보인다. 당시 조선과 명나라가 두 번의 왜란(임진·정유)으로 국력이 피폐해지자, 명나라와 무역으로 힘을 키운 건주여진(建州女眞, 남만주 일원의 여진족)의 추장 누르하치(奴兒哈赤)가 1616년(광해군 8년) 칸(khan, 汗)의 자리에 올라, 심양(瀋陽)에 후금(後金)을 세우고 1618년 4월 명나라를 공격, 요동(遼東)의 요충지인 무순(撫順, 푸순)을 격파하고 7월에는 청하(淸河)를 함락시킨다. 누르하치는 불과 25세에 100여 명의 병력과 갑옷 13벌을 가지고, 10년 만에 여진족을 하나의 깃발 아래로 모았다. 그는 1615년(광해군 7년) 청나라 고유의 팔기군(八旗軍)제도를 완성하여, 본격적으로 명나라와 정면대결을 벌인다. 광해군은 '재조지은(再

造之恩)'을 내세우는 명의 요구와 출병에 동조하는 조정대신들의 압력으로 강홍립(姜弘立)을 오도도원수(五道都元帥)로 평안병사 김경서(金景瑞)를 부원수(副元帥)로 하여 조총병 위주의 본진 1만 3,000명과 보급을 맡은 5,000여 기병을 『심하전투(深河戰鬪, 사르후전투)』에 참전시키며 "정세를 살펴보고 행동을 결정하라(觀形向背)"는 밀지를 내린다. 명과 조선, 일부 여진 연합군 11만 명과 후금 군 6만이 뒤엉킨 이 사르후 전투에서 선천군수 김응하(金應河)·운산군수 이계종(李繼宗)·영유현령 이유길(李有吉) 등이 전사하는 등 곤경에 처하자 도원수 강홍립은 1619년(광해군 11년) 3월 5일 남은 군사 5,000명을 이끌고 후금에 투항한다. 훗날 투항한 조선군 중 고국으로 돌아온 병사는 2,000여 명 뿐이고 나머지는 강제로 청나라 팔기군(八旗軍)에 편입됐다. 이후 이들 〈조선팔기군〉은 정묘호란과 병자호란 때 조국을 공격하는 데 동원됐다. 이 전투에서 명나라는 70%의 전사자를 낸 반면 후금의 손실은 2,000기를 밑돌았다. 광해군은 명나라의 원병 요청을 들어 주면서도 후금과의 불필요한 마찰을 피하려고 양면(兩面) 외교정책을 폈던 것이다. 일본과의 관계에서도 1609년(광해군 원년) 기유약조(己酉約條)를 맺어 국교를 재개하고, 1617년(광해군 9년) 오윤겸(吳允謙)을 회답겸쇄환사(回答兼刷還使)로 파견하여 조총과 장검 등을 구입한다. 광해군은 수시로 무과

(武科)를 열어 병력을 확보하고 뛰어난 지휘관을 기용하는 데
도 노력했다. 1622년(광해군 14년) 이후로는 모든 무과합격자
들을 변방으로 배치하고, 향리에 은거하고 있던 곽재우(郭再
祐)를 불러 함경도관찰사에 제수하기도 했다. 또한 1608년
(광해 즉위년) 즉위 석 달 후 한백겸(韓百謙)과 이원익(李元翼) 등
의 건의로 선혜청(宣惠廳)을 설치하고, 경기도 일원에 대동법
(大同法)을 실시했다. 1611년(광해군 3년)에는 문란해진 토지제
도를 바로잡기 위해 양전(量田, 토지조사)을 실시하여 경작지
를 넓혔으며, 왕권강화를 위해 선조 말에 시역한 창덕궁(昌德
宮)을 그 원년에 준공하고, 1612년(광해군 4년)에는 인경궁(仁慶
宮)을, 1619년(광해군 11년)에는 경덕궁(慶德宮=慶熙宮)을 중건한
다. 그러나 광해군은 정통성 문제를 해결하는 과정에서 이
이첨(李爾瞻)·허균(許筠) 등의 〈폐모론(廢母論)〉에 따라 소성대
비(昭聖大妃, 인목왕후)를 서궁(西宮, 덕수궁)에 유폐하여 지위를
격하시켰으며, 왕궁을 건설하는 와중에 국가재정이 바닥난
다. 이에 서인 세력인 이귀(李貴)·김류(金瑬)·김자점(金自點) 등
이 이끄는 군사 1,400명이 광해군이 『존명사대(尊名事大)·폐
모살제(廢母殺弟)』의 죄를 저질렀다는 명분으로 1623년(광해군
15년) 3월 13일 쿠데타를 일으킨다. 이것이 1623년(광해군 15
년) 3월 13일 능양군 이종(綾陽君, 李倧)을 왕위에 앉힌 『인조
반정(仁祖反正)』이다. 당시 영창대군의 누나인 정명공주(貞明公

主)도 폐서인되어 소성대비와 함께 감금되는 등 고초를 겪었으나, 인조반정 후 복권되고 21살의 늦은 나이로 18살의 영안위 홍주원(永安尉 洪柱元)과 결혼한다. 쿠데타로 집권한 인조는 정명공주에게 많은 특혜를 베풀었다. 조선의 기본법전인 경국대전(經國大典)에는 공주의 살림집은 50칸(間)을 넘지 못하나, 안국동에 200칸에 이르는 살림집을 하사했다. 또한 경상도에만 8,076결(結)의 절수지(折受地, 공유지를 떼어 지급받은 토지)를 내렸고 전라도 하의3도(하의도·상태도·하태도)의 개간된 땅 24결(結)도 하사한다. 인조 12년(1634년)부터는 1등전 1결의 넓이가 약 3,270평이었므로, 경상도 절수지 8,076결은 26,406,278평이며, 하의3도 땅 78,473평을 합하면 최소 26,484,752평으로, 제방 바깥 한강둔치까지 포함한 여의도 면적 4.5km²(136만 평)의 19배가 넘는다. 『세종실록』에 나오는 〈과전법(科田法)〉에 따르면 "왕의 아들, 왕의 형제, 왕의 백부나 숙부로서 대군(大君)에 봉한 자는 300결(89만 4,767평), 군(君)에 봉한 자는 200결(59만 6,512평), 부마(夫馬)로서 공주의 남편은 250결(74만 5,640평), 옹주의 남편은 150결(44만 7,384평)이었다. 그러함에도 정명공주가 특혜를 받을 수 있었던 것은 인조반정이 광해군의 불효를 바로잡기 위해 일어났다는 것을 대내외에 과시하기 위함이었다. 후일 이 하의도 땅을 두고 섬 주민들과 정명공주의 후손인 풍산 홍씨(豊山洪

氏) 사이에 약 300년간 분쟁이 발생하는데, 이것이 〈300년 소작쟁의(小作爭議) 운동〉이다. 선조가 가장 총애했던 후궁 〈인빈김씨(仁嬪金氏)〉는 어릴 적부터 영리하고 용모가 뛰어났다. 그녀는 의안군(義安君)·신성군(信城君)·정원군(定遠君)·의창군(義昌君) 등 4남 5녀를 낳았다. 그중 정원군 이부(李琈)는 후일 인조(仁祖)가 된 능양군 이종(綾陽君·李倧)의 생부이다. 그러나 정원군은 선조의 첫 번째 서자였던 임해군과 더불어 〈천하의 악동(惡童)〉이었다. "여러 왕자 중 임해군과 정원군이 일으키는 폐단이 한이 없었다. 남의 농토를 빼앗고 남의 노비를 빼앗았다." 과거 시험에 처남을 합격시키는 부정을 저질러 사헌부에 탄핵당하거나 군적 회피자를 돈 받고 자기 집에 숨겨주거나 하는 정도는 아무것도 아니었고 "정원군의 궁노들이 백모가 되는 하원군 이정(河原君 李鋥)의 부인을 가두고 문을 열어 주지 않는데도 오히려 방조해 종친들의 분노를 샀다"고 적고 있다[『선조실록』 154권, 1602년(선조 35년) 9월 13일]. 그것도 노복들과 창기 대여섯을 데리고 몽둥이를 들고 쳐들어가서, 혈연으론 큰어머니가 되는 하원군 부인을 자기 집까지 끌고 갔다가 다른 종친들이 말려서 풀어 줬다고 한다. 『선조실록』의 순화군 졸기(卒記)에는 "비록 임해군(臨海君)과 정원군(定遠君)의 행패보다는 덜했음에도, 무고한 사람을 죽인 숫자가 해마다 10여 명을 헤아리기에 백성들이 그를 두려워하여 호환을 피하듯 했다"는 부분이 있다. 1년에 10명씩은 무고한 사람들을 죽이고 온갖 행패를 부린 사이코패스 순화군(順和君)이, 정원군(定遠君)보다는 덜하다니 그의 행실과 인성이 어느 정도였는지 알 만하다. 광해군(光海君)도 설마 이들이 「반정(反正)의 주역(主役)」이 되리라고는 꿈에도 상상하지 못했을 것이다.

인조반정(仁祖反正)은 율곡 이이의 학문을 계승한 서인 세력이 주도했고, 퇴계 이황의 학문을 계승한 남인들이 동조하여 일으킨 정변으로, 명분은 '친명(親明)'이었다. 친명은 곧 '배청(排淸)'이다. 따라서 광해군 이혼(李琿)이 집권 북인들의 반발까지 무릅쓰며 추진한 명(明)-후금(後金) 간 균형 외교의 종말을 의미한다. 광해군 폐위를 명령한 소성대비(昭聖大妃, 仁穆王后 金氏)의 교서에는 서인(西人) 성리학자들의 중화숭배주의가 얼마나 뼛속 깊이 박혔는지를 생생히 보여 준다. "우리가 명나라를 섬긴 지 200여 년이 지났으니 의리로는 군신 사이요, 은혜로는 부자 사이이다. 임진년의 재조지은은 영원히 잊을 수가 없다. 선조께서는 42년간 보위에 계시면서 지성으로 명나라를 섬겨 한 번도 서쪽을 등지고 앉지 않았다. 그런데 광해는 명의 은덕을 저버리고 오랑캐와 화친했다." 다음 기록은 광해군에 대한 인목대비의 분노가 어떠했는지 잘 보여 준다. "한 하늘 아래 같이 살 수 없는 원수다. 참아 온 지 이미 오랜 터라 내가 친히 그들의 목을 잘라 망령에 제사 지내고 싶다. 10여 년 동안 유폐돼 살면서 지금까지 죽지 않은 것은 오직 오늘날을 기다린 것이다. 쾌히 원수를 갚고 싶다(『인조실록』 인조 3년 3월 13일)." 광해군은 '혼란무도(昏亂無道)·실정백출(失政百出)'이란 명목상 죄목으로 폐위된다. 인조가 즉위하자 광해군의 분조(分朝)에 공이 있었던 사람들에게 내렸던 위성공신(衛聖功臣)의 훈호도 삭탈된다. 위성공신 1등은 최흥원(崔興源)·정탁(鄭琢)·윤두수(尹斗壽)·이항복(李恒福)·윤자신(尹自新)·심충겸(沈忠謙) 등 10명이었다. 조선 정조 때 이긍익(李肯翊)이 지은 『연려실기술』에는 '이원익의 연보(完平年譜)'를 인용해 쿠데타 직후 인목대비와 반정공신들이 광해군을 죽이려 하자 서인에 의해 영의정으로 발탁된 오리(梧里) 이원익(李元翼)이 "그를 섬긴 노신으로서 차마 들을 말이 아니니 조정을 떠나겠다"고 반발해 죽이지 못했다고 전한다. 이어 광해군은 강화도에 위리안치(圍籬安置, 가시로 울타리를 만들고 그 안에 가두어 둠)되고, 폐세자 이지(李祬)는 강화도에서 탈출을 시도하다 사약을 받았으며, 세자빈 박씨는 목을 매 자살한다. 이듬해 폐비 유씨도 시름시름 앓다가 죽었고, 광해군은 제주도로 이배되어 4년간을 위리안치 당하다, 귀양살이 18년 만에 화병(火病, 울화병)으로 1641년(인조 19년) 7

월 1일 67세에 사망한다. 그는 자신을 감시하며 끌고 다니던 별장이 상방(上房)을 차지하고, 자신은 아랫방에 거처케 하는 모욕을 당하면서도 의연한 자세를 유지했고, 심부름하는 나인(內人)이 영감이라고 호칭하며 멸시해도 전혀 분개하지 않고 말 한마디 없이 그 굴욕을 참고 지냈다고 한다. 그해 7월 10일 자 『인조실록(仁祖實錄)』에는 광해군이 강화도 교동에서 제주도로 이배되면서 지은 『칠언율시(七言律詩)』가 실려 있다. 광해군이 죽었다는 소식이 제주(濟州)에서 10일 만에 한양에 날아온 날, 실록에는 "이 시(詩)를 듣는 자마다 비감(悲感)에 젖었다"고 적었다. 1641년(인조 19년) 8월 18일 광해군 이혼(光海君, 李琿)은 시신(屍身)으로 제주도를 떠나, 유언에 따라 경기도 남양주시 건진읍 송릉리 3살 때 죽은 어머니 공빈 김씨(恭嬪金氏)의 묘지 아래 부인 유씨(文城郡夫人 柳氏)와 함께 묻혔다.

濟州謫中(제주적중)

제주 귀양 가운데 / 광해군 이혼(光海君 李琿)

風吹飛雨過城頭 풍취비우과성두
부는 바람 뿌리는 비 성문 옆 지나는 길

瘴氣薰陰百尺樓 장기훈음백척루
후덥지근한 장독기운 백 척으로 솟은 누각

滄海怒濤來薄暮 창해노도래박막
창해의 파도 속에 날은 이미 어스름

碧山愁色帶淸秋 벽산수색대청추
푸른 산의 슬픈 빛은 싸늘한 가을 기운

歸心厭見王孫草 귀심염견왕손초
가고 싶어 왕손초를 신물나게 보았고

客夢頻驚帝子洲 객몽빈경제자주
나그네 꿈 자주도 제자주에 깨이네

故國存亡消息斷 고국존망소식단
고국의 존망은 소식조차 끊어지고

烟波江上臥孤舟 연파강상와고주
연기 깔린 강 물결 외딴 배에 누웠구나

2 ──────────── 인조반정과 병자호란

그러나 광해군을 몰아내고 집권한 인조(仁祖, 능양군, 李倧)는 국가안위보다는 정권보위에만 급급했다. 1623년(인조 원년) 4월 12일 성종(成宗)의 형인 월산대군의 사저였던 경운궁(지금의 덕수궁)에서 즉위한 인조는 열한 달 뒤인 1624년(인조 1년) 3월 26일 논공행상(論功行賞)에 불만을 품은 〈이괄(李适)의 난〉으로, 공주로 달아나 열흘 동안 머물다 4월 5일 한성으로 돌아온다. 광해군을 쫓아낸 서인세력들은「도덕적 가치」를 내세운 정권답게 광해군의 중립외교 대신 명과의 의리를 중시하는 도덕외교를 구사한다. 1626년(인조 4년) 후금의 초대황제 누르하치(努爾哈赤)가 67세로 산해관 앞 영원성(寧遠城) 전투에서 명나라 원숭환(袁崇煥)의 홍이포(紅衣砲, 화란제 대포) 파편으로 숨지고, 그의 8번째 아들로 후금의 제2대 황제에 오른 홍타이지(청 태종)는 즉위 이듬해인 1627년(인조 5년) 1월 14일, 사촌형 아민(阿敏)에게 군사 3만을 주어 "전왕 광해군을 위하여 원수를 갚는다"는 명분을 내걸고 『정묘호란(丁卯胡亂)』을 일으킨다. 후금군은 항복한 강홍립(姜弘立) 등 조선인을 길잡이로 삼아 압록강을 넘어 1월 17일 의주를 점령하고, 청천강을 넘어 8일 만에 안주성을 함락시킨 후 그 여

세를 몰아 3월 13일 평양을 점령하고 황주를 장악한다. 조선은 장만(張晚)을 도원수(都元帥)로 삼아 평양 등지에서 싸웠으나 패하면서 그 본진이 개성까지 후퇴하자, 인조는 노량진을 거쳐 강화도로 도망가고, 소현세자는 분조(分朝)를 맡아 전주로 내려간다. 임진왜란 때 조정을 둘로 나누어 선조와 광해군이 각각 지휘본부를 차린 것과 유사한 방식이었다. 1627년(인조 5년) 3월 인조가 아민(阿敏)에게 화평을 청하여 후금군은 『형제의 맹약』을 맺은 후 철수한다. 정묘호란의 실제적 원인은, 요동을 위협하는 조선을 쳐서, 평안도 철산 가도(椵島)에 주둔한 모문룡(毛文龍) 군대를 고립시킬 목적이었다. 따라서 정묘호란은 예방전쟁의 성격이 강했다. 조선은 정묘호란 이후에도, 여전히 명을 황제의 나라로 후금을 오랑캐의 나라로 취급했다. 이미 임진왜란 시기 조선에 두 차례 (1592년, 1598년) 원병파견을 제의할 정도로 세력이 커진 여진족은 원(元)제국을 건설했던 몽골부족들을 굴복시키고 국호(國號)를 몽골어로 '전사(戰士)'를 뜻하는 '다이칭(daicing, 大淸)'으로 변경한 후, 조선에 대하여 복속과 조공 그리고 명나라를 공격하는 데 3만 명의 병사를 파견할 것을 요구한다. 만주족은 본래 읍루(挹婁)·물길(勿吉)·숙신(肅愼)·말갈(靺鞨)·여진(女眞) 등 다양한 이름으로 불리다가, 홍타이지(皇太極, 청 태종)가 1636년 청(淸)나라를 건국하면서 옛 여진의 영역을 「만주

(滿洲)」로 바꾸어 불렀다. 만주는 산스크리스트어(梵語)로 문수보살(文殊菩薩, 만주슈리)의 '대단한 행운 혹은 대단히 길함' 등의 의미인 문수(文殊, 曼珠→滿住→滿洲)에서 유래했다. 이에 조선이 복속과 조공을 거절하자, 1636년(인조 14년) 12월 1일 타타라 잉굴다이(龍骨大)와 마푸타(馬福大, 馬福塔)를 지휘관으로 한 청군 7만, 몽골군 3만, 한족군 2만 등 총 12만의 대군이 조선을 침략한다. 이것이 『병자호란(丙子胡亂)』이다. 이에 대응하는 조선의 정규군은 정유재란 후 40여 년이 흘렀음에도, 겨우 3만 5,000명 수준이었다. 심양을 출발한 청군은 6일 얼어붙은 압록강에 도달한다. 8일 그들은 아무런 저항도 없이 압록강을 건넜고, 엿새 만에 개성에 도달하는 엄청난 진격속도를 보였다. 조선은 병력을 산성에 집결해 청야작전을 폈으나 청나라는 산성을 우회해 진군했다. 의주부윤 임경업(林慶業)이 400명의 소수병력으로 백마산성(白馬山城)을 방비하고 있었으나 청군은 이 길을 피해 남하하며, 안주·평양·개성을 차례로 함락시키고 7일 만에 수도 한성의 불광동으로 진입한다. 병자호란 당시 조선의 도원수는 김자점(金自點)이었다. 그는 1622년(광해군 14년) 이귀(李貴)·이괄(李适) 등과 함께 인조반정(仁祖反正)에 참여해 정사공신(靖社功臣) 1등에 봉해졌다. 도원수 김자점은 최정예 2만 명의 함경도 군을 거느리고 있었지만 황해도 황주 정방산성(正方山城)에서 움직

이지 않았다. 그는 전쟁 초기 수천의 병력으로 교전하다 도망쳤고 이후 함경도 군이 와서 합류했음에도 사실상 지휘를 포기한 상태였다. 이것이 병자호란(丙子胡亂) 당시 조선의 실상이었다. 병자호란 후에 김자점을 군율로 처형해야 한다는 주장이 나오기도 했지만, 반정공신인 그는 1년간 유배 후 조정에 복귀한다. 나중에는 영의정까지 오른다. 임진왜란이 일어나자 선조는 북쪽으로 도망갔지만, 인조는 북쪽의 적을 맞아 남쪽으로 도망갈 처지였는데 남쪽에는 불과 수십 년 전에 전쟁을 치른 일본이 있었다. 진퇴양난에 처한 인조가 부득이 강화도로 도망치려 했으나, 청군의 빠른 진격 때문에 그만 남한산성으로 달아났다. 청군은 16일 남한산성 밑 탄천에 20만 군사를 포진시키고, 성의 동쪽 망월봉(望月峰)에 올라 성안을 굽어보며 조선군의 동태를 살폈다. 조선의 성채는 유럽의 성과는 달리, 기본적으로 산성으로 산의 주변을 뱀처럼 성벽으로 둘러놓은 것이다. 성벽은 빈약했고 높이는 낮았다. 이런 성안에 군사 1만 3,000명과 양곡 1만 430석, 그리고 220개의 장(醬)항아리로는 두 달도 버티기 어려웠다. 전국 각지에서 근왕병들이 출병했으나 모두 남한산성에 도착하기도 전에 궤멸됐다. 남한산성 항전은 청군의 위협 이외에 거센 눈보라와 맹추위와도 싸워야 하는 악조건이었다. 15일에는 한성이 함락된다. 임진왜란 때보다 더 빠르게 도성이 함락된 것이다. 1월 22일에 강화도가 함락되자 성안의 분위기는 예조판서 김상헌(金尙憲)·이조참판 정온(鄭蘊) 등의 반대에도 불구하고 척화(斥和)에서 강화(講和)로 바뀐다. 마침내 남문으로 들어온 지 47일 만인 1월 30일, 인조는 평민의 복식인 청의(靑衣)로 갈아입고 서문을 통해 2만 명의 적병이 도열한 삼전도(三田渡)의 수항단(受降壇)에서 세 번 절하고 아홉 번 머리를 조아리며 청 태종 홍타이지에게 항복한다. 황제에게 올리는 여진족 풍습인 「삼배구고두례(三拜九叩頭禮)」였다. 인조의 이마에는 피가 흘러내렸다. 그래서 이 치욕을 잊지 말자는 뜻에서 〈병자국치(丙子國恥)〉라고 부른다. 강화조약의 조건은 신하(臣下)의 나라가 될 것을 약속하고 그 이행 조건으로 왕자와 대신들을 볼모로 잡아가겠다는 것. 이에 따라 1637년(인조 15년) 2월 8일 소현세자와 봉림대군 두 왕자 부부와 대신들의 아들들도 심양에 인질로 보내진다. 중국 동북지역 랴오닝성에 있는 선양(심양, 瀋陽)은 1625년 청 태조 누르하치가 랴오양(遼陽)에서 이곳으로 근거지를 옮기면서 청의 첫 번째 수도가 된 곳이다. 소현세자는 청이 수도를 심양에서 북경으로 천도하면서 다시 북경(北京)에 머무르게 된다. 청(淸)나라의 가능성을 간파한 소현은 8년간 인질(人質)로 잡혀 있는 동안, 누르하치의 14남 예친왕(睿親王) 도르곤 등 청 실력자들과 교유하며, 만주어와 몽골어도 익히고 서역원정에도 출전한다. 그 당시 북경에는 서양 선교사들이 활동하고 있었기에 그도 자연스럽게 예수회 소속 아담 샬(J.A.Shall, 1591~1666) 신부와 자주 만나, 천주교와 서학 등 서구문물을 익혔다. 명나라가 망하고 더 이상 조선이 위협이 되지 않는다고 판단한 청 태종(太宗, 홍타이지)은 1644년(인조 22년) 겨울 소현세자와 봉림대군·최명길(崔鳴吉)·김상헌(金尙憲) 등을 조선으로 돌려보내며, 특별히 소현(昭顯)에게는 왕의 복색을 상징하는 '자의(紫衣)'를 내림으로써 신임을 확인한다. 청 황제가 소현에게 임금의 복식을 하사했다는 소식을 전해들은 인조는, 청 태종이 자신을 밀어내고 소현세자를 왕으로 삼으려 한다는 피해의식에 사로잡힌다. 34살의 팔팔한 나이로 귀국해 창경궁(昌慶宮) 동궁(東宮)에 유폐되었던 소현세자 이왕(李汪)은, 4월 26일 "귀와 콧구멍 등 모든 혈에서 피를 뿜고 피부가 새카맣게 변한" 의문의 죽음을 맞게 되고, 동생인 봉림대군(鳳林大君) 이호(李淏)가 세자가 된다. "세자는 재능과 도량이 넓지 못했다. (중략) 세자가 심양에 있은 지 이미 오래되어서 모든 행동은 청나라 사람이 하는 대로만 따라서 하고 사냥을 즐겨하다 보니 가깝게 지내는 자는 모두 무인과 노비들이었다. 학문을 논하는 일은 폐하고 오직 재물과 이익만을 일삼았으며 토목공사를 일삼고 말과 개를 가까이해 크게 신망을 잃었다. (중략) 세자가 10년 동안 타국에 있으면서 온갖 고생을 두루 맛보고 본국에 돌아온 지 겨우 수개월 만에 병이 들었는데 의관들이 함부로 침을 놓아 약을 쓰다가 끝내 죽기에 이르렀다." 1645년(인조 23년) 4월 26일 실록이다. 장자가 사망하면 당연히 원손(元孫)에게 왕위가 돌아가는 법, 종법(宗法)을 어기고 둘째 아들인 봉림대군(鳳林大君)에게 왕위를 물려주려던 인조는 '자신의 수라상에 독이 든 전복구이를 올린 범인'으로 소현세자 빈 강빈(姜嬪)을 지목하여 역적으로 몰아 사사하고 친정 노모와 4형제도 처형한다. 또한 소현의 세 아들은 제주도로 유배 보낸다. 그곳에서 소현세자의 큰아들 석철(石鐵, 12세)과 둘째 아들 석린(石麟, 8세)은 2년 후에 풍토병으로 죽고, 셋째 아들 석견(石堅, 4세)만이 살아남아, 1659년(효종 10년)에 경안군(慶安君 李檜)으로 복권된다. 우의정 강석기(姜碩期)의 딸로 천성이 여장부였던 강빈(姜嬪)은 효종과 현종대에 역강(逆姜) 또는 강적(姜敵)으로 불리다가, 1718년(숙종 44년)에 이르러 복위되어 민회빈(愍懷嬪)이라는 시호를 받는다. 「숭명반청(崇明反淸)」을 기치로 인조반정을 일으킨 서인은, 청나라를 인정하려 했던 소현세자를 용납할 수 없었다. 만약 소현세자가 청에 볼모로 끌려갔을 때 접했던 서구사상과 서양문물을 임금이 되어 받아들였다면, 조선의 개화(開化)는 200년 이상이나 앞당겨졌을지 모른다. 임진왜란에서 병자호란으로 이어지는 40년, 강대국 간의 패권다툼을 읽지 못하면서, 광해군의 줄타기 외교를 비아냥거리고 큰소리만 쳤다가 정묘호란(丁卯胡亂, 1627년 인조 5년) 때 맺은 『형제(兄弟)의 맹약』도 모자라, 병자호란(丙子胡亂, 1636년, 인조 14년)으로 『군신(君臣)의 맹약』을 맺고 백성들을 죽음으로 몰아넣었다. 청나라가 조선에 내민 12개의 항복조건에는 "성벽을 수리하거나 신축하는 것을 허락하지 않는다"가 들어 있었다. 이 때문에 공성전(攻城戰)이 기본이던 시절, 조선은 반신불수일 수밖에 없었다. '청을 공격하여 명나라의 은혜를 갚자'며 〈북벌론(北伐論)〉을 추진한 효종(孝宗)이 왕위에 오른 지 1년도 채 지나지 않은 1650년 정월, 왜의 침입에 대비해 축성과 군사훈련이 필요하다고 주장했지만 청나라는 사신을 보내 조사한 후「필요 없다」는 결론을 내리고 효종(孝宗, 이효)을 크게 책망하며 이를 추진한 영의정 이경여(李敬輿)·이경석(李景奭)·조동(趙洞) 등을 파직시키라고 한다(『청사고(淸史稿)』 조선열전(朝鮮列傳) 순치(順治) 7년 정월). 나라의 방어시설인 성을 쌓는 것도 군사훈련조차 마음대로 할 수 없는 것이 당시 조선의 실상이었다. 이로써 조선과 명의 관계는 완전히 끊어져 청에 철저히 복속되어 속국(屬國)이 되는데, 이 같은 관계는 1895년(고종 32년) 청일전쟁에서 청이 일본에 패할 때까지 계속된다. 인조반정 때 공을 세워 정사공신(靖社功臣)에 기평군(杞平君)으로 봉해진 대사간 유백증(兪

伯曾)이 1643년(인조 21년) 9월 인조에게 상소문을 올린다. "전하는 광해의 죄를 성토하고 등극했습니다. 그러나 광해보다 100배 이상 치욕(恥辱, 이괄의 난·정묘호란·병자호란)을 당했습니다. 전하가 광해의 잘못을 도리어 더 심하게 답습하고 있으며 신하들의 탐욕도 광해 치하의 신하들과 다를 바 없습니다." "지금 천재와 시변이 광해에 비해 더욱 많고 흉년도 광해에 비하여 더욱 심하며 인심이 원망하고 능멸하는 일도 광해보다 더욱 깊습니다. 또 광해는 전쟁을 당하지 않았습니다. 그런데 전하는 세 번이나 환란을 겪었습니다." 유백증(兪伯曾)은 "이 지경이라면 애초에 반정은 왜 일으켰습니까", "대체 뭐하러 반정을 일으킨 것입니까"라고 인조를 몰아세운 것이다. 정묘호란과 병자호란은 몽골과 만주, 중국 동북 지방을 석권한 청(淸, 후금)의 저력을 알지 못하고 명과의 관계에만 병적으로 집착한 인조가 부른 참화였다. 치욕(恥辱)과 굴종(屈從)을 감내해야 했던 제16대 왕 능양군 인조(綾陽君 仁祖, 재위 1623~1649년)는 외상 후 스트레스 장애와 화병에 시달리다 「삼전도(三田渡)의 굴욕」 이후 더욱 심해져 1649년(인조 27년) 4월 13일 55세의 일기로 사망한다. 효종(孝宗)은 인조가 죽은 지 7일 만에 묘호를 '열조(烈祖)'로 정한다. 그러나 열조는 소열(昭烈, 유비에게 붙여진 칭호)에서 따온 것으로 분수에 넘치는 칭호라는 지적이 비등하여 결국 '인조(仁祖)'로 채택되었다. 묘소는 경기도 파주시 탄현면 장릉(長陵)으로 첫 번째 왕비 인열왕후 한씨(仁烈王后 韓氏)와 함께 잠들었다.

 거슬러 올라가면 여진족 하급무사 출신의 고려 경흥(慶興) 대호족(함경도 면적의 1/3을 봉토로 소유, 함경도의 면적은 약 51,000km² 정도로 1/3은 51억 4천만 평)으로, 동북면(東北面)의 무장세력을 정치적 배경으로 삼은 이성계(李成桂)가, 이소역대(以小逆大, 소국이 대국을 거역할 수 없다)를 내세워 위화도에서 회군(回軍)한 후, 새로운 왕조를 건립함에 있어 대내적으로 백성을 통치하기 위한 왕권의 정통성을 얻고, 대외적으로 쿠데타의 정당성을 인정받기 위해서는 명(明)나라의 승인이 절실하였다. 이에 예문관학사 한상질(韓尙質)을 명나라에 주문사(奏聞使)로 보내 조선(朝鮮)과 화령(和寧)으로 국호를 고치기를 청하였다(『태조실록』 2권, 태조 1년 11월 29일). 〈조선(朝鮮)〉은 단군·기자·위만의 세 조선을 상징하며 〈화령(和寧, 함경도 영흥의 옛 이름)〉은 이성계의 고향이다. ※ 중국왕조의 명칭은 진(秦)·한(漢)·당(唐)·송(宋)·명(明)·청(淸)등 모두 외자이다. 역대왕조가 모두 한 글자로 이름을 쓴 건 "가장 위대한 건 하나이고, 그 지배를 받는 게 둘과 그 다음"이라는 〈고대작명원칙〉과 관련이 있다. 그들은 문명인인 중국은 한 글자, 이민족은 두 음절 이상의 이름을 써야 한다고 생각했다. 그런데 명 태조 주원장(朱

元璋)이 1393년 3월 기자(箕子, 중국 상나라 왕족으로 기자조선의 시조)를 의식해, 국호를 『조선(朝鮮)』이라 지어주고 독립을 확인해 주니 조선은 중화(中華)제도를 도입하여 문화민족으로서 자부심을 갖게 되었다. 따라서 그들에게 있어서『숭명(崇明)』한다는 것은, 단순히 사대주의(事大主義)나 임진왜란 때 구원해 준 의리(義理) 때문만이 아니었다. 명나라는 중화라는 문명(文明)의 상징이며, 성리학이라는 도학(道學)의 근원지로 정신적인 부모의 나라였다. 병자호란 이후에도 권력을 유지한 서인세력은 망하고 사라진 명나라 숭배만을 고집했다. 청나라와 화의를 반대하며 결사항전을 주장하다 심양으로 끌려가 참형당한 윤집(尹集, 32세)·오달제(吳達濟, 29세)·홍익한(洪翼漢, 52세) 이들 삼학사(三學士) 가운데 특히 윤집이 생각하는 조국은 명나라였다. 부교리 윤집이 상소하기를 "명은 우리의 부모이나 만주는 명의 원수이니 곧 부모의 원수이다. 신하로서 부모의 원수와 형제가 돼 부모를 버리겠는가. 나라가 없어질지언정 명과의 의리는 버릴 수 없다"고 했다(『인조실록』 1636년 11월 8일). 조선 사대부들은 중화의 명이 오랑캐 청에 멸망한 이상 이제는 조선이 중화(中華)라는〈소중화(小中華) 사상〉에 갇혀 버렸다. 중화는 중원의 땅을 차지하는 여부가 아니라 성리학의 실천여부에 달려 있다는 것이다. 명·청 교체기에 명과의 의리는 조선의 국익에 배치되는데도, 조선 성리학자들은 "갈라파고스 증후군"에 빠져 어떤 것이 국가와 백성을 위하는 길인지 몰랐다. 명나라가 멸망한 1644년 이후에도 조선은 『숭정(崇禎)』이란 명나라 황제의 연호를 사용했고, 묘비명에도 한결같이 『유명조선(有明朝鮮, 명나라에 속한 조선)』이라 새겨 명나라를 기억했다. 노론의 영수인 송시열(宋時烈)은 괴산 화양구곡 바위에 '대명천지숭정일월(大明天地崇貞日月)'이라는 암각자(岩刻字)를 새긴다. '명나라 덕에 조선의 하늘과 땅이 있고 조선의 해와 달도 숭정제의 것'이라는 의미다. ※ 주자(朱子)가 복건성(福建省·푸젠성) 무이산(武夷山·우이산)에 은거하며 아홉 굽이 별천지 경관을 「무이구곡(武夷九曲)」이라 이름한 이래, 우암 송시열이 이를 본떠서 자신이 은거한 화양동 계곡을 '화양구곡(華陽九谷)'이라 고쳐 불렀다. 원래 화양동 계곡은 황양나무(회양목)가 많아 황양동(黃楊洞)이라고 불렀으나, 송시열이 이곳으로 거처를 옮긴 뒤 "중화(華)의 햇살(陽)이 따스하게 비치는 골짜기(洞)"라고 화양동(華陽洞)으로 고쳤다. 담헌 홍대용(洪大容)과 초정 박제가(朴齊家)와 더불어 북학파의 대표적 인물로 『열하일기(熱河日記)』의 저자인 연암 박지원(朴趾源)도, 노론의 당론에 따라 "효종 임금은 명나라 천자이며 노론의 영수 송시열(宋時烈)은 효종에게 하듯 명나라 천자에게 충성을 다했고 우리는 명나라의 유민이다"라는 시를 지었다. 박지원은 『열하일기(熱河日記)』 첫 편

「도강록(渡江錄)」에서 〈후삼경자(後三庚子)〉라고 썼다. 숭정제가 즉위한 날로부터 세 번째 경자년(庚子年)으로 1780년(정조 4년)이란 뜻이다. 이런 조선 사대부들의 모화사대사상은 구한말까지 이어진다. 조선 선비들은 대한제국이 멸망한 1910년도 독자연호인 〈융희(隆熙) 4년〉이 아닌 〈숭정(崇禎) 283년〉으로 표기했다. 유학적 계몽군주라는 정조(正祖)에 의해 『송자(宋子)』로 추숭된 우암 송시열(宋時烈)은 주자를 신앙으로 삼는 주자제일주의자였다. 그는 주희(朱熹)의 학설만을 진리라고 믿었고 단 한 자의 정정조차 용납하지 않았다. 신념을 달리하는 정치가는 정적으로 몰았고 결국 자신도 정쟁의 표적이 되어 희생됐다. 1689년(숙종 15년) 6월 송시열은 장희빈(張禧嬪)의 아들 경종(景宗)의 왕세자 책봉을 반대하다 유배되어 82세의 노구로 정읍에서 사약을 받고 유언을 남긴다. "내가 살던 화양동에 명나라 만력제(萬曆帝, 神宗)를 제사 지낼 만동묘(萬東廟, 명 의종과 신종을 기리는 사당)를 만들어라." 명나라가 망하고 1주갑(60년)이 되던 1704년(숙종 30년), 우암 송시열의 수제자로 평가받는 충청 노론의 영수 수암(遂庵) 권상하(權尙夏)가 화양동에 만동묘(萬東廟)를 세우고, 150여 명의 유생들과 첫 제사를 올린다(『송자대전』, 부록 제12권 연보). 『만동(萬東)』은 경기도 가평군 조종암(朝宗巖: 제후가 천자를 알현한다는 바위)에 새겨진 선조의 어필 〈만절필동 재조번방(萬折必東 再造

藩邦)〉에서 취한 글귀로, '황하는 수없이 꺾여도(萬折) 반드시 동쪽(必東)으로 흐르는 것'처럼 영원히 은혜를 잊지 않겠다는 다짐이다. 당시 일본 주자학의 시조로 불리는 야마자키 안사이(山崎闇齋)는 제자들을 불러 놓고 물었다. "만약 공자를 대장으로 맹자를 참모장으로 삼은 중국 군대가 일본에 쳐들어온다면 우리는 유생으로서 어떻게 해야 하는가." 제자들이 머뭇거릴 때 야마자키(山崎)가 명료하게 말한다. "마땅히 칼을 갈고 갑주를 걸쳐 말을 타고 전장에 나가 공자와 맹자를 사로잡아 일본의 은혜를 갚아야 한다. 이것이 바로 공맹의 가르침이며 유생의 도리이다." 유학은 크게 주자학(朱子學)과 양명학(陽明學)으로 나뉜다. 관념적인 이론에 치우친 것이 주자학인 데 반해, 실질을 숭상하고 생각의 자유를 추구한 것이 양명학이다. 주자학을 집대성한 주희(朱熹)는 남송(南宋) 사람이고, 양명학을 집대성한 왕양명(王陽明, 일명: 王守仁)은 명대(明代) 중기 사람이다. 주희는 진리탐구를 중시하고 왕양명은 도덕 실천을 중시하여, 주자학을 '이학(理學)' 양명학을 '심학(心學)'이라 하게 된 것이다. 당시 중국에서 성행하던 왕양명(王陽明)의 심학(心學)도 주희의 사상에 매몰된 조선에서는 용납되지 않았다. 주자학을 충실하게 따른 조선과 달리 양명학은 일본으로 건너가 메이지 유신(明治維新)의 자양분이 되었다. 한쪽은 중국 왕이 죽었다고 대명천지가 사라졌으니 수양산(首陽山)에서 고사리를 캐어 먹다 굶어 죽은 백이·숙제(伯夷, 叔齊)처럼 되겠다며 산에 들어가고, 한쪽은 자기 나라를 위해서라면 설령 상대가 공맹이라도 싸워서 사로잡아야 한다는 17세기 중반의 인식 차이가, 근대 이후 한국과 일본의 명암을 갈랐는지 모른다.

조선 사대부들은 '이(理)'냐 '기(氣)'냐를 놓고 100년을 싸우고, 3년 상복(喪服)이냐 1년 복이냐를 놓고 몇 십 년간을 다투고, 인성(人性)이냐 물성(物性)이냐를 놓고 또 한 100년을 싸웠다. 〈주리론(主理論)〉은 "인간의 도덕적 성향을 긍정하며 이상적이고 가치적인 것"을 선호하며, 〈주기론(主氣論)〉은 "인간의 본능적 성향을 긍정하며 현실적이고 실질적인 것"을 선호한다. 퇴계 이황(李滉)과 고봉 기대승(奇大升)이 불을 지른 이 논쟁은 단순히 학술논쟁이 아니라, 나중에 율곡 이이(李珥)가 주기론을 지지하고, 서애 유성룡(柳成龍)이 주리론을 지지하여, 조선 정계는 율곡(栗谷)을 지지하는 서인·노론(西人·老論)과 퇴계(退溪)를 지지하는 남인(南人)의 두 당파로 갈라지게 되고, 그것이 경기 중심의 기호학파(畿湖學派)와 경상도 중심의 영남학파(嶺南學派)로 나누어지게 된다. 『예송논쟁(禮訟論爭)』의 주제는 "효종(孝宗)과 효종비의 상(喪)에 인조의 계비(繼妃) 장렬왕후가 몇 년 복(服)을 입느냐가 주요한 논쟁"이었는데, 단순한 장례절차의 논쟁을 넘어 왕권도 일반사대부와 동등하게 취급하려는 서인(西人)과 왕은 장자(長子)의 예를 따라야 한다는 남인(南人) 간의 권력 다툼이었다. 1709년(숙종 32년) 기호학파(畿湖學派)의 정통 계승자인 수암 권상하(權尙夏) 문하에서 수업하던 이간(李柬)과 한원진(韓元震) 사이에 시작된 〈인물성동이론(人物性同異論)〉은, 이후 100여 년 동안 조선 사회를 뒤흔든 이른바 『호락논쟁(湖洛論爭)』으로 전개된다. 이 논쟁의 주제는 "인성(人性)과 물성(物性)이 서로 같은지 다른지, 성인(聖人)과 범인(凡人)의 마음은 같은지 다른지"였다. 문제는 철학논쟁을 넘어 현실과 맞닥뜨리면서 발생했다. 이간(李柬, 1677~1727)의 〈성범성동론(聖凡性同論, 성인과 범인의 근본은 다르지 않다)〉을 지지하는 낙론계(洛論系, 서울·경기)는 청(淸)나라를 긍정적으로 바라봤고, 엄격한 신분제를 완화해 성리학적 질서를 녹일 방안을 찾으려 했다. 반면 한원진(韓元震, 1682~1751)의 〈인물성이론(人物性異論, 사람과 동물은 근본적으로 다르다)〉을 지지하는 호론계(湖論系, 충청)는 보편성보다는 차별성에 무게를 두고 성인과 범인, 중화와 오랑캐, 양반과 천인, 적장자와 서얼 등의 차이를 부각하며 사회질서를 잡으려고 했다.

3 ──────────── 열녀와 정문(旌門)

병자호란이 일어나고 강화도가 함락되자, 뭇 여인들이 오랑캐에게 절개를 잃지 않으려 강화해협(江華海峽)의 차디찬 겨울 바다에 몸을 던졌다. 적의 칼에 찔려 죽으면 그나마 다행이고, 지아비나 아들로부터 자결을 강요당하기도 했다. 체찰사 김류(金瑬)의 아들인 강도검찰사 김경징(金慶徵)은 도망갔고, 그 아들인 김진표(金震標)는 제 어미를 비롯한 일가 여인들을 다그쳐 자살하게 만들었다. 그런 뒤 나룻배로 도망쳤다. 『인조실록』 35권 1637년(인조 15년) 9월 21일 자에는 "어느 날 적병이 갑곶진(甲串津)을 건너자 강도검찰사 김경징(金慶徵)은 늙은 어미를 버리고 배를 타고 달아나고, 부사 이민구(李敏求)와 종사관 홍명일(洪命一)도 뒤따르고, 김경징의 아들 김진표(金震標)는 제 할미와 어미를 협박하여 스스로 죽게 하였다"고 기록하고 있다. 아비는 적군이 도착하자마자 줄행랑치고 아들은 할머니와 어미를 핍박해 자진하게 한 뒤 혼자 살아남았다는 것이다. 그런데 경기도 안산시 와동에 경기도 문화재 자료 제8호로 지정된 〈사세충렬문(四世忠烈門)〉이란 정문(旌門, 정려문)이 남아 있다. 임진왜란 때 충주 탄금대 전투에서 신립(申砬)과 함께 투신자살한 김여물(金汝岉)

과 병자호란 때 스스로 목숨을 던져 열녀정신을 지켜 낸 그의 가문 『4대고부(姑婦)』를 기리기 위해 조정에서 하사한 것이다. 그러나 어이없게도 순절한 〈4대열녀〉는 김진표(金震標)가 다그쳐 자살하게 만든 김여물(金汝吻)의 후실인 평산 신씨(平山申氏), 김류(金瑬)의 처 진주 유씨(晉州柳氏), 김경징(金慶徵)의 처 고령 박씨(高靈朴氏), 김진표의 처 진주 정씨(晉州鄭氏)였다. 김경징은 전쟁이 끝난 후 결국 사사(賜死)되었다. 김경징의 죽음을 기록한 〈인조실록〉에 사신(史臣)은 김경징을 가리켜 한낱 '광동(狂童)'이라고 평가했다. '아는 것이 없고 탐욕과 교만을 일삼아 사람들로부터 손가락질 받는 자식을 김류(金瑬)가 잘못 천거하여 나라도 망치고 집안도 망쳤다'고 적었다. 조선후기 이긍익이 지은 『연려실기술』에는 강화도에서 수모당한 여인들의 이야기가 실려 있다. 윤선거(尹宣擧)의 아내 공주 이씨(公州 李氏)는 스스로 목을 맸다. 겨우 9살이었던 그의 아들 윤증(尹拯)은 손으로 옷과 이불을 정돈한 뒤 빈소를 정했다. 그는 사방 구석에 돌을 놓고 숯과 재를 덮은 후 통곡하며 하직한 뒤 계집종의 등에 업혀 나왔다. 그러나 남편인 윤선거는 함께 죽지 않았다. 아버지인 윤황(尹煌)이 남한산성에 있었기 때문이다. 윤선거(尹宣擧)는 아버지를 마지막으로 본 후에 죽기로 결심했으나, 남한산성에 들어가지 못하고 1669년(현종 10년)에 사망했다. 그 후 장성한 윤증(尹拯)은 서인이 노론과 소론으로 분리될 때, 소론(小論)의 영수로 추대되어 노론(老論)의 영수 송시열(宋時烈)과 대립한다. 이돈오(李惇五)의 아내 김씨는 시어머니와 동서 등과 같이 목을 찔렀다. 김씨는 즉사하고, 시어머니와 동서의 옷에 피가 가득 흐르자 청군(清軍)이 버리고 갔다. 홍명일(洪命一)의 아내 이씨와 시어머니를 비롯한 여성 3명은 배를 타고 도망가다가 적병이 엄습하자 서로 껴안고 물에 빠졌다. 어떤 선비의 아내는 "청군이 죽은 사람을 보면 옷을 모두 벗긴다고 하니 내가 죽으면 서둘러 화장하라"고 신신당부한 뒤 목을 매 죽었다. 이호선(李好善)의 아내 한씨는 토굴 안에 숨어 있다가 적병이 불을 질렀는데도 나오지 않고 그대로 타 죽고 말았다. 유인립(劉仁立)의 아내는 적병이 끌고 가려 했지만 끝까지 버텼다. 청군이 총을 난사해 몸에 살이 다 뜯겨 나갔지만 꼿꼿하게 선 채 넘어지지 않았다. 권순장(權順長)의 아내는 자신의 목을 매기 전 세 딸을 먼저 목매어 죽게 했다. 권순장의 누이동생 또한 스스로 목을 매 죽었다. 청군들은 젊고 고운 여인들을 사로잡느라 혈안이 되었다. 진원부원군 유근(柳根)의 집에서 열두 명, 서평부원군 한준겸(韓俊謙)의 가족은 열한 명이 포로가 되었다. 한명욱(韓明勖), 정백창(鄭百昌), 여이징(呂爾徵), 신익융(申翊隆), 정선흥(鄭善興), 김반(金槃), 이경엄(李景嚴), 한여직(韓汝稷) 등 사대부가의 부인들 모두 포로가 되었다. 이렇게 사대부 여인네들만 수모를 당한 것이 아니었다. 천민의 아내와 첩들도 줄줄이 목숨을 끊었다. 또 『연려실기술』에는 "몸을 던진 여인들의 머릿수건이 염하(鹽河, 강화도와 김포 반도 사이를 흐르는 한강 하구)를 하얗게 덮어 마치 연못에 떠있는 낙엽이 바람을 타고 떠다니는 것 같았다"고 기술하고 있다. '삼강(三綱)'은 임금을 향한 충성과 어버이를 향한 효도와 지아비를 향한 정절로 〈충·효·열(忠孝烈)〉을 가리킨다. 1434년(세종 16년) 세종이 편찬을 명한 『삼강행실도(三綱行實圖)』는 손가락을 잘라 그 피를 먹여(斷指, 단지) 죽어 가는 부모의 목숨을 연장한 효자(孝子) 이야기나, 허벅지 살을 베어 먹여(割股, 할고) 남편을 살린 열녀(烈女) 이야기를 뽑아 그림책으로 엮은 것이다. 이런 과정을 거쳐 〈삼강행실도〉는 조선시대 성리학적 지배이념을 주입하는 수단으로 활용했다. 조선여인들의 일생은 「여필종부(女必從夫)·칠거지악(七去之惡)」으로 대변된다. 그중에서도 최고의 미덕은 「절개(節槪)」였다. 열녀(烈女)는 절개가 굳은 여자를 가리키는 말이다. 열녀문을 하사받으면 그 집안 남자들에겐 군역이 면제되고, 큰 포상과 함께 세금 감면의 혜택이 주어졌기에 목숨을 끊도록 강요하거나 의도적으로 살해하는 경우가 많았다. 또한 여성이 재혼하는 경우 자손들의 벼슬길이 막히는 등 법적으로 핍박을 당했다. 조선은 연말이 되면 전국의 관찰사로 하여금 열녀(烈女)를 보고하게 하고, 이를 예조에서 정기적으로 왕에게 아뢰어 정문(旌門, 붉은 문)·정려(旌閭, 붉은 칠을 한 정문)·복호(復戶, 노역을 면제)·상물·면천 등의 혜택을 줌으로써, 부녀자의 정절을 장려했다.

4 ──────── 환향녀(還鄕女)와 호로자식(胡虜子息)

 청의 수도인 심양으로 끌려간 피로인(被擄人, 포로)들은 대략 50~60만 명으로, 그중 여인들이 20만 명이었다. 끌려간 조선인 포로들의 삶은 대부분 비참했다. 절반 이상이 굶주림과 추위에 목숨을 잃었고 일부는 도망치다 잡혀 처형당했다. 간신히 목숨을 부지하고 청나라에 도착한 포로들은 노예시장으로 팔려 나갔다. 청나라는 인질들을 끌고 왔지만 너무 많아서 부담스러웠다. 청 태종 홍타이지는 이듬해 이들을 속환토록 지시한다. 조선 사대부들은 사람을 놓아 흥정했다. 속가(贖價)는 싼 경우 1인당 25냥 내지 30냥이나, 대개의 경우 150 내지 250냥이었고, 신분에 따라 비싼 경우는 1,500냥에 이르렀다. 좌의정 이성구(李聖求)는 아들의 속환가(贖還價)로 1,500냥을 내놓았고, 영의정 김류(金瑬)는 첩과 딸 속환가로 1,000냥을 내놓았다. 조선인 몸값은 수십 수백 배로 뛰었다. 1627년(인조 5년) 정묘호란 당시 속가는 남자 닷 냥, 여자 석 냥 정도였다. 보다 못해 호조와 병조판서를 역임하던 최명길(崔鳴吉)이 심양으로 가서 청 태종과 담판을 했다. 돌아올 때 3만여 명이 그와 함께 귀향했다. 1638년(인조 16년) 5월 1일(『인조실록』 36권) 부제학 이경여(李敬輿), 교리 심동구(沈東龜), 성이성(成以性), 수찬 최유해(崔有海)가 상소문을 올린다. "어찌 강제로 다시 결합하게 하여 사대부의 가풍을 더럽힐 수 있겠습니까. … 비록 일제히 이혼하게 하는 것은 불가하더라도, 재취하거나 그대로 데리고 살거나 하는 것은 마음대로 하게 하는 것이 마땅합니다." 말이 자유의 사이지 멋대로 내치는 것을 합법화하라는 것이다. 패륜(悖倫)을 방치할 수 없는 것이 「사대부(士大夫)의 가풍(家風)」이다. 6월 13일 사헌부와 예조도 이 문제를 제기한다. "정절을 잃은 부인에게 어찌 부모를 섬기고 제사를 받들며 대를 잇게 할 수 있겠습니까." 당시 사대부의 이혼(離婚)은 임금의 허락을 받아야만 가능했다. 병자호란 이후 10년간 돌아온 여인은 2만 5,000여 명에서 약 5만여 명. 사대부들의 건의가 빗발치자, 인조는 인질들이 돌아오는 길목에 있는 홍제천(弘濟川)을 회절강(回節江, 절개를 회복하는 강)으로 삼았다. 환향녀(還鄉女, 고향으로 돌아온 여인)가 그곳에서 몸을 씻으면, 정절(貞節)을 되찾은 것으로 간주해 내치는 일이 없도록 했다. 전국 각 지방에도 회절강이 지정됐다. 1649년 양란 이후 『북벌(北伐)』을 기치로 송시열(宋時烈)·송준길(宋浚吉) 등 서인과 이완(李浣) 등 주전파를 중용한 효종(孝宗, 이호)이, 1649년 창덕궁 인정문(仁政門)에서 조선의 제17대 왕으로 즉위했다. 북벌의 이론적 기반은 주자학의 〈화이론(華夷論)〉이다. 문명의 중심과 변방을 문화적으로 구분하는 이론인데, 남송의 주희(朱熹)는 이를 종족과 지리를 중심으로 차별하여 변질시켰다. 중국의 사방(四方)에 거주하는 이민족을 총칭하던 〈사이(四夷) 또는 이적(夷狄)〉은, 한족(漢族)을 제외하고 모두 오랑캐로 일컫던 말이다. 서융(西戎)은 개로 토번(吐蕃, 티베트)과 위구르(維吾爾, 웨이우얼)를, 남만(南蠻)은 벌레로 안남(安南, 베트남)을, 북적(北狄)은 이리로 흉노(匈奴)·몽골(蒙古)·선비(鮮卑)·돌궐(突厥, 투르크)이며, 동이(東夷)는 여진(女眞, 만주족)·거란(契丹, 요나라)·예맥(濊貊)이다. 주자의 어록을 집대성한 『주자어류(朱子語類)』에 의하면 〈이적(夷狄)〉은 인간이 아니고 인간과 금수의 중간에 속하는 존재였다. 조선 선비들은 이 차별적인 〈화이론(華夷論)〉을 명·청 교체기에도 적용했다. 조선에 은혜를 베푼 한족(漢族)인 명나라는 중화(華)로, 조선에 치욕을 안긴 만주족(여진족)인 청나라는 오랑캐(夷)라 여겼다. 원래 오랑캐는 헤이룽장성(黑龍江省) 지역에 거주하던 몽골계 부족 〈우량하이(兀良哈, 올량합)〉에서 온 말이지만, 당시 조선에서는 몽골과 여진을 구분하지 않고 모두 오랑캐라고 불렀다. 『효종(孝宗)』은 봉림대군이던 시절, 강경 주전론자들과 함께 8년 동안 청나라에 포로로 잡혀 있었다. 그는 왕이 되자마자 환향녀의 소박을 자유화한다. 평민 가정에서도 며느리를 내치기 시작했다. 환향녀에 대한 손가락질은 집안에서 시작되어 동네로 번

져갔다. 환향녀의 이에 빨간 칠·까만 칠을 해서, 사람들과 마주할 수 없도록 한 마을도 있었다. 집안의 환향녀는 들보에 목을 매거나 칼로 손목을 그었다. 내쳐진 여인들은 회절강에 몸을 던졌다. 홍제천(弘濟川) 모래내에는 여인들의 주검이 하얗게 널려 있었다고 한다. 그렇게 간 여인이 1만여 명에 이르렀다. 그렇지 못한 경우는 기녀(妓女)로 전락해, 서대문 밖에서 술과 몸을 팔았고, 청국사람들과 심양으로 돌아가는 여인들도 있었다. '남자를 밝히는 여자의 바람기'라는 뜻을 지닌 '화냥기'는, 임진왜란과 병자호란 이후 절개를 잃고 고향으로 돌아온 여성을 뜻하는 「환향녀(還鄕女)」에서 유래된 말이며, 『조선왕조실록』에는 이들을 '속환인(贖還人)'이라 기록하고 있다. 또한 그들이 낳은 아이들을 오랑캐의 자식이라며 '호로자식(胡虜子息)'이라고 천대했다. 조선의 못난 사내들은 자신들의 무능 때문에 능욕(凌辱)당한 아내와 딸들을 화냥년이라고 멸시하고 핍박했다. 조선은 태종부터 효종에 이르기까지 9회에 걸쳐 공녀(貢女) 146명을 진상했다. 명 태종(영락제)의 경우 5명의 조선인 공녀를 후궁으로 두었는데, 그중 공헌현비 권씨(恭獻賢妃 權氏)가 특히 아름다우며 시도 잘 짓고 퉁소도 잘 불었다고 명나라 기록에 전한다. 1408년 (태종 8년) 4월 태종은 명나라에 진상할 공녀 선발을 담당할 진헌색(進獻色)이란 관청을 설치하고, 전국에 금혼령을 내려

13~25세의 양가에서 공녀로 보낼 처녀를 뽑도록 했다. 각 도에서 처녀 30명이 뽑혀 한양으로 이송됐다. 부모 3년 상을 당한 자나 무남독녀를 제외한 7명이 경복궁의 최종 심사대에 섰다. 하지만 중국 사신은 미색이 없다며 관리를 곤장 치려 했다. 그해 11월 사신들은 최종 선발된 공녀 5명을 데리고 명나라로 돌아간다. 세종 때도 예외가 아니었다. 세종 12년인 1430년까지 74명의 공녀가 명나라에 보내졌다. 조선 공녀의 역사는 중종(中宗) 때까지로 이어진다. 공식적으로 영락제(永樂帝, 재위 1402~1424년)와 선덕제(宣德帝, 재위 1425~1435년) 치하에서 7차례에 걸쳐 114명이 국경을 넘어 명나라로 끌려간다. 나라가 힘이 없어 겪을 수밖에 없었던 여인의 슬픈 수난사가 아닐 수 없다.

VI. 조선의 사회상

1. 세종과 노비제도

 세종(世宗)이 누구인가? 그는 훈민정음(訓民正音)을 창제하고, 우수한 금속활자를 만들었으며, 측우기·자격루·해시계 등 과학기구를 발명했고, 역사·농업·음악 등 각 분야를 대표하는 성과물을 책으로 편찬했다. 세종 15년, 압록강 지역에 최윤덕(崔潤德)을 보내 4군(四郡)을 설치하고, 세종 16년에는 두만강 지역에 김종서(金宗瑞)를 파견해 6진(六鎭)을 개척하여, 오늘날의 압록강과 두만강을 경계로 한 국경선을 확장한 성군(聖君)이다. 이런 성군에게도 단점이 있다. 세종은 "수랏상에 고기반찬이 없으면 상을 쳐다보지도 않았다"라는 말이 나올 정도로, 육식을 지나치게 좋아해 비만했다. 임금이 초가집에서 살고 고기반찬을 금함으로써 하늘에 속죄해야 하는 가뭄 때에도 고기반찬을 거르지 않았다. 운동도 거의 하지 않아 아버지 태종이 직접 세종의 비만 체형을 지적한 적도 있다. "주상은 몸이 비중하니 가끔 밖에서 놀기도 해야 하므로 사냥을 함께 하면서 무사를 강습하려 한다(세종 원년 10월 9일)." 그러나 그는 식욕뿐 아니라 성욕도 왕성해 왕비(소헌왕후) 외 6명의 후궁에 18남 4녀를 두었다. 성병 중 하나인 임질(淋疾)에 걸려 평생 고생하기도 했으며 몸은 비대했지만 움직이는 것이나 운동을 좋아하지 않았기에 종기(背浮腫)·소갈증(消渴症, 당뇨병)·풍질(風疾) 등을 앓았다. 재위 32년 중 20여 년간은 시각 장애를 겪었으며, 40대 중반부터는 어두운 데서 지팡이 없이 걷기도 힘들었다. 세종은 사망 1년 전인 53세부터는 언어장애를 겪었고, 8개월 동안은 거의 앞을 보지 못했다. 1442년(세종 24)부터 병상에 누워 국정을 다스릴 수 없게 되자, 세자 향(珦)에게 8년간 대리청정토록 했다. 그런데 이때 세종이 취한 조치가 훗날 분란의 씨앗이 되었다. 병약한 세자를 다른 왕자들로 하여금 보조토록 한 것이다. 『세종실록』세종 26년 2월 16일. 한자 발음 사전인 『고음운회거요(古今韻會擧要)』를 훈민정음으로 번역하는 문제로 "동궁(세자)과 수양대군 이유(李瑈), 안평대군 이용(李瑢)에게 그 일을 관장하도록 하여"라고 말한다. 정치적 야심을 가진 수양과 안평을 국정 운영에 참여시킨 것이다. 이를 계기로 세종 사후 3년인 1453년(단종 1년) 10월 10일 수양대군 이유(首陽大君 李瑈)가 쿠데타를 일으킨다. 황보인(皇甫仁)·김종서(金宗瑞) 등 수십 인을 살해하고 단종(端宗, 1441~1457, 재위 1452~1455년)까지 제거한 『계유정난(癸酉靖難)』이다. 자식 사랑이 지나쳤던 세종의 이런 조치가 비극을 초래하는 단초가 됐다.

1420년(세종 2년) 9월 13일 예조판서 허조(許稠)의 건의에 따라 부민이 수령의 죄를 고발하지 못하게 하는 〈부민고소금지법(部民告訴禁止法)〉이 제정된다. 이 법을 제정한 목적은, 사리에 맞고 안 맞는 것을 불문하고 아랫사람이 윗사람을 능멸하는 것을 금지함으로써 상하존비의 명분을 확립하고자 함에 있었다. 수령은 백성의 부모이고 백성은 수령의 자식인데 자식으로서 부모를 고소할 수 없다는 〈해괴한 논리(?)〉를 적용하여 매우 아름다운 법이라고 보았다. 또한 1422년(세종 4년) 2월 3일 역시 허조(許稠) 등의 건의에 따라 노비가 주인을 고소할 경우 참형에 처한다는 〈노비고소금지법(奴婢告訴禁止法)〉이 제정된다. 이 법으로 향리와 서리가 관리와 품관을 고발하고 이민이 감사와 수령을 고발하면 장형 100대, 유형 3,000리에 처하고 고발은 수리하지 않는 것으로 정해졌다. 이 법안은 1426년(세종 8년) 편찬한 『신속육전(新續六典)』에 수록된다. 물론 태종이 선위 후에도 4년간 상왕으로서 국정을 감독하고 있었기에 모든 책임을 세종에게 돌릴 수 없지만, 세종의 친정시기였던 1431년(세종 13년), 기생(妓生)이 모자라니 기생의 딸을 기생으로 삼자는 형조의 건의를 수용한다. 〈천자수모법(賤者隨母法)〉 즉, 종모법(從母法)에 따라 기생도 노비와 마찬가지로 한번 기적에 오르면 기생의 딸은 기생으로 기생의 아들은 관노로 삼는 신분세습의 율이 이때 정해졌다. 나아가 세종 19년(1437년) 세종은 북방을 지키느라 수고가 많은 군사를 위로하기 위해 기생을 배치하라고 지시한다. 세종이 함길도관찰사 김종서(金宗瑞)에게 명령을 내리면서 기생의 변방군사 위무는 공식화됐다. "옛날에 변진에 창기를 두어 아내 없는 군사들을 접대하게 하였는데 그 유래가 오래되었다. 지금도 변진과 주군에 또한 관기를 두어 행객을 접대하게 하는데 더군다나 도내의 경원·회령·경성 등의 읍은 본국의 큰 진영으로 북쪽 변방에 있는데 수자리 사는 군사들이 가정을 멀리 떠나서 추위와 더위를 두 번씩이나 지나므로 일용의 잔단 일도 또한 어렵게 될 것이니 기녀를 두어 사졸들을 접대하게 함이 거의 사의에 합할 것이다" 하였다(『세종실록』 75권, 세종 18년 12월 17일). 그리하여 평안도 영변부에 기생 60명을 둔 데 이어 큰 감영이나 군영에는 100여 명씩의 기생을 두었다. 전국 330여 군현도 앞다투어 관비를 보유했는데 그 수가 수천 명에서 1만여 명에 이르렀다고 한다. 기생의 역할은 관아의 연회에 나가 노래하고 춤추고 빈객의 침실에 들어 성 접대를 하는 것이다. 그렇게 하여 자식을 낳아도 남자는 양육의 의무도, 책임도 지지 않았다. 다만 속신(贖身)이라 하여 양민 부자나 양반의 소실이 되는 경우, 재물로 대가를 치러 줌으로써 천민의 신분을 벗어날 수 있었다. 또한 기생이 병들어 제구실을 못하거나 늙어 퇴직할 때 그 딸이나 조카딸을 대신 들여놓고 나오는데, 이를 〈대비정속(代婢定屬)〉이라 했다. 춘향전(春香傳)에서 춘향(春香)이 이도령을 만날 때는 기생(妓生)의 신분이고, 변부사를 만날 시점에는 대비정속(代婢定屬)한 것으로 나온다. 조선 후기의 무관 노상추(盧尙樞, 1746~1829)가 남긴 『노상추일기』에 따르면, 그는 무과급제 직후인 1787년 삼수갑산(三水甲山)의 진장(鎭將)으로 파견되어 도착하자마자 수발을 들어 줄 수청기(守廳妓)를 찾았다. 수청은 하룻밤 동침을 의미하기도 하지만, 지속적인 성관계를 포함한 현지처 역할을 뜻하기도 한다. 부임 두 달 만에 갑산부 소속 기생 석벽(惜壁)을 알게 됐다. 당시 노상추는 40세가 넘었고, 석벽은 16세였다. 그러나 갑산부에서 이런저런 핑계를 대자 "내가 하급 무관에 불과하기 때문에 부에서 들어주지 않는 것"이라며 분통을 터뜨렸다. 그러면서 속으로는 '끝내 내 청을 안 들어줄 수 없을 것'이라고 믿었다. 그것은 '변방 관직자의 수발은 국가의 책임'으로 결국 그는 석벽을 수청기로 삼았다. 1년 8개월 후에는 딸까지 얻었다. 돌아갈 때 혼자만 돌아가는 게 원칙이었으나 1790년(정조 14년) 3월 부임지 갑산을 떠날 때 그들을 대동했다. 1793년 삭주부사(朔州府使)로 발령받아 가는 중에 평안도 박천(博川)을 들렀다. 그곳에서 천고(賤姑, 천인 신분의 고모)를 만났다. 할아버지가 박천에서 근무할 때 수청기

(守廳妓) 춘대선과의 사이에서 낳은 딸이다. 수청기였던 춘대선은 계속 기생 노릇을 했고, 당시 82세인데 지난 59년간의 일을 다 설명할 정도로 총기가 좋았다. 그 딸인 천고는 기생으로 있다가, 당시에는 탁선달의 첩이 되었다. 또 천고의 딸 역시 기생으로 이름이 계월이다. 기생은 기생을 낳고 그 기생은 또 기생을 낳았다. 조선시대에는 기생의 딸들이 기생이 되었다. 기생의 역사는 중국 한(漢) 무제(武帝)가 군사를 위로하기 위해 군영에 창기를 둔 것이 그 시작이지만, 중국의 기생은 세습이 아니라 직업여성이었다. 국가가 특정 부류의 여인에게 성 접대의 역할을 세습시킨 사례는 세계사에도 희귀하다. 고려시대에도 기생은 있었지만 그 신분이 세습되지 않았다.

1432년(세종 14년)에는 맹사성(孟思誠)·권진(權軫)·허조(許稠) 등의 주청에 따라, 1414년(태종 14년)부터 시행되던 노비종부법(奴婢從父法)이 폐지되고 〈노비종모법(奴婢從母法)〉이 도입된다. 이에 따라 노비의 수가 크게 증가한다. 태종 때만 해도 양인과 노비의 결혼을 금지해 노비 인구의 팽창을 막았고, 양인 남성과 노비 여성 사이에 자식을 낳으면 양인으로 했는데, 세종은 이를 뒤집어 모두 노비로 했다. 세종은 노비종부법(奴婢從父法)에 대해 "그것은 옳지 않다. 국가가 법을 세우는데 어찌 종(상것)으로 하여금 양녀에게 장가들게 규정할 수 있겠는가. 내 생각에는 양민과 천민이 서로 관계하는 것을 일절 금단시키고, 만약 범법하는 자가 있거든 율에 의거하여 처벌하되 그 범법 행위로 인하여 낳은 자녀는 다 노비가 되게 하는 것이 사리에 맞고 유익하지 않겠는가", "지금에 이르러서는 사비(私婢)가 천인 남편에게 시집가서 낳은 자식을 양민을 만들고자 하여 양인을 끌어들여 그것이 아이의 친아비라고 일컬으니 이것으로 인하여 그 아비를 아비로 하지 않아 윤상을 파괴하며 어지럽히게 된다. 이것은 오늘의 큰 폐단이니 바로잡지 않을 수 없다"고 하였다. 또 맹사성(孟思誠)·권진(權軫)·허조(許稠)·정초(鄭招) 등을 불러 의논하기를 "내가 즉위한 이래로 조종께서 이미 이루어 놓은 법은 고치지 않으려고 마음먹었으며, 만약 부득이한 일이 있을 경우에만 여러 번 고친 일이 있다. 그러나 노비에 대한 법은 아직 고친 일이 없다. 다만 공·사비로서 양민에게 시집가서 낳은 자녀는 양민으로 처리한다는 법은 대신들이 그것의 옳지 않음을 말하는 이가 많았으나 내가 듣지 않았는데, 이제 다시 생각하니 공·사의 천비가 자주 그 남편을 바꾸어 양민과 천민을 뒤섞기 때문에 어느 남편의 자식인지 분명히 가려내기가 어려운 경우가 있을 것이다. 이런 일로 인하여 제 아비를 아비로 하지 아니하는 윤상(倫常)을 패란(敗亂)하는 일이 생기게 될 것이니, 어떻게 하면 위로 태종께서 이루어 놓은 법에 위배되지 아니하고 아래로 인륜의 바른 길을 파괴하는 일이 없게 할 수 있을 것인지 각기 충분히 의논하여 보고하라"라고 말한다(『세종실록』 55권, 세종 14년 3월 15일). 세종의 이런 의식에는 '노비의 더러운 피가 단 한 방울이라도 섞이면 노비'라는 「극단적 순혈주의(純血主義)」가 숨어 있는 것은 아닐까? 결국 조선 최고의 법전인 『경국대전』에 노비의 신분은 모계를 따르되 부모 한쪽이 노비이면 모두 노비가 되도록 법제화되었으며, 1731년(영조 7년) 양인 남성과 노비 여성 사이에 낳은 자식을 양인으로 삼을 것을 확정할 때까지 이 〈노비종모법(奴婢從母法)〉은 그대로 적용된다.

조선은 전체 인구에서 30~40% 이상이 노비였다. 신분제 사회인 조선에서 노(奴)는 사내종 비(婢)는 계집종이며, 긴소리 종(從)은 노비(奴婢)를 총칭하는 말이다. 노비제가 어느 때부터 존재했다고 단언할 수 없지만 고조선 『8조법금(八條法禁)』의 "도적질한 자를 거두어 노비로 삼는다"는 조문을 그 시작으로 본다. 부여(夫餘)의 법률에는 "살인자의 가족은 노비로 삼는다"고 했다. 삼국시대에는 전쟁 포로나 특정 범죄자, 채무자와 극빈자들이 노비가 되는 경우가 대부분이었다. 일본의 동대사(東大寺, 도다이지)에 소장되어 있는 「신라촌

락문서(新羅村落文書)」에 보이는 4개 촌락의 총 인구는 442명 이었는데, 이 중 노비는 25구로 전체 인구의 5.6%에 불과하다. 고려 건국 후 최초로 단행한 노비시책은 〈노비안검법(奴婢按檢法)〉의 시행이었다. 이것은 호족 세력을 억압하고 왕권을 강화하기 위해, 956년(광종 7년) 귀족들이 불법으로 소유한 노비를 조사 해방시키자는 것이었다. 그 뒤 노비안검법에 의해 해방된 노비 중 불손한 자가 있으므로, 987년(성종 6년) 다시 〈노비환천법(奴婢還賤法)〉을 시행한다. 고려시대의 공노비는 전쟁 포로에서 얻어지는 경우도 있었지만, 대부분 반역·적진 투항·이적 행위 등을 행한 중대한 범죄자나 그 가족 및 사노비가 관몰됨으로써 이루어졌다. 조선시대인 1663년(현종 4년)에 만들어진 한성부 호적에는 73%가 노비였다. 노비가 전체 인구의 절반(50%)을 차지한 때도 있었다. 현재 전하는 상속 문서에서 가장 많이 노비를 소유한 사람은 홍문관 부제학(정3품)을 지낸 이맹현(李孟賢, 1436~1487)으로 무려 758구(口)에 달했다. 또 의정부 좌찬성을 역임한 안동의 명문 권벌(權橃, 1478~1548)은 317구(口)였고, 해남의 윤두수(尹斗壽, 1533~1601)도 584구(口)의 노비를 후손에게 물려주었다. 퇴계 이황(退溪 李滉, 1501~1570년)이 상속한 노비도 367구(口)였다. 한양에 사는 미관말직의 양반관료도 평균 100구 정도의 노비를 소유했고, 관직이 높아지면 수백 구쯤은 보통이었다. 1392년(태조 원년) 개국공신 2등에 책훈되었던 홍길민(洪吉旼, 1359~1407)과 세종 때 세종과 사돈인 안망지(安望之, 정의공주의 시아버지)의 처 허(許)씨와 문종 때 경창부윤(慶昌府尹) 유한(柳漢, 그의 처 박씨는 정의공주의 양모) 등은 1,000여 구(口)의 노비 등을 소유했고, 왕족이면 보통 수천 구였는데 세종의 5남인 광평대군 이여(李璵)와 8남 영응대군 이염(李琰)은 각각 1만 구가 넘었다고 한다. 이러한 노비 증가에 세종의 책임이 없다고 말할 수는 없다. 1918년 김택영(金澤榮)이 지은 역사서인 『한사경(韓史綮)』에 세종을 가리켜 "(세종은 태종이 시행한) 서얼금고법을 풀지 못했고 군포법(軍布法)을 부활시킬 수도 없었다. 문무를 함께 양성하고 농상을 일으키지도 못했다. 지금 세종이 남긴 업적은 유술을 숭상하고 빈유를 편안히 한 것에 불과할 따름이다. 이것은 모두 고루하고 고식적인 황희(黃喜)와 허조(許稠) 같은 무리가 잘못한 까닭이다. 황희와 허조는 혁혁한 사업이 없고 옛 제도만 삼가 지켰을 뿐이다"라고 탄식한다. 우리는 1965년부터 세종의 탄신일(誕辰日)인 5월 15일을 『스승의 날』로 기념한다. 과연 그는 겨레의 스승인가? 훈민정음(訓民正音)의 서문에 나오는 그 '어린 백성'은 과연 누구인가? 그의 할아버지(태조 이성계)와 아버지(태종 이방원), 아들(세조 이유) 모두 쿠데타로 집권했다. 이 과정에서 희생된 이들의 신원(伸冤) 회복도 세종(世宗)조에서는 찾아보기 힘들다. 만약 이들의 죄악에 대한 조금의 반성이라도 선행되었다면, 최소한 삼촌(세조)이 조카(단종)를 죽이는 패륜적 비극은 발생하지 않았을 것이다. 조선의 제4대 왕 세종(世宗, 李祹, 재위 1418~1450년, 31년 7월)은 소갈증(당뇨)과 풍질·부종·임질·수전증으로 고생하다 1450년(세종 32년) 2월 17일 피접(避接) 나간 안국방 영응대군의 저택인 동별궁(東別宮, 현재 종로구 율곡로 풍문여고 터)에서 55세의 일기로 별세한다. "임금이 영응대군집 동별궁에서 훙하다(『세종실록』127권, 1450년 2월 17일)."
※ 왕조실록에 천자의 죽음은 붕(崩), 왕이나 제후는 훙(薨), 궁첩은 졸(卒)이라 표현한다. 이에 따라 왕세자 이향(李珦, 당시 37세)이 세종 사후 엿새 후인 2월 22일 빈전 밖 장막전(帳幕殿)에서 제5대 왕으로 즉위한다. 3월 10일에는 '세종(世宗)'이라는 묘호가 올려졌다. 3월 13일 예조판서 허후(許詡)와 공조판서 정인지(鄭麟趾)는 대행대왕은 창업이나 중흥한 임금이 아니니, 세종(世宗)이란 묘호가 합당치 않다며 문종(文宗)으로 고치자는 이견을 제시한다. 그러자 왕(李珦, 문종)은 교활한 정인지(鄭麟趾)가 단순한 허후(許詡)를 격동시켜, 세종을 폄하하려는 의도라 판단 북방을 개척하고 확장한 공로가 있으니 세종(世宗)의 묘호가 조금도 부당하지 않다고 일축한다. 유교의 경전인 예기(禮記)에는 "나라를 세운 자는 '조(祖)' 계승한 자는 '종(宗)'이 된다"는 조종원칙이 명시되어 있다. 문

종(文宗, 재위 1450년 3월~1452년 5월)은 조선왕조에서 적장자로 왕위에 오른 최초의 왕이며 묘호에 걸맞게 문장과 글씨에 걸출했다. 그러나 안타깝게도 왕위에 오른 지 불과 2년 3개월 만인 1452년(문종 2년) 5월 39세의 젊은 나이로 사망한다.

2 ──────────── 못 말리는 자식 사랑

　세종이 끔찍이도 편애했던 영응대군(永膺大君)은 38살의 세종과 40살 소헌왕후 심씨 사이에 태어난 여덟 번째 아들이자 막내아들이다. 영응대군 이염(李琰)은 안국방(安國坊)의 저택에다, 재물 또한 누거만(累巨萬)이었다. 막내아들을 무척이나 사랑했던 세종의 유언으로 내탕고(內帑庫)의 모든 보물을 받게 된 영응대군은, 노비 1만 명을 거느리는 거부였다(영응대군 이염의 졸기(卒記)). "세종이 일찍이 내탕고의 진귀한 보물을 염에게 모두 주려고 하다가 이를 하지 못하고 훙(薨)하였으므로, 문종(文宗)이 즉위하고 얼마 있다가 내탕고의 보물을 내려 주어 그 집으로 다 가져갔다. 이로써 어부(御府)의 대대로 전해 내려오던 보화가 모두 염에게로 돌아가니, 그 재물이 누거만(累巨萬)이 되었다." 『세조실록』 41권, 1467년(세조 13년) 2월 2일 기록이다. 세종 27년 4월, 세종은 영응대군의 혼례를 거행했다. 막내며느리인 송씨(宋氏)는 대방부부인(帶方府夫人)에 책봉되었고, 안국동에 살림집이 마련됐다. 혼인 3년째인 1449년(세종 31년) 6월, 세종은 막내며느리 송씨를 아무런 죄도 없이 단지 병이 들었다는 이유로 쫓아낸다. 쫓겨난 송씨는 친오빠 송현수(宋玹壽, 후일 단종 비 정순왕후의 아버지)의 집에 옮겨 살았다. "세종이 일찍이 송복원(宋復元)의 딸을 택하여 배필로 삼았는데, 송씨가 병이 있어서 세종이 명하여 그를 버리게 하고 정충경(鄭忠敬)의 딸에게 다시 장가들게 하였다. 세종이 승하하자, 염이 송씨를 그리워하여 정씨를 내쫓고 송씨와 다시 합하여 살았다. 처음에 군부의 명령 때문에 송씨를 버렸고, 정씨는 또한 버릴 만한 죄가 없는데도 사랑과 미움으로 내쫓고 받아들였으므로, 당시의 의논들이 이것을 단점으로 삼았다."『세조실록』41권, 세조 13년 2월 2일, 영응대군 이염의 졸기에 있는 내용이다. 참으로 못 말리는 자식사랑이다. 영응대군 이염(李琰, 1434~1467)은 부인 셋을 두었다. 송복원(宋復元)의 딸 여산 송씨와는 길안현주 이억천(李億千)을 낳아 구수영(具壽永)에게 출가시켰고, 정충경(鄭忠敬)의 딸 해주 정씨와는 소생이 없었고, 김영철(金永轍)의 딸 연안 김씨 사이에는 청풍군(淸風君)과 2녀를 두었다. 17세에 아버지 세종을 잃은 영응대군은 이염(李琰, 1434~1467)은 정치에 관여하는 일 없이 34세의 이른 나이에 자택에서 별세했다. 경기도 시흥시 군자동에 묘가 있다. 영응대군이 죽고 난 뒤 대방군부인 송씨(帶方府夫人 宋氏, ?~1507)는 절을 짓고 승려를 가까이 했는데, 군장사(窘長寺)의 주지로 있는 학조(學祖)와 사통했다는 이야기를 사관 김일손(金馹孫)이 사초(史草)에 적어 무오사화(戊午士禍)의 원인이 되기도 했다. 그런데 영웅대군의 외아들인 청풍군 이원(李源, 1460~1504)은 천하의 난봉꾼이었다. 그는 정희왕후(貞熹王后 尹氏, 세조의 부인)의 부음(訃音)을 듣고도 기생 호남월(湖南月)과 간통한 것도 모자라, 연적인 전 부평부사 김칭(金偁)과 7촌 숙부의 첩기인 홍행(紅杏)을 두고 다투느라 길거리에서 머리털을 쥐어 잡고 때리며 싸우다 왼손을 물리는 등 추태를 부렸다. 청풍군은 이 일로 유배형의 처벌을 받았다. 하지만 못 말리는 난봉꾼 기질은 유배지에서도 유감없이 발휘된다. 유배지에서 청상과부를 강간한 것이다. 그는 이 일로 다시 유배지를 옮겼지만 그 곳에서도 남의 논밭과 우마를 빼앗는 등 완악(惋愕, 깜짝 놀람)한 짓을 저질렀다. 사헌부와 사간원에서 탄핵 상소가 빗발쳤지만, 성종은 "청풍군은 세종의 손자이며 영웅대군의 외아들이다. 영웅대군의 부인 송씨가 제사를 받들기를 부탁했기 때문에 특별히 사면한다"며 봉사손(奉祀孫, 조상의 제사를 맡아 받드는 자손)을 이유로 사면했다(『성종실록』138권, 성종 13년 2월 1일). 세종의 다섯째 아들인 광평대군 이여(廣平大君 李璵)는 동지중추부사 신자수(申自守)의 딸과 결혼하여 영순군 부(永順君 溥)를 두었으나 1444년(세종 26년) 창진(瘡疹, 천연두)을 앓다가 20살에 요절했다. 그의 부인 신씨(申氏)는 광평대군 묘 부근에 있던 견성암(見性庵)을 원당(願堂)으로 삼아 토지와 노비 절반을 희사해 대대적인 중창불사를 벌였다. 실록에 따르면 "높은 집과 아로새긴 담에 금벽(金碧)이 빛나고 승려 300~400명이 재를 닦고 경을 읽기를 하루 종일 그치지 아니하였다"고 한다. 이 절에는 1,000여 명의 노비와 70결의 토지가 속해 있었다. 70결은 1,983,471.07m²(60만 평)에 달하는 면적이다. 왕실의 토지를 대거 소유한 이 암자는 후일 봉은사(奉恩寺)라는 이름으로 재탄생된다. 강남 수서동 부근 광평대군 무덤과 가까운 거리의 재사(齋舍). 창건 당시 99칸 규모로 현재 500년 역사를 간직한 광평대군의 고택은 종가에서 운영하는 필경재(必敬齋)라는 고급한정식집으로 바뀌었다. 효종 때 우의정을 지낸 광평대군 7대손 이후원(李厚源)의 사랑채였던 〈필경재(必敬齋)〉 안채 긍지실(兢持室)에서 인조반정에 참가한 수백 명의 군복을 만들었고, 수십 회의 전략회의가 이루어졌다. 집 뒤에 있는 43만m²(13만 평) 묘역에는 700여 기의 묘지가 보존되어 있다. 한식당은 큰길가에 있고 종가 입구는 수서동 성당과 수서 소방파출소를 지나 골목 안쪽에 있다.

3 신분제 사회

조선왕조는 출신 신분이 인간의 운명을 좌우하던 시대였다. 양반과 노비는 태어나면서 결정됐고, 그 신분은 세습됐다. 양반 신분에 속한 사람만이 과거(科擧)나 음서(蔭敍, 조상의 음덕에 따라 자손을 관리로 서용하는 제도)를 통해 관리로 진출해 국사에 참여할 수 있었다. 조선의 과거제의 소과인 생원시(生員試)는 유교경전에 관한 지식을 묻는 시험이고, 진사시(進士試)는 문학적 재능을 묻는 시험이다. 소과를 통과한 사람은 성균관 입학 기회가 주어졌고, 3년마다 임금 앞에서 복시(覆試) 합격자 33명을 대상으로 전시(殿試)를 치르는데, 갑과 3명·을과 7명·병과 23명을 등수를 매겨 갑과 1위가 장원(壯元), 갑과 2위가 아원(亞元), 갑과 3위가 탐화랑(探花郎)으로 이 시험을 '책문(策文)'이라고 하였다. 종이가 없던 시절 대나무 조각(죽간, 策)에 문제를 써서 응시자에게 주면(策問), 응시자가 이에 대한(對) 생각을 적은 대나무(策)를 제출했다. 이것이 '대책(對策)'이다. 합격자의 평균 연령은 35살 내외로 보통 5살 때 과거 공부를 시작한다면 무려 30년을 공부해야 겨우 합격할 수 있었다. 합격자는 관복에 어사화를 꼽고 서울 장안을 사흘씩이나 돌아다니며 축하잔치를 열었다. 장원 급제자는 곧바로 참상관(參上官, 종6품)으로 기용되었다. 종9품에서 관직 생활을 시작하는 다른 급제자보다 적어도 7년 이상 앞서는 셈이다. 게다가 이조·병조·사간원·사헌부·홍문관 등 핵심권력기관인 이른바 청요직(淸要職)에서 출발할 수 있었다. 이러한 입신양명을 위한 수단이 바로 학문이었고 그 시험과목이 성리학(性理學)이었다. 입시교재인 대학(大學)과 중용(中庸) 한 권 값이 상면포(常綿布, 중질포) 서너 필이라 이를 감당하지 못하는 가난한 선비는 꿈을 접어야 했다. 유생이 과거에 응시할 때 응시자의 신원을 확인하는 근거자료로 사조단자(四祖單子)를 내야 했고, 사조(四祖: 아버지, 할아버지, 증조할아버지, 외할아버지) 가운데 알려진 관직자(官職者)가 없으면 지방에 사는 보단자(保單字, 6품 이상 관리가 서명한 신원보증서)와 경재소(京在所, 지방의 유향소를 통제하기 위해 설치한 중앙기구) 3명, 서울에 사는 보단자와 호부의 관원 3명한테 추천을 받아 제출해야만 응시를 허락했다(『중종실록』 35년 8월 20일). 조선 500년 동안 문과 합격자는 1만 4,600여 명에 불과했다. 관직 수는 『경국대전(經國大典, 1485년 반포)』을 기준으로 서울과 지방의 문·무·잡직을 통틀어 5,000~6,000여 직 정도였는데 그중에서도 핵심요직은 100여 개의 당상관을 포함하여 300자리 정도였다. 조선은 587년 수(隋)나라에서 처음 시행된 과거제도(科擧制度) 같은 능력주의의 원칙을 들여와 놓고도, 그

것을 엘리트 월권에 제약을 가하기는커녕 괄목할 만한 방식으로 엘리트 지배를 강화하는 데 사용했다.

조선은 폐쇄적인 농본(農本)사회였다. 조선의 국부(國富)는 농작물을 생산하는 토지와 인구의 3분의 1이 넘는 노비에 의해 유지되었다. 노비 중 10분의 1인 공노비(公奴婢)는 왕과 왕실 그리고 관청의 손발 노릇을 했고 나머지 사노비(私奴婢)는 양반들 소유의 노동력이었다. 양반 사대부는 군역을 면제받았고 지주계급으로서 노비를 소유해 육체노동에서 완전히 벗어나 있었다. 토지 규모가 커서 노비의 노동력만으로 모두 경작할 수 없으면 그 주변 농민들과 생산량을 절반(2분의 1)씩 나누어 가지는 소작(小作)을 시켰다. 1484년(성종 15년) 8월 도망간 노비를 추쇄하는 '추쇄도감(推刷都監)'의 통계에 따르면 조선 인구 340만 명 중 공노비는 35만 명이었다. 서울과 지방의 공노비는 26만 1,984명, 공문서 전달과 숙박, 관물의 수송을 돕는 역참노비가 9만 581명이었다. 실학자 이긍익은 『연려실기술(燃藜室記述)』 별집 노비(奴婢) 편에 "우리나라에서 군역에 해당하는 자는 겨우 15만 명인데 사삿집 종이 40만 명이나 된다"고 기록하고 있다. 임진왜란 때 의병장 조헌(趙憲)이 성절사(聖節使, 명 신종의 생일 축하)의 질정관(質正官)으로 북경을 다녀온 후 올린 『동환봉사(東還封事,

1574년)』에서, 출신 성분을 따지지 않고 인재를 등용하는 명나라 제도를 본받자고 제안하며 조선에서도 공·사노비를 양민화(良民化)하여 징병자원을 증대시킨다면 20년 뒤에는 100만 명의 정예 병사를 가질 수 있다고 주장한다. 중국은 이미 송(宋, 960~1279년)나라 때부터 신분 차별이 크게 완화되어, 북송(北宋, 960~1126년) 초기부터는 누구나 과거시험에 응시할 수 있었다. 임진왜란 직후 노동력이 부족하던 1620년(광해군 12년)에는 노비에게 무과 응시자격을 주려는 움직임이 있었다. 그런데 사헌부(司憲府)가 반대했다. 그들의 반대논리는 "참으로 통탄스럽습니다. 대저 노비와 주인 구분은 곧 군신의 의리입니다. 구분이 없으면 의리가 없어지고 삼강이 없어지게 되는데 삼강이 없으면 무엇으로 나라를 다스리겠습니까?(誠可痛也. 夫奴主之分 卽君臣之義也. 無此分則無此義 而三綱滅矣 國無三綱 何以爲國)(『광해군일기』 1620년 1월 11일)"였다. 청나라를 다녀온 실학자 초정(楚亭) 박제가(朴齊家)는 조선이 가난한 것은 사대부만을 중시하고, 상업과 무역이 부진한 탓이라고 비판한다. 상공업이 발전해야 나라가 부강하고 재물이 풍성해야 예의와 염치를 안다고 지적했다. 조선의 노비제도는 전쟁포로나 이민족(異民族)이 아닌 국가가 법을 제정해 자국 백성을 노비로 삼는 일로, 세계사에서도 유례가 드문 일이다. 그것은 부모의 어느 한쪽이 노비일 경우 그 자녀가 노비가 되는 종천법(從賤法) 즉 일천즉천(一賤卽賤) 제도 때문이다. 성호(星湖) 이익(李瀷)은 그의 저서 『성호사설(星湖僿說)』에서 "우리나라 노비의 법은 천하고금에 없는 법이다. 한번 노비가 되면 백세도록 고역을 겪으니 그것도 불쌍한데 하물며 법에 있어서 반드시 어미의 신역(身役, 몸으로 치르는 노역)을 따름에 있어서랴"며 그 부당함을 들어 폐지할 것을 주장했다. 반계(磻溪) 유형원(柳馨遠)도 1670년에 발간한 『반계수록(磻溪隧錄)』에서 "중국에 비록 노비가 있으나 모두 범죄자로 몰입된 자이거나 스스로 몸을 팔아 남에게 고용된 자뿐이며 그 족계에 의해 대대로 노비로 삼는 법은 없었다. 죄도 없는 자를 노비로 삼는 법은 옛날에도 없었고 죄를 지어 노비가 된 자라도 후사에게까지 형벌을 주는 것은 부당하다. 우리나라는 노비를 재물로 여기는데 대저 같은 사람이면서 어찌 사람을 재물로 삼을 이치가 있는가?"라고 비판한다. 그러나 18세기 이들 조선 실학자들은 근본적 체제개혁보다는 체제수호를 더 선호했다. 반계 유형원은 『반계수록』의 '노예(奴隸)' 편에는 신분의 귀하고 천한 차별이 '불변(不變)의 이치'이자 추세라고까지 말한다. "천지에 자연히 귀한 자가 있고 천한 자가 있어 귀한 자는 남을 부리고 천한 자는 남에 의해 부림을 당한다. 이것은 불변의 이치이고 역시 불변의 추세이기도 하다." 이렇게 백성을 어리석고 천하게 보는 시각은 실학의 시조 반계 유형원(柳馨遠)이나, 실학의 중시조 성호 이익(李瀷)에 이어 실학의 집대성이라는 다산 정약용(丁若鏞)에게도 공통적으로 발견된다. 정약용은 1731년(영조 7년) 노비자녀의 신분 등을 결정할 때 모계를 따르도록 규정한 노비종모법(奴婢從母法)을 실시한 이래 노비 수가 감소하자 이를 비판하며 오히려 그 이전의 악습인 일천즉천(一賤則賤) 방식으로 돌아갈 것을 주장한다. "신해년(1731년, 영조 7년) 이후 출생한 모든 사노(私奴)의 양처(良妻) 소생은 모두 어미를 따라 양인이 되게 하니 이때부터 위는 약해지고 아래가 강해져서 기강이 무너지고 민심이 흩어져 통솔할 수 없게 되었다. … 그러므로 노비법을 복구하지 않으면 어지럽게 망하는 것(亂亡)을 구할 수 없을 것이다(『목민심서(牧民心書)』)." 또한 그는 (변등(辨等)), "나는 나라의 모든 백성이 통틀어 양반이 될까 걱정한다. …다 귀하면 성공하지 못하고 이롭지 못하다"고 주장한다(「발고정림생원론(跋顧亭林生員論)」). 일찍 서양 문물을 접한 실용주의자인 다산 정약용(茶山 丁若鏞)의 인식이 그럴진대 다른 조선 사대부들은 더 말해 무엇 하겠는가. 미국의 문화사회학자 올란도 패터슨(Orlando Patterson)은 전 세계에서 발견된 노예제(奴隷制)를 비교 분석하면서 노예가 출생에 의해 그 신분이 세습되는 방식을 7가지 형태로 나누었다. 그중 부모의 어느 한쪽이 노예면 그 자식이 모두 노예가 되는 방식이 적용된 코

리아(한국)에서 전근대 세계 어디에서보다 가장 가혹하고 발달된 노예제의 하나를 발견했다고 했다. 또 미국의 한국사학자 제임스 팔레(James Palais) 전 워싱턴대학 교수도 노비가 전체 인구의 30~40%를 차지한 조선시대를 노예제 사회로 규정함이 마땅하다고 주장했다. 노예제의 대표 사례인 고대 로마제국이나 남북전쟁 이전 미국의 노예는 인구의 30% 정도였다. 미국의 농장주는 100명 이상의 노예를 소유하면 귀족적 농장주로 대접받았다.

4. 서얼차대(庶孼差待)

조선조는 아무리 능력이 뛰어나도, 노비 자녀들은 노비신분이 천형(天刑)이 되어 아무것도 할 수 없는 닫힌사회였다. 차별의 나라 조선에선 비단 노비뿐만이 아니라 서얼도 마찬가지였다. 서얼(庶孼)은 첩(妾)의 자식을 부르는 말로 '서(庶)'는 양첩의 아들이고, '얼(孼)'은 천첩의 아들이다. 즉 양첩(良妾)은 양인의 딸로 첩이 된 여자이고, 천첩(賤妾)은 노비나 기생으로 첩이 된 여자이다. 비록 '서얼(庶孼)'로 병칭되지만 얼자(孼子)는 서자(庶子)보다도 못한 종으로 취급받았다. 「홍길동전(洪吉童傳)」에서 "호부호형(呼父呼兄)하지 못하니 어찌 사람이라 하겠습니까"라고 통곡하는 홍길동(洪吉童)은, 이조판서 홍문과 노비 첩 춘섬(春纖) 사이에 태어났으니 서자(庶子)가 아닌 얼자(孼子)였다. 「홍길동전」은 1500년(연산군 6년) 무렵 충청도 일대에서 활약한 도적 홍길동(洪吉同)을 모델로 한 한글소설이다. 그런데 저자는 소설의 배경을 연산군 시대가 아닌 세종 시대로 설정하고 있다. 이는 세종 때 실시한 「종모법(從母法)」과 무관치 않아 보인다. 당시 홍길동전은 저자를 밝히지 않았으나, 유몽인(柳夢寅)이 허균의 작품이라고 알려 그의 작품인 사실이 알려지게 되었다. 허균(許筠, 1569~1618)은 당대 최고의 시인이자 문장가였고 비평가였다. 그는 "사람됨이 경망하여 볼 것이 없다(『선조실록』 31년 10월 13일)", "행실도 부끄러움도 없는 사람(『선조실록』 32년 5월 25일)"이라는 평가와 더불어 "타고난 성품이 총명하고 슬기로웠으며 뭇 서적에 박통하고 글을 잘 지었다(『선조실록』 31년 10월 13일)", "오직 문장의 재주로 세상에 용납되었다(『선조실록』 32년 5월 25일)"는 상반된 평가가 존재한다. 허균은 호를 교산(蛟山)으로 지었다. '교(蛟: 교룡 교)'는 용이 되지 못한 '이무기'를 가리킨다. 성호 이익(星湖 李瀷, 1681~1763)은 그의 『성호사설(星湖僿說)』에서 홍길동을 임꺽정(林巨正)과 장길산(張吉山)과 더불어 조선의 〈3대 도둑〉으로 꼽기도 했다. 고려시대는 처나 첩을 여러 명 두는 경우가 많았기에 적서(嫡庶) 간 차별이 두드러지지 않았다. 그런데 조선은 중국이나 고려와 달리 서얼을 몹시 차별했다. 한번 첩은 영원한 첩이고 한번 서얼은 결코 바뀌지 않는 서얼이었다. "가정(嘉靖) 병진년(丙辰年, 1556년(명종 11년)) 12월에 고을 사람 이황(李滉)은 서(書)한다. …적첩(嫡妾)을 뒤바꾼 일, 첩으로 처를 삼은 일, 서얼(孼)로 적자(適)를 삼은 일, 적자가 서얼을 사랑하지 않는 일, 서얼이 도리어 적자를 능멸하는 일… 이상은 극벌(極罰)에 해당한다." 퇴계 이황(李滉)의 『언행록(言行錄)』에 실려 있는 글이다. 이런 어처구니없는 차별이 조선의 대유학자가 쓴 글 속에도 아무런 의식이나 반성 없이 적혀 있다. 조선이 일부다처(一夫多妻)를 공인하면서도 첩의 소생을 차별 대우하게 된 것은, 태종 때 만들어진『서얼금고법(庶孼禁錮法)』때문이다. 1415년(태종 15년) 6월 25일, 우부대언(우부승지, 정3품) 서선(徐選) 등 6인이 신덕왕후 강씨(神德王后 康氏, 태조의 계비)와 서얼 출신인 정도전(鄭道傳)에 대한 태종 이방원의 증오심을 살펴 "종친과 각품의 서얼자손은 현관직사에 임명할 수 없도록 하여 적첩을 분별하자"고 진언한 데서 비롯되었다. 1433년(세종 15년) 정월 황희(黃喜) 등이『경제육전(經濟六典)』을 편찬할 때 이 법을 기재했다. ※ 서선의 외아들 서달(徐達)은 황희(黃喜)의 사위였다. 이후 1468년(세조 14년)『서얼금고법』에 따라 서얼과 그 자손은 생원·진사시와 문무과 응시를 불허하는 규정이 조선의 기본법전인『경국대전(經國大典)』에 명시된다. 얼마 후 주석(註釋)을 추가하며 서얼자손 부분을,「서얼자자손손(庶孼子子孫孫)」으로 확대시켜 대대로 과거에 응시하는 것을 금지했다. 16세기 이후 서얼에 대한 차별대우를 개선하려는 노력이 있었다. 중종 때 개혁주의자 조광조(趙光祖, 1482~1519)가 서얼에게도 벼슬의 기회를 주어야 한다며 허통(許通)을 주장했고, 명종 대에는 서얼들 스스로 양첩손(良妾孫)에게는 문·무과 응시를 허용하라는 상소를 올린다. 1567년(선조 즉위년)에 서얼 1,600여 명이 막 즉위한 선조에게 서얼차대의 철폐와 서얼의 문무핵심 관직진출 허용을 요구한다. 선조도 서출(庶出)로서 왕이 된 첫 번째 임금이었기에 설득력이 있었다. 또한, 1583년(선조 16년) 1~7월 회령 지역 여진족 수장 〈이탕개의 난(尼湯介-亂)〉이 일어나자 병조판서 율곡 이이(李珥)는 국난을 극복하기 위한 제안으로, 전쟁에서 공훈을 세우거나 군량미를 내면 서얼에게도 벼슬길을 열어 주자고 주장한다. 그러나 태종의 유언(遺言)을 빌미 삼아 「서얼차대(庶孼差待)」에 집착했던 양반들의 반대에 부딪혀 좌절된다. 1613년(광해군 5년) 문경새재에서 고갯길을 오르던 상인을 죽이고 은 6,700냥을 약탈한 강도 사건이 일어났다. 단순히 화적 떼의 소행으로 보였지만 피살된 상인의 노비 춘상(春詳)이 살아남아 범인들을 미행하니, 범인은 영의정 박순의 서자 박응서(朴應犀), 목사 서익의 서자 서양갑(徐羊甲), 관찰사 심전의 서자 심우영(沈友英), 병사 이제신의 서자 이경준(李耕俊), 상산군 박충간의 서자 박치인(朴致仁)과 박치의(朴致毅), 예조참판 김계휘의 서자 김평손(金平孫)이었다. 아버지는 양반이지만 어머니는 양인이거나 노비로, '호형호부' 할 수 없는 처지의 서얼들이 벌인 소위 〈칠서사건(七庶事件)〉이다. 명망가에서 태어나 지식을 쌓고 혜안을 키워 봤자 쌓이는 것은 한(恨)이 었다. 「칠서(七庶)」는 같은 서얼 출신인 광해군에게 서얼 차별을 없애달라고 상소를 올렸으나 아무 소용없었다. 임진왜란 이후 조선 사회는 신분제를 비롯해 근본적 변화의 필요성에 직면했으나, 성리학은 그 차별의 고삐를 늦추지 않았다. 외부세력에는 무능하면서도 피지배층에 대해서는 가혹하기만 했던 조선은, 오직 주자학의 나라였고 양반들의 세상이었다. 그들은 2000년 전에 소멸한 주(周, 기원전 1046~256년)나라의 법과 제도를 통해 자기들 밖의 사람들을 통제하려 했고, 그 통제 수위가 높고 효율적일수록 유교적 이상사회에 근접한다고 보았다.

5 ──────────── 망국의 원흉, 노비 제도

노비제는 나라를 망치는 원흉이었다. 조선은 전 인구의 30%가 넘는 노비가 10%의 특권층에 매여 있어, 전체 인구의 절반 가까이가 세금(稅金)을 내지 않았고, 그로 인해 병력부족과 만성적 재정고갈로 국방(國防)과 외침(外侵)에도 소홀 할 수밖에 없었다. 율곡 이이(李珥)가 타계 2년 전인 1582년(선조 15년) 3월 〈진시폐소(陳時弊疏, 관리의 비행을 규탄하고 공직기강을 바로 세워야한다는 상소)〉를 올린다. 율곡은 "200년 역사의 나라가 2년 먹을 양식이 없다니 더는 나라가 아니다"라고 했다. 1년 후 율곡이 병조판서로 있으면서 올린 마지막 장계 〈육조계(六條啓, 여섯 가지 병무)〉에선 조선을 썩어 가는 집으로 비유했다. "지금 나라의 형세는 오랫동안 고치지 않고 방치해 둔 집과 같다. 대들보에서 서까래에 이르기까지 썩지 않은 것이 없어 근근이 날만 넘기며 지탱하고 있다. 날로 더 썩어 붕괴할 날만 기다리는 집과 지금의 나라꼴이 다를 게 무엇이겠는가." 율곡이 죽고 8년 뒤 그의 예측대로 임진왜란이라는 최악의 국난을 맞이했다. 그럼에도 조선은 개국 후 400년 이상이나 신분제를 운영하다, 1894년(고종 31년) 9월 21일 비로소 〈갑오개혁(甲午改革)〉으로 공·사노비와 연좌제가 폐지되고, 과녀(寡女)들의 재혼도 허용되기 시작한다. 유교 국가의 왕은 공자의 인정(仁政)과 맹자의 왕도정치(王道政治)를 이상으로 내건다. 하지만 조선왕조에서는 그것 자체가 이상일 뿐이다. 선비(士)가 과거를 통해 관료가 되면 대부(大夫)가 된다. 대부가 될 선비와 선비였던 대부를 사대부(士大夫)라 부른다. 사대부로서 당상관(堂上官·정3품 이상)에 오르면 8촌(八寸)까지는 먹여 살리는 것이 미덕(美德)인 동시에 의무였다. 더 높이 올라가면 20촌이 넘는 먼 친척까지 돌봐야 했다. 〈고부봉기(古阜蜂起)〉를 촉발했던 조병갑(趙秉甲)이, 물욕에 눈이 뒤집힌 것도 "그를 그곳에 심어 준 문족들에게 상납하기 위해서도 어쩔 수 없는 일"이라 했다. 비단 조병갑뿐이었을까. 조선은 성리학에서 말하는 하늘이 내린 백성이라며 『민본주의(民本主義)』를 통치이념으로 삼았지만, 그들 사대부들은 향교(鄕校, 관학)나 서원(書院, 사학)에 기대여 국가보다는 가문(家門), 백성보다는 문중(門中)이라는 겨우 10%에 불과한 양반사회만 바라봤다고 할 수 있다. 현재 한국인의 99%가 스스로 양반의 후예라고 생각한다. 1690년(숙종 16년)에 이르러 대구부(大邱府)의 신분 구성에 양반은 9.2%, 양인(평민) 53.7%, 노비 37.1%였다. 임진왜란과 병자호란을 거치면서 양반 숫자가 크게 증가했음에 양반의 비율은 10%를 넘지 못했다. 1606년(선조 39년)에 단성(丹城, 경남 산청) 지역에는 64%가 노비였고 1609년(광해군 1년) 울산 지역에선 47%가 노비였다. 조선 후기로 갈수록 양반 비율이 올라가는데 1729년(영조 5년) 대구부는 양반이 18.7%로 10%가 급증했다. 양인은 54.6%로 별로 변화가 없었지만 노비는 26.6%로 10% 정도 줄었다. 노비의 숫자가 줄어든 만큼 양반 숫자가 늘어난 것이다. 노비들은 조선 후기로 올수록 농·공·상업 등에 참여해 부(富)를 축적할 수 있었고, 그 부를 바탕으로 공명첩(空名帖)이나 직첩을 산다든지 향리에게 뇌물을 주고 호적을 바꾸는 방법을 통해 양반 신분을 샀다. 노비는 이름만 있되 원칙적으로 성씨를 가지지 못하며, 남자는 흐트러진 쑥대머리에 푸른 두건을 써서 창두(蒼頭)라 했고, 여자는 겨울철에도 짧은 치마를 입고 검붉은 맨다리를 내놓아 적각(赤脚)이라 불렀으며, 이 둘을 합하여 창두적각(蒼頭赤脚) 줄여서 창적(蒼赤)이라고도 했다. 노비의 이름을 살펴보면 노비의 대명사처럼 되어 버린 삼월(三月)이나 사월(四月)이는 그래도 점잖은 편이고, 마당쇠(麻堂金)나 돌쇠(乭金)는 그저 흔한 이름이다. 이외에도 개똥(介屎)·송아지(松牙之)·강아지(江牙之)·도야지(道也之)·두거비(斗去非) 등도 매우 흔했다. 입에 담기도 민망한 개노미(介老未)·개조지(介助之)도 있다. '개시(介屎)'는 끼일 개 똥 시로 '개똥'이며, '부질개(夫叱介)'는 숯을 집는 집게인 '부집게'다. 개불알·개똥이·소똥이의 부모는 자기 아이가 이렇게 불려지길 바랐을까. 그저 계급 사회 소외 계층의 비극이요, 시대의 아픔일 뿐이다. 이렇게 양반 숫자는 1894년(고종 31년) 갑오개혁으로 반상 제도가 폐지될 때까지 지속적으로 늘어났고 이것이 모든 한국인으로 하여금 자신이 양반의 후예라는 허위의식을 갖게 만든 요인이 되었다. 그 많던 노비와 그들의 후손들은 모두 어디로 사라졌을까.

조선의 노비 비율은 중국과 비교해도 지나치게 많았다. 중국은 이미 10세기 송나라 때 천민(賤民)을 철폐했다. 다만 죄를 지은 사람에 한해, 관의 노비로 삼았을 뿐이다. 중국은 북송시대 초기부터 과거시험에 누구나 응시할 수 있게 했다. 일본의 신분제는 지배층인 공가(公家)·무사(武士)와 양인층인 사농공상(士農工商)의 구분이 핵심이며, 부라쿠민(部落民)으로 천인(賤人)인 에타(穢多)·히닌(非人) 등은 전 인구의 2% 이하였다. 한국에서만 2018 회계연도 매출 1조 3,732억 원, 영업이익 2,344억 원을 거둔 일본의 SPA 브랜드 '유니클로' 창업주인 야나이 다다시(柳井正)도 부락민(部落民, 부라쿠민) 출신이다. 그의 고향은 아베 총리의 정치적 고향인 야마구치현(長州)으로 유니클로 본사도 야마구치현에 소재한다. 부락민을 차별하던 일본의 신분제는 1871년 8월 28일 「천칭폐지령(賤稱廢止令)」으로 공식 폐지되었다. 일본에는 직업에 귀천 의식이 없다. 사농공상은 사회적 직무의 차이일 뿐 인간가치에는 상하귀천이 없다는 사회문화적 특성을 갖고 있다. 그렇기에 장인을 존중하는 문화가 형성돼 있다. 또한 양자나 데릴사위(초서, 招壻)를 통해, 가계를 이어 가는 전통이 있다. 역대 쇼군 중 서출은 무로마치 막부가 15명 중 73%인 11명, 에도 막부가 15명 중 80%인 12명이다. 반면 후궁의 아들인 조선의 왕은 27명 중 15%인 4명에 불과하다. 양인은 직분에 따라 농·공·상으로 구분되지만, 서열 관계에 있지 않고 인구 내 비율이 단연 높다. 막부에는 쇼군(將軍)·노중(老中)·기본(旗本)·어가인(御家人)이 있고, 번은 다이묘(大名)·가로(家老)·상-중-하급무사(武士)·졸(卒)의 순이다. 공가(公家)·무사(武士)는 메이지 시대에 소수가 화족 다수가 사족으로 바뀌는데, 1915년 1월 신분등기부가 폐지되고 전후의 신헌법과 1948년 1월 신민법 시행으로 신분 제도가 폐지된다. 남아 존중에 익숙한 우리와는 달리, 일본은 열린 사고를 갖고 능력 기반의 혈연 승계를 통해 가업을 승계한다. 일본은 1000년 이상 된 기업만 해도 20여 개를 보유하고 있고, 창업 100년을 넘긴 장수 기업 이른바 노포(老鋪) 기업 숫자만 2만 개를 웃돈다. 일본은 남보다 잘할 수 있는 것 하나가 있으면 그것으로 존경한다. 세계에서 가장 오래된 기업은 578년에 창업한 곤고구미(金剛組)란 회사다. 1440년 전에 백제 장인(匠人) 유중광(柳重光)이 성덕태자의 초청을 받아, 오사카 사천왕사(四天王寺, 시텐노지)를 세웠는데, 그는 귀국하지 않고 일본에 남아 창업했다. 세계에서 두 번째로 오래된 회사는 교토의 이케노보가도카이(池坊華道會)다. 538년 불교가 한국에서 전래된 이후 제단에 꽃을 놓는 관습에서 시작됐는데 꽃꽂이의 종가라고 일컬어지고 있다. 교토에 있는 불교용품을 제작 및 판매하는 다나카이가(田中伊雅) 불구점도 업력이 1,133년이나 되는 장수기업이다. 이치화(一和)로 불리는 전통과자 생산·판매 업체인 이치몬지야와스케(一文字屋和輔)는 올해로 1,018년이 됐다. 교토의 히예산(枇杷山) 비석에는 이렇게 적혀 있다. 조우일우 차즉국보(照于一隅 此則國寶). "오직 한 자리만 비추는 것이 있으면 그것을 나라의 보배로 삼는다"는 말이다. 그래서 일본에선 지금도 도공이 14·15대까지 가고, 우산 잘 만드는 집도 몇 대를 내려가고, 단팥죽 잘 만드는 집도 4대째 내려간다. "일본은 어떤 재주, 어떤 물건이라도 반드시 천하제일을 내세운다. 벽을 칠한다, 지붕을 인다, 도장을 찍는다는 따위에도 천하제일이란 명패가 붙으면 금이나 은을 30~40정쯤 내던지는 것은 예사다." 정유재란 때 왜 수군장 도도 다카토라(藤堂高虎)의 군사에게 붙잡혀 일본으로 끌려갔다 2년 8개월 만에 조선으로 돌아온 수은(睡隱) 강항(姜沆, 1567~1618)이 기록한 『간양록(看羊錄)』의 구절이다. 강항은 서인의 사상적 원류인 우계(牛溪) 성혼(成渾)의 제자로, 전주에서 개최된 별시문과에 급제해 전쟁 전에 공조좌랑과 형조좌랑(정6품)의 벼슬을 지냈다. 그는 일본에 억류돼 있는 동안 일본 주자학의 시조인 후지와라 세이카(藤原惺窩), 아카마쓰 히로미치(赤松廣通) 등에게 주자학을 전수했다. 1656년(효종 7년)에 간행된 『간양록』의 '적중견문록(賊中見聞錄)' 편에는 일본의 정치·국토지리·사회의 정보와 실상을, '예승정원계사(詣承政院啓辭)' 편에서는 명인대우 등 실리추구를 중시하는 분권제 사회의 특징을 소개한다. 하지만 이런 알짜배기 정보가 담긴 강항(姜沆)의 글에 주목하는 조선 사대부는 없었다.

6. 조선 선비의 부(富) 의식

조선의 가치 기준인 유학(儒學)은, 기본적으로 소인(小人)과 군자(君子)로 그 인격의 차이를 규정했다. 소인은 물질적 이해를 기준 삼아 공동선에 관심을 두지 않으나, 군자는 이러한 소인을 극복한 인물로 끊임없이 인격을 개발하는 사람이라고 했다. 그래서 유학을 성인이 되는 학문이라는 뜻으로 '성학(聖學)'이라고 불렀다. 성리학의 영향을 받은 조선 사대부들은 이재(理財)를 쌓는 것을 죄악시했다. 사농공상의 구분에서도 농업·공업보다 상인을 가장 아래에 놓았다. 부를 쌓고 이재를 중요시하면 인간의 본성을 잃고 도리를 어지럽힌다며 상공업의 발달을 억눌렀다. 그것은 상업 활동이 성실한 노동에 의한 생산 활동이기보다는 탐욕(貪慾)에 의한 부의 창출로, 근본적 악의 원인이 된다는 성리학적 강령 때문이었다. 이로 인해 조선에는 유통경제가 발달하지 않아 백성들의 생활은 자급자족이 기본이었고, 화폐에 의한 거래가 성립하지 않아 물물교환이나 부보상(負褓商)들에 의지할 수밖에 없었다. 주자학의 핵심은 실천윤리다. 조선 성리학의 도통(道統)은 포은 정몽주(圃隱 鄭夢周, 경북 영천) - 야은 길재(冶隱 吉再, 경북 선산) - 강호 김숙자(江湖 金叔滋, 경북 선산) - 점필재 김종직(佔畢齋 金宗直, 경남 밀양) - 한훤당 김굉필(寒暄堂 金宏弼, 대구 달성) - 일두 정여창(一蠹 鄭汝昌, 경남 함양)으로 이어진다. 정암 조광조(靜菴 趙光祖, 경기 용인) 이후 영남의 회재 이언적(晦齋 李彦迪, 경북 경주) - 퇴계 이황(退溪 李滉, 경북 안동), 기호의 율곡 이이(栗谷 李珥, 경기 파주), 우계 성혼(牛溪 成渾, 서울), 호남의 고봉 기대승(高峰 奇大升, 전라 광주)으로 분화되지만, 영남과 안동은 사림의 원류를 이루었다. 안동의 근사한 가문, 진사 이식(李埴, 1463~1502)의 8남매 중 막내로 태어난 퇴계 이황(退溪 李滉, 70세 타계)은, 2살 때 아버지를 여의고 편모슬하에서 성장했다. 그의 형 이해(李瀣)는 대사헌과 대사간, 예조참판 등의 요직을 역임했다. 퇴계는 성균관을 거쳐 34살에 문과에 급제, 43살의 늦은 나이로 주자학에 심취한다. 그는 성균관 사성(司成, 종3품)으로『주자대전(朱子大全)』을 교정하면서 본격적으로 연구했다. 읽고 연구한 지 13년 만인 56살 때『주자서절요(朱子書節要)』를 펴냈다. 주희(朱熹, 1130~1200)의 편지에서 1,008편을 뽑아 20권으로 엮은 책으로 비록 편저였지만, 주자학 연구의 깊이를 보여 준 명저였다. 조선의 주자학은 이 책에서 비롯됐다 해도 과언이 아니다. 국내에서 여덟 차례 활자와 목판으로 발간됐고, 일본에서도 네 차례나 목판본으로 간행됐다. 퇴계의 학문은 일본의 하야시 라잔(林羅山)과 야마자키 안사이(山崎闇斎) 등에게 영향을 주었고 특히 야마자키 안사이(山崎闇齊)는 승려였지만 이 책을 읽고 감탄해 과감히 승복을 벗어던질 정도였다. 퇴계(退溪)는 『성학십도(聖學十圖)』를 통해 "부동심에 이르러야 부귀가 마음을 음탕하게 하지 못하고 빈천이 마음을 바꾸게 하지 못하여 도가 밝아지고 덕이 세워진다"며 세속의 이익을 경계했다. 『선조수정실록』 1570년(선조 3년) 12월 1일 "어려서 아버지를 여의고 자력으로 학문을 하였는데 문장이 일찍 성취되었고… 오로지 성리의 학문을 전념하다가 『주자전서』를 읽고는 그것을 좋아하여 한결같이 그 교훈대로 따랐다… 빈약을 편안하게 여기고 담박을 좋아했으며 이끗이나 형세, 분분한 영화 따위는 뜬구름 보듯 하였다"라고 평가받는 영남학파의 브레인이자 동인의 스승인 퇴계 이황(退溪 李滉)의 재산은 과연 어느 정도였을까? 이황은 21살 때인 1524년(중종 19년) 영주 초곡(草谷) 출신의 김해 허씨(金海許氏) 진사 허찬(許瓚)의 맏딸과 결혼해 이준(李寯, 1523~1583)과 이채(李寀, 1527~1548)라는 두 아들을 두었고 31살 때는 측실에게서 이적(李寂)이라는 아들을 낳았다. 둘째는 결혼 직후에 자식도 없이 일찍 병으로 죽었고, 장남인 준(寯)은 17살에 장가간 뒤 10년간 처가살이를 했다. 따라서 그의 유일한 상속자인 장남 이준(李寯)의 분재기(分財記, 1586년 이황 사후 16년)를 통해 퇴계 이황의 재산 내역을 유추해 보자. 그의 밭(田)

은 1,892.5두락, 논(畓)은 1,199.5두락으로 모두 3,094.7두락(약 36만 3,542평)을 가졌다(안동과 고령 일대 밭 1두락은 119.2평, 논 1두락은 105.8평이다). 밭을 빼고 논만으로 계산하면 12만 6,907평으로 약 635마지기에 해당된다. 이를 한 마지기(斗落只, 약 200평)당 80kg들이 쌀 4.5가마를 수확한다면, 매년 2,857석을 수확(현재가 약 5억 7,000만 원)한다는 뜻이다. 이황이 손자녀 5명에게 나누어 준 노비는 367구(奴: 203口, 婢: 164口)이다. ※ 노비를 셀 때는 사람을 세는 단위인 '인(人)'이나 사람의 수효를 나타내는 말인 '명(名)'을 쓰지 않고, 가축이나 시체를 셀 때 쓰던 '구(口)'를 썼다. 『경국대전(經國大典)』에 노비의 값은 저화(楮貨, 닥나무 껍질로 만든 종이돈) 4,000장이었는데 노비의 하루 평균 임금이 저화 6장에 해당하므로 666일치의 임금이며 논 20마지기 소출에 해당한다. 19세기 후반 노비 몸값은 평균 5~20냥이었다(김용만, 『조선시대 사노비 연구』, 1997년). 퇴계 이황이 남긴 서찰을 보면 그가 자신의 노비들을 양인과 결혼시키려고 무척 애썼음을 엿볼 수 있다. 조선시대의 노비는 토지와 함께 사회적 부를 가름하는 두 가지의 척도였다. 노비는 재산으로서 매매·상속·증여의 대상으로, 노비를 많이 가지고 있으면 토지를 늘리기가 수월해 토지보다 더 가치있는 재산으로 인정받았다. 이황이 노비들을 양인들과 적극 맺어 주려 했던 까닭도, 노비와 양인 사이에 태어난 자식은 모두 노비가 되는 일천즉천(一賤卽賤) 때문이었다. 세종 14년에 실시한 〈천자수모법(賤者隨母法)〉이 그 근거다. 그래서 노비끼리 결혼시키는 것보다「양천교혼(良賤交婚)」을 시키면 노비를 손쉽게 늘려 재산 증식의 수단이 되었기에 양인과 결혼토록 유도했다. 또한 그는 전략적 혼인관계를 통해 재산을 불리기도 했다. 이황은 두 차례 결혼 과정에서, 전처(허찬의 맏딸)와 후처(권질의 딸)가 처가에서 가져온 영천(382두락)·풍산(148두락)·의령(687.5두락)의 토지 덕분에 가산을 크게 늘릴 수 있었다. 그런데도 그는 생전에 자신이 늘 넉넉지 않다고 여겼으며, 가뭄이나 흉년이 들 때면 경제적 곤궁을 토로한 적이 많았다.

이런 이황(李滉)의 재산 증식만이 특별한 사례가 아니었다. 조선 중기 도학정치를 주창했던 조광조(趙光祖) 등 사림들도, 대부분 지방에 이와 같은 물질적 기반이 있었다. 퇴계 이황의 제자이며 임진왜란의 영웅인 서애 류성룡(柳成龍, 66세에 사망)의 집안은 청빈하기로 이름 높은 가문이었다. 류성룡은 6살에 대학(大學)을 배우고 9살에 논어(論語)를 읽었으며, 16살에 향시(鄕試)에 합격했을 정도로 매우 영특했다. 1594년(선조 27년, 당시 83세)에 작성한 서애 어머니 정경부인(貞敬夫人, 정1품) 안동 김씨(安東金氏)의 분재기(分財記, 보물 제460~2호)에 따르면 "우리 집안은 원래 가세가 청빈하여 나누어 줄 재산이 별로 없다. 그나마 임진왜란으로 인해 노비들은 굶어 죽고, 전답은 모두 황폐해졌다. … 비록 얼마 되지 않는 재산이나마 공평하게 나누어 주니 윗대의 뜻을 받들어 유용하게 사용하도록 하라. … 노비는 질병과 기근으로 대부분 사망하고 146명이 생존해 있다. 전답은 하회와 풍산현에, 할머니 친정인 군위에, 외가인 의성에, 비안과 연안, 서울과 광주, 멀리 고성과 간성에 조금씩, 모두 3,000여 마지기(약 60만 평)밖에 없다…." 그는 3남 2녀를 두었고 그의 형제는 형 류운용(柳雲龍)과 류성룡(柳成龍)이다. 이 분재기에서 전쟁 중에 대부분 굶어 죽고도 146명의 노비가 남았고 전답이 60만 평이라니 참으로 청빈한 집안이었다.

유학과 전고에 밝아 조선 초기의 대표적 유학자로 추앙받는 정인지(鄭麟趾)는 어떠했는가? 그는 포은 정몽주(鄭夢周)의 학통을 이어받은 사손으로, 세종 때 집현전 대제학으로 훈민정음의 창제에 참여했고, 계유정난을 일으킨 수양대군을 도와 좌의정이 되었으며, 정난공신 1등으로 하동부원군에 봉해졌다. 정인지는 계유정난에 참여한 공로로 김종서(金宗瑞)의 아들인 김승규(金承珪)의 아내 내은비(內隱非)·딸 내은금(內隱今)·첩의 딸 한금(閑今)을 노비로 분배받았다. 그 뒤 사육신의 난을 진압한 공로로, 다시 박팽년(朴彭年)의 아내 옥금(玉今)과 토지를 하사받았다. 조선시대는 명나라 법률인 『대명률(大明律)』을 빌려 와 사용했다. 이 법에서 「모반대역죄」를 지은 자는 능지처참(陵遲處斬, 머리와 팔다리를 각각 베어 죽임)하고, 아비와 16세 이상의 아들은 목을 매달아 죽였으며, 16세 이하의 아들과 어미·처와 첩·조부와 손자·형제자매 및 아들의 처와 첩은 공신가의 종으로 삼았다. 또한 모든 재산은 몰수하며 백숙부와 조카는 동거여부를 불문하고 유(流) 3천리(里) 안치형(安置刑)에 처했다. ※ 정인지의 스승 권우(權遇)는 정몽주의 제자로 세종의 스승이기도 하여 세종과 정인지는 군신지간이며 사사롭게는 사형제 간이다. 『성종실록』에 "정인지는 성품이 검소하여 자신의 생활도 매우 박하게 하였다. 그러나 정인지는 재산 늘리기를 좋아하여 여러 만석이 되었다. 그래도 전원을 널리 차지했으며, 심지어는 이웃에 사는 사람의 것까지 많이 점유하였으므로 당시의 의논이 이를 그르다고 하였다. 그의 아들 정숭조(鄭崇祖)는 아비의 그늘을 바탕으로 벼슬이 재상에 이르렀으며 그 재물을 늘림도 그의 아비보다 더하였다(史臣曰: 麟趾性儉素, 自奉甚薄. 然喜營産, 家累巨萬而猶廣置田園, 至於隣近人居亦多侵占, 時議非之. 其子崇祖席父蔭, 位至宰相, 其殖貨勝於乃父)"라고 기록하고 있다(『성종실록』 98권, 1478년 무술 11월 26일 계미 1번째 기사). 정인지는 봄에 백성들에게 곡식을 빌려주고 가을에 5할 이상의 이자를 덧붙여 받는 장리로 부를 축적했다. 일국의 재상이 백성들을 상대로 고리대금업을 했던 것이다. 이 때문에 그는 말년에 대간들의 탄핵을 받았다. 이에 대한 정인지의 변명은 「장리(長利)는 했으나 치부(致富)는 하지 않았다」는 것이었다. 당시 조선의 〈4대부호(四大富豪)〉는 성종 비 정현왕후의 남동생 윤사로(尹師路), 세조비 정희왕후의 남동생 윤사균(尹士昀), 태종의 서녀 정혜옹주의 남편 박종우(朴從愚)와 정인지(鄭麟趾)였다. 왕실외척을 제외하고 정인지가 유일하다.

"십 년(十年)을 경영(經營)하여 초려삼간(草廬三間) 지어내니 / 나 한 간 달 한 간에 청풍(淸風) 한 간 맡겨 두고 / 강산(江山)은 들일 데 없으니 둘러 두고 보리라." 1533년(중종 28년) 담양 제월봉(霽月峰) 아래 석림정사(石林精舍)와 면앙정(俛仰亭)을 짓고 은거했던 조선 중기의 문신 송순(宋純)의 「면앙정가(俛仰亭歌)」에 실려 있는 시조다. 십 년 동안 각고의 노력 끝에 세 칸짜리 초가집을 지어, 바람을 맞으며 달과 주변 강산을 둘러보는 근검절약하는 청빈한 선비의 안빈낙도하는 삶을 그려냈다. 그 세속에 초연했던 송순(宋純)의 분재기(分財記)에 따르면, 거느린 노비만 150여 구(口)에, 500마지기(10만 평) 이상의 논밭을 소유한 대지주이었음이 드러난다. 정자(면암정)와 대나무 숲, 임야 등은 별도다. 10만 평의 논밭과 150여 명의 노비를 가지고서도 '십 년을 경영해 초려삼간을 지어 낸다'며 자신을 가진 것 없는 사람이라 표현했다. 소작료로 수확량의 반을 거두어들여 창고에 쌓아 두고 노비들의 고된 노동을 통해 자신들은 무위도식(無爲徒食)하며 입으로 읊조리는 그 안빈낙도(安貧樂道)는 무엇인가? 청빈이니 안빈낙도라는 말이 공허하게 들리는 까닭도 여기에 있다. 중산층 이상의 재산을 소유했던 조선 사대부들이 가진 그들의 결핍의식에서, 도학정치(道學政治)를 주창했던 당시 조선 유학자들의 부(富)의 민낯을 엿보게 한다.

조선은 7년간 참담한 두 번의 전쟁을 겪고도 안민(安民)을 실천하지도 양병(養兵)을 육성하지도 못했고, 당쟁(黨爭)은 여전히 뿌리 뽑히지 않았다. 결국 정유재란이 끝난 뒤 38년 만인 1636년(인조 14년) 12월 1일, 다시 청의 침략을 받아 인조가 청 태종 홍타이지 앞에 무릎을 꿇는 『병자호란(丙子胡亂)』을 맞는다. 조선은 두 번의 왜란(倭亂)과 두 번의 호란(胡亂)으로 민간인의 학살과 엄청난 수의 백성이 일본과 청나라로 끌려가 인구의 3분의 1이 감소되고, 경작지는 버려져 3분의 2가 황폐화되었으며 백성의 삶은 '궁핍(窮乏)' 그 자체였다. 임진왜란 전 조선의 총 농경지 면적은 151만 5,500결(結)

이었는데 그중 하삼도(下三道)가 66.2%(100만 9,720결)을 차지할 정도로 비중이 컸다. 그런데 전쟁 직후 보고된 하삼도 토지는 29만 결(結)에 불과했다. 전쟁 전과 비교해 3분의 1이 안 될 정도로 급감한 것이다. ※ 결(結)은 고려·조선시대의 토지 단위로 토양 비옥도에 의해 측정되었다. 세종 26년 1등전 1결의 넓이는 2,982.5평이며 인조 12년부터는 3,269.7평이다. 농업국가인 조선에서 농지가 무려 66%나 감소했기에, 그 이후 인구증가의 폭도 크게 꺾였다. 이 시대 이전인 1543년(중종 38년) 조선의 총인구는 512만 명이었는데, 1639년(인조 17년) 인구는 겨우 30%인 152만 명이었다. 백성 10명 중 3명만이 간신히 살아남은 것이다. 왜군은 사단장급 중에서 죽은 사람은 거제도에서 병사한 제9군 주장 토요토미 히데카츠(豊臣秀勝)와 수원 부근에서 매사냥하다 붙잡혀 명나라에서 사형에 처해진 나카가와 히데마사(中川秀政, 향년 25세)가 있고, 제6군 주장 고바야카와 다카카케(小早川隆景)는 휴전 중 귀국하여 뇌졸중으로 병사했으며 나머지는 모두 돌아가 세키가하라 전투에 참전했다. 조선은 두 번의 왜란으로 전 국토가 전쟁터가 되었지만 유일하게 제주도만은 전화를 피할 수 있었다. 임진왜란 이전에는 왜구가 출몰해서 노략질을 하는 등 피해가 있었지만 임진왜란 때는 왜군들이 제주도에 대한 공격을 전혀 시도하지 않았다. 왜군의 항법은 규슈 북부의 히젠 나고야에서 이키 섬으로 대마도 남부(嚴原, 이즈하라)에서 다시 대마도 북부(大浦, 오오우라)로, 대마도 북부에서 부산을 순차적으로 횡단하는 것이었다. 따라서 최단 루트에서 벗어난 제주도는 무시되었다. 당시 제주목사 이경록(李慶祿)이 병력을 선발해 본토에 지원할 것을 건의했지만, 조정에서 제주도의 방위가 매우 우려스럽다며 거부했다. 대신 제주도에서 가축과 식량 등 물자 지원을 하였다. 이순신의 『난중일기』에도 제주도에서 소나 돼지 등을 보내 주었다는 기록이 몇 차례 나온다.

V. 임란 이후 양국 관계

1 ──────────── 경계인 소 요시토시(宗義智)

정유재란이 끝난 지 2년 만인 1600년(선조 33년), 일본은 정국주도권을 두고 격렬한 내전에 휩싸인다. 임진왜란 때 조선을 침략한 왜군은, 히데요시를 중심으로 한 서부세력이었다. 반면 동부세력인 이에야스는 군사를 보내지 않아 병력 소모와 손실이 없었다. 히데요시 사후 오대로(五大老, 고타이로)의 우두머리가 된 이에야스(家康)는, 실질적 정권운영자로 올라서게 된다. 이에 따라 토요토미 정권을 존속시키려는 이시다 미츠나리(石田三成) 등과 차기 정권을 노리는 도쿠가와 이에야스(德川家康) 사이에 〈세키가하라전투(関ヶ原の戦い)〉가 일어난다. 당시 이 전투에 참가한 병력은 18만 명이었다. 정유재란 이후 40여 년이 지난 병자호란 때, 조선의 정규군이 3만 5,000명 수준이었는데 말이다. 1600년 9월 15일 이에야스의 동군 10만 명과 미쓰나리의 서군 8만 명이 맞붙은 이 전투에서, 소 요시토시는 고니시의 사위인지라 누구를 따로 지지할 입장이 못 됐고, 장인의 결정에 따라 도요토미 가문을 지킨다고 나선 서군 편에 서게 된다. 하지만 이 잘못된 선택으로 패배한 서군의 다른 다이묘들과 함께 이에야스 앞에 끌려간다. 고니시는 자결을 금지하는 가톨릭의 가르침

에 따라 할복을 거부해, 1600년 10월 1일 교토의 로쿠조(六條) 강변에서 이시다 미쓰나리(石田三成)·안코쿠지 에케이(安国寺 恵瓊) 등과 함께 조리돌림을 당한 후 참수된다. 이때 관례적으로 불교승려가 머리 위에 불경을 얹고 염불을 하는데 고니시는 "나는 키리시탄(가톨릭교인)이다. 어딜 불교의 것을 나에게 들이대느냐!" 하고 예수 마리아를 외치며 죽었다고 한다. 당시 그의 나이는 42세였다. 그의 목은 산조대교(三条大橋)에 효수됐고 그의 유체는 교회에서 장례를 치렀지만, 머리와 몸은 함께 매장되지 못했다. 고니시의 봉토(封土)는 그의 평생 숙적이었던 가토의 소유로 넘어갔다. 이 전투에는 임진왜란 때 제4군 주장인 시마즈 요시히로(島津義弘)도 도요토미 측에 가담했다. 그는 항복을 거부하며 도쿠가와의 포위망을 뚫고 자신의 본진인 사쓰마번(薩摩藩, 가고시마 현)으로 돌아갔다. 도요토미 측에 가담한 다이묘는 대부분 영지를 빼앗기거나 가문이 몰락했지만, 시마즈(島津) 가문만은 자신의 영지를 지킬 수 있었다. 이에야스로서도 시마즈 가문의 용맹함이 부담스러웠기 때문이다.

1603년 3월 24일 도쿠가와 이에야스(德川家康)는 세이다이쇼군(征夷大將軍)에 임명되고, 후시미 성에서 고이제이 천황(後陽成天皇)으로부터 선지(宣旨)를 받는다. 이에야스는 무로마치 막부(室町幕府) 이래 여러 권력자들이 교토(京都)에 본거지를 둔 것과는 달리, 자신의 본거지인 에도(江戶, 도쿄)에 막부(幕府)를 개창한다. 1605년 4월 삼남 히데타다(秀忠, 26세)에게 쇼군(장군)직을 물려주고 은퇴한 도쿠가와 이에야스(德川家康, 72세)는, 언제나 옛 주군인 도요토미 가문이 눈에 걸렸다. 마침내 1615년 5월 8일 〈오사카 여름전투(大坂夏の陣)〉에서 도쿠가와의 군대가 난공불락의 요새인 오사카성(大阪城)을 여는 데 성공한다. 히데요시의 외아들로 가문을 다시 세우려던 도요토미 히데요리(豊臣秀賴, 27세)는, 생모인 요도도노(淀殿, 46세)와 함께 자결한다. 옆에 있던 무사가 고통을 덜어 주기 위해 가이샤쿠(介錯, 개착)를 한 뒤 그도 자결했다. 가신 오오노 하루나가(大野治長)도 함께 자결했는데, 그는 유모 아들로 그의 정부(情夫)로 알려져 있다. 당시 7살인 히데요리의 아들 구니마쓰(國松)도 죽었고, 딸은 처형 위기에서 불문에 귀의하는 조건으로 목숨을 건졌으나, 후사 없이 병사했다. ※ 히데요시는 노부나가의 여동생 오다 오이치(織田お市, 1547~1583)를 사모했다. 그러나 오이치는 오다의 명으로 아자이 가문의 당주인 아자이 나가마사(淺井長政)와 정략 결혼한다. 168cm의 늘씬한 키에 총명하고 절세미인이었던 그녀는 세 딸을 두었는데, 오이치를 잊지 못한 히데요시가 가장 많이 닮은 장녀 차차(茶茶, 요도도노)를 측실로 삼아, 첫아들

츠루마츠(鶴松)를 낳았으나 3살 때 요절했고, 그 뒤에 외아들 히데요리(秀賴)를 낳았다. '요도 도노(淀殿)'는 그녀가 살던 곳이 요도성(淀城)으로 '요도성의 마님'이라는 뜻이다. 승리한 이에야스는 도요토미 가문을 멸문(滅門)시킨 데 이어, 오사카 성까지 완전히 파괴했다. 소 요시토시(宗義智)는 조선과의 교류를 위해 해를 입지 않고 무사히 대마도주 직을 유지할 수 있었다. 그러나 이에야스가 고니시 일족을 멸하려 했기에 그 화가 대마도에 미치지 않도록, 부인 고니시 마리아(小西マリア)와 이혼하고 더 이상 가톨릭을 믿지 않았으며, 그녀와 그녀가 낳은 아들 고니시 만쇼(小西マンショ)도 추방한다. 그때 그의 나이 33살이었다. 대마도에서 약 10년 정도 결혼생활을 하다 추방당한 마리아는, 나가사키(長崎) 수도원에서 5년간 신앙생활을 하다 1605년 병으로 죽었다. 요시토시는 1619년 부인과 아들의 원혼을 달래기 위해, 부인은 하치만(嚴原八幡宮) 신사 내 이마미야(今宮) 신사로, 아들은 와카미야(若宮) 신사로 각각 입신을 시킨 후 제사를 모시다가 천신(天神) 신사로 합사했다. 대외적으로는 학문의 신을 모시는 신사다. 에도 막부는 소씨 가문이 가진 조선과의 관계를 중시해 본래 영지를 유지토록 했고, 훗날 조선과의 국교 재개에 전력을 기울인 공을 인정받아 대마도 국주 10만 석의 가격을 얻고 조선과 독점적 교역권을 인정받았다. 그 뒤 더 나

빠지는 일 없이 메이지 유신까지 이어지다, 왕정복고 후 화족(華族·카조쿠)에 편입되고 1884년에는 백작이 되었다. 역사를 되돌아보면 「끼어 있는 나라」는 선택의 기로에 내몰릴 수밖에 없다. 소 요시토시는 강자들 사이에 낀 존재가 보여 줄 수 있는 최대치를 발휘했다고 볼 수 있다. 비록 거제도를 봉지로 받았다지만, 난세를 선조와 히데요시 사이에서, 또한 장인에게 휘둘려 보내며 마지막으로 부인과 아들마저 내쫓아야만 했던 그는, 1615년(광해군 7년) 1월 3일(음력) "조선과의 평화적 관계를 유지하라"는 유언을 남기고 48세로 파란만장한 삶을 마감한다. 이즈하라 '반쇼인(萬松院)'에 역대 대마도주의 유해와 함께 안치되어 있다. 그는 조선과의 최종교섭이 결렬되자 히데요시에게 한반도 지도를 바쳤고, 전쟁이 시작되자 맹렬히 싸웠으며, 그러면서도 틈이 날 때마다 협상을 요청하는 현실주의자였다. 다면적(多面的) 인물이며 경계인의 삶이었다. 이즈하라의 나카무라(中村) 저택에 실제 크기 소 요시토시의 동상이 서 있다. 『역사란 무엇인가』의 저자 E. H. 카는 "역사는 과거와 현재의 끊임없는 대화"라고 했다. 두 나라가 공유한 과거는 부정되고 함께 나누어야 할 현실은 뒤틀려 있고, 어깨동무하고 나아가야 할 미래는 보이지 않는다. 역사를 잊은 민족에게 미래가 없다지만 과거에 사로잡혀 헤어나지 못하는 민족에게도 미래가 없다. 오늘날의 불편한 한·일 관계를 볼 때 이런 인물이 꼭 필요하다는 생각을 하게 된다. 그러나 그는 한·일 양쪽에서 그리 후한 평가를 받지 못하고 있다. 지난 2017년 10월 31일 조선통신사 유네스코 세계기록유산 등재에 소 요시토시의 초상화를 기록물에 포함시키려 했지만, 임진왜란에 출병한 전력이 있는 인사라며 한국 측이 반대해 무산됐다. 그의 가교 역할이 없었다면 불가능했는데 참 옹졸한 처사다. 조선 후기 선린우호 외교의 개척자로 '성신지교린론(誠信之交隣論)'을 주창했던 에도시대 유학자인 아메노모리 호슈(雨森芳洲, 1668~1755)는 외교나 사람의 사귐에서도 중요한 것은 '성실(誠實)과 신뢰(信賴)'라 했다. 소 요시토시의 뒤를 이어, 그의 장남 소 요시나리(宗義成)가 제2대 번주가 되었다. 그는 영지 조사, 은 광산 개발 등을 실시하여 재정의 기반을 공고히 함으로써 지배권 강화에 힘썼다. 가신들에게 나누어 주었던 무역선의 권리를 거두어들이고, 부산왜관 최고 책임자인 관수(館守) 자리에 대마도 측 인사를 임명하는 등 조선과 통교 무역체제를 정비했다. 고즈넉한 만송원(萬松院)은 1615년 초대 번주 소 요시토시를 위해 건립된 사찰로, 일본의 3대 묘소이자 국가 사적이다. 조선 국왕으로부터 선물 받은 삼구족(三具足·화병, 향로, 촛대)이 전시되어 있다. 제2대 번주인 소 요시나리(宗義成)는 임진왜란과 세키가하라 전투, 조선 평화외교와 고난의 삶을 살았던 초대 번주 소 요시토시를 위해, 가네이시성(金石城) 서편 봉우리에 쇼온지(松音寺)를 창건한다. 7년 후 그는 아버지 소 요시토시의 법명(法名)에 따라, 사찰명을 반쇼인(萬松院)이라 개칭했다. 독실한 불교신자였던 도쿠가와 이에야스가 조선 외교에 활용하기 위해, 그를 불교로 개종(改宗)시켜 '반쇼(萬松)'이라는 법명(法名)을 내렸기 때문이다. 1647년 현재의 위치로 이전해 소(宗)씨 집안의 보살사(菩薩寺)가 되었다. 반쇼인 본당을 나서면 도란도란 흐르는 개울물 소리가 들리고, 햐쿠간기(百雁木)라는 안내판이 보인다. 100마리의 기러기 행렬처럼 들쑥날쑥한 계단이란다. 132개의 완만한 돌계단은 쓰시마에서 생산된 명석을 사용해 만들어졌다. 오랜 세월 고고하게 지켜 온 돌계단의 양옆에는 석등이 줄을 잇고 있고, 키 큰 대나무와 삼나무들이 터널을 이루고 있었다. 묘지로 가는 길이나 이끼 낀 돌계단을 오르면서도 우거진 삼림 때문에 묘지라는 생각이 들지 않는다. 나가사키 천연기념물로 지정된 1200년 된 스기(杉)나무가 우뚝 서 있어 세월의 두께를 대변하고 있다. 반쇼인 상 묘역에는 19대 소 요시토시(宗義智)로부터 32대 소 요시요이(宗義和)까지 역대 번주와 부인의 묘가 있다. 중 묘역 상단에는 제10대 소 사다쿠니(宗貞國)의 묘지가 있고 별도로 측실과 유아들의 묘지가 있다. 하 묘역에는 역대 영주 14명과 가족들이 묻혀 있다.

2 ──────────── 조선의 해금정책(海禁政策)

　한반도와 일본은 대한해협과 현해탄을 사이에 두고 접점(接點)에 놓여 있다. 일본은 아시아 대륙 동단의 북태평양에 위치하며 홋카이도(北海道)·혼슈(本州)·시코쿠(四國)·규슈(九州) 4개의 큰 섬과 6,852개의 작은 섬으로 이루어져 있다. 규슈의 최북단 항구 하카다(博多)는 부산과 직선으로 225km이고, 하카다에서 서울(540km)이 오사카(600km)나 도쿄(880km)보다 가깝다. 따라서 가까운 거리로 인해 문명사적 교류도 활발했지만, 왜구의 침략으로 극심한 피해를 입어야 했다. 왜구 출몰지역은 약탈과 살육을 피해 내륙으로 이주해야 했고, 해안지역은 무인지경이 되었다. 국토의 가장자리는 도륙(屠戮)당했고, 침입지역은 내륙으로 확대되었으며 강산(江山)은 학살당한 백성들의 피로 물들었다. 이에 고려가 방어태세를 강화하자 왜구는 1389년(공양왕 원년) 원거리 항해에 부담을 느끼면서도 그 침략 방향을 중국으로 돌린다. 중국으로 침투 방향을 돌렸다고 해서 왜구의 노략질이 근절된 것이 아니었다. 일본 열도에서 중국으로 가는 왜구에게는 중간 보급기지가 필요했다. 그런 이유로 중국과 일본의 중간 지점에 위치하고 있는 고려는 항시 왜구의 약탈 대상이 될 수밖에 없었다. 왜구에게는 한반도가 반드시 취해야 할 전략적 침략거점이었다. 왜구는 점차 약탈지역을 고려 내륙으로 확대했고, 이로 말미암아 해상교통망과 세금으로 거둬들인 세곡(稅穀)이나 특산물(供物)을 운송하는 조운(漕運) 기능이 마비되어, 국가재정이 파탄 나는 원인이 되었다. 또한 왜구의 침략에 따라 식량난도 극도로 심각해졌다. 고려는 14세기 말엽까지 가까스로 왜구의 침략위협을 극복할 수 있었지만, 끝내 왕조는 쇠락의 길에서 벗어나지 못했다. 마침내 기진맥진한 고려를 대체해 조선이 개국된다. 고려는 섬들이 적의 기지가 되는 것을 방지하기 위해 공도정책의 일환으로 해금책(海禁策)을 취했는데, 조선은 이를 더욱 강화해 섬 주민을 뭍으로 이주시키는 쇄환정책(刷還政策)으로 이어 나간다. 해금(海禁)은 '바다로 나아가 외국과 통교하는 것을 금지한다'는 〈하해통번지금(下海通番之禁)〉의 약칭으로 '쇄국(鎖國)'과 '해금(海禁)'은 조선의 근본정책이었다. 이는 해상무역과 해상교통뿐 아니라, 어업까지 규제하는 해양통제정책이다. 항구가 없으니 무역이나 장사는커녕, 고기잡이조차 마음대로 할 수 없으니 백성이 헐벗고 굶주리는 것은 당연했다.

1271년 몽골제국의 제5대 황제 쿠빌라이가 세운 원(元)을 내쫓고, 1368년 명(明)을 건국한 주원장(朱元璋)이 왕조 수립 4년 뒤 1371년에 세운 왜환(倭患)에 대한 기본정책도, 해상교통·무역·어업 등을 제한하는『해금정책(海禁政策)』이었다. 이 정책으로 인해 해양무역이 위축되고, 바다를 비움으로써 해군력의 급속한 약화를 가져왔다. 결과적으로는「연해 1,000여 리가 모두 도적의 소굴이 되는」상황을 초래했다. 명 정부는 뒤늦게 〈금구교섭(禁寇交涉)〉에 나섰지만 별다른 효과를 거두지 못했다. 왜구로 인해 섬을 비우고 바다를 포기하는 수세적 방법으로는 왜구를 근절시킬 수는 없었다. 오히려 바다를 포기함으로써, 근본대책이 사라지고 더욱 위축되는 결과만을 가져온 것이다. 고려 말 섬을 비워 버린 〈공도정책(空島政策)〉은 서남해의 해상세력이 삼별초(三別抄) 세력과 동조할 우려 때문에 본격화되었다. 따라서『공도화 대상』은 진도(珍島)·압해도(押海島)·흑산도(黑山島)·장산도(長山島)·거제도(巨濟島)·남해도(南海島) 등 주로 해상세력이 항몽(抗蒙)의 근거지로 삼았던 큰 섬들이었다. 조선 중기의 인문지리서인 〈신증동국여지승람(新增東國輿地勝覽)〉에 따르면, 공도화 시점은 거제도가 1271년(원종 12년), 진도가 1350년(충정왕 2년), 남해도가 공민왕(재위 1351~1374년) 때 공도화되었고, 나머지 섬들은 공도화의 시점이 명기되어 있지 않다. 울릉도(鬱陵島)는 고려건국 초까지만 해도 수백 명이 거주하였으나, 여진족의 침입과 왜구의 노략질로 피폐화되자 고려현종(顯宗, 재위 1010~1031년) 때부터 거의 사람이 살지 않았다. 조선왕조가 들어서면서 육지 사람들이 섬을 기웃거렸지만, 제주도(濟州道)를 제외한 모든 섬 거주민들을 본토로 이주시키는 정책을 실시한다. 1417년(태종 17년) "죄인들이 섬으로 도망쳐서 숨어 버리고 섬 주민들이 세금을 내지 않는다"며 공도정책을 실시한 후 무인도로 변해 버렸다. 조선이 공도정책을 실시한 것은 "모든 백성은 왕의 지배와 보호를 받는 위치에 편제되어야 한다"는 통치이념에서 나온 것이었다. 조선시대 '섬(島)'은 왕의 지배와 보호가 미치는 통치대상이 아니어서, 행정 편제상에서도 배제되었다. 다만 왕권 내에 있는 '조선의 영토'라는 막연한 관념만이 존재했을 뿐이다. 따라서 백성이 섬에 흘러 들어간다면, 그것은 곧 왕의 통치권에서 벗어나려는 행위로 해석되어 탈출죄(脫出罪)나 반역죄(反逆罪)에 상응하는 형벌이 가해졌던 것이다. 1413년(태종 13년) 태종은 '사사로이 바다로 나가 이익을 도모하는 자를 금지하라'는 명을 내린다. 1417년(태종 17년) 공조판서 황희(黃喜)는 '쇄출(刷出, 섬에서 모두 나가게 한다)'과 '수토(搜討, 섬을 수색하여 토벌한다)'를 건의해 태종의 윤허를 받아낸다. 바다로 나가는 것을 막는 〈공도쇄환(空島刷還)정책〉이었다. 그 뒤를 이어 1426년(세종 8년) 세종도 "사사로이 국경 근처에서 무역하거나 바다로 나간 자는 장(杖, 곤장) 100대에 처한다(私出外境貨賣及下海者, 杖一百)"고 했다(『세종실록』 32권, 세종 8년 4월 19일, 壬午 4번째 기사). 나아가 10리 밖의 바다로 나가는 항해는 왕토(王土)로부터 무단이탈로 간주하여 처벌했다. 태종 때는 바다에 나가 무역하는 것을 규제했지만, 세종 때는 아예 바다에 나가는 것을 금지한 것이다. 섬과 바다를 포기했던 조선왕조가 임진왜란을 전후하여 섬의 중요성을 재인식해, 큰 섬들은 성종(成宗)대를 전후로 다시 주민이 거주하기 시작했지만, 작고 외딴 섬들은 16~17세기에 들어서 비로소 사람이 들어가 살 수 있었다. 그래서 우리나라 대부분 섬들의 사람살이 역사는 겨우 300~400년에 불과하다. 울릉도(鬱陵島)에 정식으로 주민 이주가 본격화된 것은 1882년(고종 19년), 470년간 유지됐던 공도정책(空島政策)이 폐지되고 섬들을 개발하라는 개척령(開拓令)이 내려지면서부터였다. 1881년(고종 18년) 4월 이규원(李奎遠, 1833~1901)이 울릉도 감찰사로 임명되고, 이민정책을 장려하여 16호에 54명의 주민이 거주하기 시작하였다. 신라와 고려의 사신과 상인은 주로 해로(海路)를 통해 중국으로 건넜으나, 조선의 사행은 반드시 육로(陸路)로만 통했다. 조선이 왜구침구로 입은 가장 큰 폐해는 문화적 자폐주의에 빠져, 해양을 통한 문화 유입의 다양성을 스스로 저버린 것이었다. 신라가 '개방(開放)'이 코드였다면 조선시대는 '폐쇄(閉鎖)'가 코드가 된 것이다. 동아시아의 해양은 해금책의 영향으로, 왜구의 불법·탈법을 방관·조장하는 결과만을 초래했다. 해금책은 대륙과의 교류에 의해 발전이 수혈되어 온 섬나라 일본에게도 심대한 타격일 수밖에 없었다. 그리하여 일본 내 불량집단은 점차 해양침략 세력으로 발전해 간다. 결과적으로 조선은 크고 작은 도발을 감수할 수밖에 없는 처지가 된 것이다. 이른바 왜변(倭變)이니 왜란(倭亂)이니 하는 것이 바로 그것이다. 임진왜란 역시, 3면이 바다인 반도(半島)에 위치하면서 바다를 잃은 그 연장선상에서 봐야 한다. 섬을 비워 버린 것도 섬에 주민을 이주시킨 것도, 모두 그 원인이 왜구에게 있으니 참 기막힌 현실이었다.

조선과 명이 취한 해금정책은 스스로의 목을 조이고, 바다를 독점한 일본에게는 엄청난 이익을 안겨 주었다. 임진왜란이 끝난 지 불과 11년 후인 1609년(광해군 원년) 3월, 난세이제도(南西諸島)에서 가장 큰 해적 집단인 사쓰마번(薩摩藩, 현 가고시마)이, 3,000명의 군대를 동원해 류큐왕국(琉球王國, 오키나와)을 점령한다. 류큐제도는 규슈 남단 가고시마 현에서 타이완까지 크고 작은 화산섬과 산호섬 200여 개가 부채꼴로 이어져 있다. 이 섬들은 동중국해와 서태평양을 나누는 경계이기도 하다. 류큐는 조선·중국·일본과 교류하면서 남쪽으로는 베트남·필리핀·인도네시아까지 교역했다. 사쓰마번

(藩)은 가까운 아마미제도(奄美諸島)를 직접 지배하는 대신 류큐의 명목상 독립은 유지했다. 그러다 메이지 유신과 같은 시기인 1860년(철종 11년), 청나라 동쪽 끝 해삼위(海參崴, 하이선와이)라 부르던 연해주(沿海州, 블라디보스토크)를 러시아가 차지하는 등, 청의 국력이 소진될 기미를 보이자 1868년 곧장 북방으로 진출해 홋카이도를 일본 영토로 복속시킨다. 일본 열도에서 가장 북쪽에 위치한 섬 홋카이도(北海道)는 19세기까지 아이누의 거주지라는 뜻으로 에조치(蝦夷地)라 했고, 아이누족(Ainu)을 아이누 모시리(Ainu mosir) 즉 '인간들이 사는 땅'이라 불렀다. 선주민(先住民)인 이들 아이누족은 결국 일본에 복속되면서 멸족의 길을 걷는다. 1879년 3월 11일 메이지 천황이 류큐를 오키나와현으로 편입한다는 칙명을 내린다. 이로써 4월 4일 류큐왕국은 공식적으로 일본에 병탄됐다. 당시 류규왕국을 병탄하고 현(縣)을 설치한 사람은 내무경(內務卿)인 이토 히로부미(伊藤博文)였다. 미국은 제2차대전 종전 후 오키나와에 류큐열도 미 군사 정부를 두고 일본 본토와 별개로 직접 통치했다. 그러다 냉전에 따른 미국의 동북아 방위계획의 영향으로, 1967년 류큐제도를 일본에 반환키로 합의 1972년 5월 15일 다시 일본 영토로 귀속시킨다. 『반(反) 야마토 민족(大和民族)주의』를 경계하는 일본은 류큐제도라는 말보다, 본토의 남서쪽 섬이라는 의미로 난

세이제도(南西諸島)를 선호한다. 일본의 육지면적은 세계 60위로 좁지만, 경제주권을 쥔 배타적경제수역(EEZ) 크기에서는 세계 6위에 올라 있다. 크고 작은 6,852개의 섬으로 이루어진 일본은 나라 전체를 바다와 접속지로 생각한다. 우리가 전국을 방방곡곡(坊坊曲曲)이라고 하는 데 반해, 일본은 「진진포포(津津浦浦, 쯔쯔우라우라)」라는 말을 쓴다. 그만큼 나루(津)와 포구(浦)를 중시한다는 뜻이다. 일제(日帝)는 다른 나라가 국제법(國際法)에 무지하던 시절인 19세기 말에서 20세기 초, 이곳저곳 무인도를 찾아다니며 깃발을 꽂아놓았던 것이다. 그 결과 일본의 바다영토는 서쪽 끝은 대만(臺灣) 턱밑에 다가서 있고, 남쪽은 필리핀 앞 동쪽으로는 태평양 중턱까지 뻗어 있다. 일본 바다영토의 동·서 간 직선거리는 무려 3,140km에 달한다. 경도로는 33도, 시차로 계산하면 2시간 이상 차이가 나는 거대한 영역이다. 중국이나 인도보다도 3~4배 큰 바다를 지배하며 해양대국으로 떵떵거리고 있는 것이다.

3. 명치유신과 제2의 임진왜란

교토(京都) 북동쪽 80여 km쯤에 있는 〈세키가하라(関ヶ原) 전투〉에서 압승해, 1603년 정이대장군(征夷大將軍, 세이타이 쇼군)에 임명되고 에도(江戸)막부를 창설한 도쿠가와 이에야스(德川家康)는, 임진왜란을 가리켜 『평적(平賊)이 저지른 악(惡)』이라고 불렀다. 명분 없는 전쟁으로 조선은 물론 일본인에게도 막대한 피해를 입혔기 때문이다. 그런데 정유재란이 끝난 지 268년 만인 1868년(고종 5년) 메이지 유신(明治維新)이 일어난다. 1600년 〈세키가하라전투〉와 1614년~1615년 〈오사카전투〉에서 동군에게 패하여, 음지(陰地)에서 세월을 보내던 히데요시의 후예들이 일으킨 정변이었다. 서로 앙숙관계인 사쓰마번(규슈섬 서남단 가고시마 현)과 조슈번(혼슈섬 서쪽 끝 야마구치현)이 비밀리 동맹을 맺고 에도막부 권력을 천황에게 넘기라며 일으킨 쿠데타였다. 1866년 3월 7일에 맺어진 이 〈삿초동맹(薩長同盟)〉은 총 6개항으로 이루어진 밀약으로 '천황(天皇)의 친정(親政)'을 목표로 삼았다. 천황이란 도교의 신 '천황대제(天皇大帝)'에서 나온 말이며, 일본(日本)이란 국호와 함께 7세기 말부터 사용됐다. 당시 천황의 존재에 대해 "천황이 쇼군(將軍)자리에 앉았다는데 그가 누구일까?" 말할 정도로 유신 초기만 해도 존재감이 없었다. 1865년 봄에 시작된 이 협상은 몇 차례 위기를 거치면서 한때 물거품이 될 수도 있었으나, 도사번(土佐藩, 현 고치현)의 사카모토 료마(坂本龍馬)의 중재로 1866년 3월 체결된다. 이후 조슈번(長州藩)은 육군을, 사쓰마번(薩摩藩)은 해군을 장악했다. 1867년 양 번의 연합군이 교토를 장악하자, 도쿠가와 막부는 11월 9일 천황에게서 위임받은 통치권한을 되돌려준다(대정봉환, 大政奉還). 1868년 4월 11일 제15대 마지막 쇼군 도쿠가와 요시노부(德川慶喜)가 에도성에서 나온다. 1603년 3월 이에야스가 에도막부 초대 '쇼군(將軍)'으로 임명된 지 264년 만이며, 800년에 가까운 무사정권의 종말이다. 그리고 1868년 4월 메이지 유신이 단행된다. 신정부는 도쿠가와 막부의 근거지인 에도(江戶)를 접수한 후 1868년 7월 도쿄(東京)로 개칭한다. 글자 그대로 '동쪽에 있는 수도'라는 뜻이다. 1869년 7월 25일 각 번은 토지와 백성을 천황에게 반납하고(판적봉환, 版籍奉還), 1871년 8월 29일 봉건영주들의 영지인 261개 번을 행정 단위로 격하하며 중앙에서 지사를 파견한다(폐번치현, 廢藩置縣). 대정봉환 이후 일본은 불과 30년 만에, 중세 막부체제에서 입헌군주국으로 변신했다. 그들은 국가·근왕주의의 기치 아래 앞만 보고 질주했고, 공업과 과학, 군사 등 전 분야가 어지러울 만큼 발전했다. 서양 신문물의 위력을 실감한 일본은 명치유신으로 근대화에 성공한 반면, 쇄국을 고집한 조선은 망국의 길을 걸었다. 결국 이렇게 체제변혁에 성공한 일본은, 러시아의 남진을 막아 내며 아시아의 패자(覇者)로 부상한다. 일본의 근대를 연 메이지 유신(明治維新)은 전혀 새로운 것이 아니라, 현재 자신들보다 더 앞선 것을 받아들이는 데서 출발했다. 이들은 이질 문화와의 충돌과 갈등, 혼돈을 겪으면서 이를 통해 일본정부뿐만 아니라, 일본문명이 지향하는 방향과 형식마저 바꾸었다. 그리고 1898년(고종 35년) 메이지 유신의 주역들이, 도요토미 히데요시의 사망 300주년을 맞아 『풍공(豊公) 300년제』를 거행하는데, 여기에 총리대신 이토 히로부미(伊藤博文)와 육군군벌의 수장 야마가타 아리토모(山縣有朋)가 참석했고, 명성황후(明成皇后)를 시해한 극우 낭인 조직 현양사(玄洋社 겐요샤, 1881~1946)의 도야마 미쓰루(頭山滿)도 참석한다. 이 자리에서 이들은 히데요시가 완성하지 못한 〈조선정벌(朝鮮征伐)〉의 꿈을 다짐했고, 이 다짐은 불행히도 현실이 되어 불과 12년 만인 1910년 8월 29일 이름뿐인 대한제국(大韓帝國)은 일제에 강점된다. 따라서 임진왜란 이후 300년 만에 일어난 『국권피탈(國權被奪)』은 히데요시가 실패한 조선 정벌의 유지를, 명치유신의 주역들이 이어받아 성공시켰다는 점에서 메이지 유신(明治維新)은 제2의 임진왜란으로 볼 수 있다.

임진왜란에서 제7군, 정유재란 때는 우군(右軍)을 이끈 모리 테루모토(毛利輝元)의 조슈번(長州藩, 현 야마구치) 세력은 정한론을 주장했던 요시다 쇼인(吉田松陰)과 유신 3걸 중 한 명인 기도 다카요시(木戶孝允), 러일전쟁의 영웅으로 불리는 노기 마레스케(乃木希典), 조선 병탄 공작을 다진 이토 히로부미(伊藤博文), 육군군벌의 수장 야마가타 아리토모(山縣有朋), 가쓰라-태프트 밀약의 가쓰라 다로(桂太郎), 초대 조선 총독 데라우치 마사타케(寺內正毅), 태평양전쟁의 전범 도조 히데키(東條英機)를 배출했다. 메이지 유신을 일으킨 핵심 인물들의 스승이었던 요시다 쇼인(吉田松陰)은 서양의 외압을 이웃 아시아에 대한 침략으로 보상받으려 했다. 그가 저술한『유수록(幽囚錄, 1854년)』에는 "캄차카와 오호츠크를 빼앗고 오키나와를 제후로 삼고, 조선을 다그쳐 옛날처럼 조공을 하게 만들고, 북으로는 만주를 점령하고 남으로는 대만과 필리핀 루손 일대의 섬을 노획하여 옛날의 영화를 되찾기 위한 진취적인 기세를 드러내야 한다"며 정한론의 본격적인 실행을 촉구했다. 이들 세력은 패전 이후에도 일본 정계에 주류로 남아 자민당 체제를 확립시키고, 총리를 지낸 A급 전범 기시 노부스케(岸信介)와 그의 동생 사토 에이사쿠(佐藤榮作), 외무대신을 지낸 기시의 사위 아베 신타로(安倍晋太郎)에 이어 외손자 아베 신조(安倍晋三) 총리로 이어지게 된다. 동학농

민운동을 핑계 삼아 1894년 7월 23일 경복궁에 무단 침입해 고종(高宗)을 겁박한 오시마 요시마사(大島義昌) 소장은 아베 신조 총리의 고조부다. 그는 1909년 안중근 의사가 이토 히로부미를 저격하고 뤼순감옥에서 순국할 때까지 만주지역을 관할한 '관동총독(關東摠督)'이기도 했다. 1974년 오키나와 반환 협상을 조인해 노벨평화상을 받은 아베의 외종조부 사토 에이사쿠(佐藤榮作) 전 총리는 제14대 심수관(沈壽官)에게 자신의 집안은 임진왜란 이후 야마구치(山口)현에 정착한 조선인 후예라고 고백했다고 한다. 친한파(親韓派)로 아들 아베 신조와는 전혀 다른 정치성향을 가졌던 부친 아베 신타로(安倍晋太郎) 또한, 아베 가(家)에서 40년간 가정부로 일해 온 구보 우메(久保ウメ)에게 "자신은 조선(인)이다. 조선(私は朝鮮(人)だ。朝鮮)"이라 말했다고 2006년 10월 6일 자 발매된 「주간 아사히(週刊朝日)」가 전한다. 중의원 2선을 역임한 아베의 할아버지 아베 간(安倍 寬)은 전쟁 반대를 내걸고 도조 히데키(東條英機)가 이끄는 대정익찬회(大政翼贊会)에 맞서 무소속으로 나설 만큼 군국주의에 비판적이었다. 아베 신조는 친가쪽보다는 외가쪽의 정치적 사상에 큰 영향을 받은 것으로 보인다. 1614년(광해군 6년) 이수광이 편찬한 『지봉유설(芝峰類說)』은 여러 책을 인용하여 "임정태자(臨政太子, 성왕의 아들 임성)가 백제 멸망 후 일본으로 건너가 주방주(周防州, 규슈 후쿠오카)를 도읍으로 하고 오우치노도노(大內殿)라고 칭하였다"고 기술한다.『지봉유설』에 의하면 그로부터 47대가 지나서 임정태자의 대가 끊어지자 가신(家臣)이었던 모리(毛利) 가문이 영지를 물려받았다. 모리 가문도 임정태자 가문의 가신이었던 만큼, 역시 백제계나 그 후손이었을 것이다. 모리 가문의 후손인 모리 데루모토(毛利輝元)는 임진왜란 때 왜군의 핵심장수로 참여하여 진주성전투와 울산성전투 등 주요 싸움에 참전했다.『지봉유설(芝峰類說)』은 "모리 데루모토의 풍속은 다른 왜인들과 달리 너그럽고 느려서 우리나라 사람의 기상이 있다고들 한다"고 했다. 예나 지금이나 한반도에 가장 적대적인 일본인은 대부분 한반도 출신의 후손들이다. 부관페리호가 닿는 시모노세키(下關)가 조슈번(長州藩)이었던 야마구치(山口)현에 속한다. 또한 임진왜란 때 제4군으로 정유재란 때는 좌군(左軍)으로 참전하여 조명 연합군이 지키던 남원성(南原城)을 함락시키고 박평의(朴平意) 등 42명의 조선 도공을 납치하여「사쓰마 도자기산업(薩摩燒)」을 일으킨 시마즈 요시히로(島津義弘)의 사쓰마번(薩摩藩, 현 가고시마) 역시, 정한론을 외친 사이고 다카모리(西鄕隆盛)와 유신 3걸 중 하나로 불리는 오쿠보 도시미치(大久保利通)를 배출했고, 이들은 〈일본제국해군〉을 건설하여 태평양전쟁(太平洋戰爭, 1941~1945년)을 일으켰다. 러일전쟁에서 일본 해군의 승리를 이끈 도고 헤이하치로(東鄕平八郞), 강화도조약의 빌미가 된 운요호 사건(雲楊號事件)을 일으킨 이노우에 요시카(井上良馨)와 구로다 기요타카(黑田淸隆)도 사쓰마번 출신이다. 시마즈(島津)가는 일본 미나미큐슈(南九州)의 3개국을 명치시대까지 지배했던 무사 집안이다. 이들은 전후에도 일본 정계의 주류 정치 세력으로 남아, 고이즈미 준이치로(小泉純一郞) 전 총리 같은 정치인을 배출했다.

VI. 여행을 마치며

1. 국경의 섬, 대마도

대마도는 임진왜란 이후에도 에도(江戶, 도쿄)까지 조선통신사의 왕복을 모두 관장하는 등 대일본 외교창구 역할을 했다. 대마도(쓰시마)는 국제무역항이 있던 나가사키(長崎)에서 호초(후추)나 단목(소목) 명반(백반) 같은 동남아시아의 특산품을 사들인 뒤 조선에 되팔았고, 반대로 조선에서 인삼(人蔘)과 중국산 비단, 명주실인 백사(白絲)를 구매해 일본에다 팔았다. 조선도 대마도를 통한 왜와 무역에서 막대한 이익을 누렸다. 조선 수출품의 주력은 60~70%를 차지하는 중국산 비단으로 구매가격의 3배에 가까운 이문을 붙여 왜에다 팔았다. 인삼(人蔘)은 전체 수출 물량의 20% 남짓했으나 늘 공급이 딸렸다. 일본에서 인삼을 만병통치약으로 여기는 풍조가 있어 밤새 인삼을 사기 위해 줄을 선다거나 웃돈을 얹어 사재기 할 정도로 인기가 높았다. 1719년(숙종 45년) 제8대 쇼군(將軍) 도쿠가와 요시무네(德川吉宗)의 취임 축하차 조선통신사 정사(正使)로 일본을 다녀온 홍치중(洪致中)의 증언에 따르면 "한양에서 은 70냥에 인삼을 사면 에도에서 300냥에 팔 수 있었다"라는 말이 적혀 있다. 따라서 조선인삼을 수입하면서 대금은 은(銀)으로 치러야 하는 일본의 재정은 늘 적자에 시달렸다. 당시 인삼은 최상급 교역품으로 조선에서도 외부 유출을 엄격하게 제한했다. 그러나 1721년(경종 원년) 문위행(問慰行, 역관사) 정사 최상집(崔尙㠎)을 비롯한 역관 65명이 인삼 200근을 밀무역하다 적발되어, 약점이 잡힌 이들의 협조로 1728년(영조 4년) 외국 반출이 금지된 인삼 생근(生根) 34뿌리와 60알의 씨앗이 일본으로 유출되었고, 『동의보감(東醫寶鑑)』의 신봉자로 인삼애호가였던 제8대 쇼군 도쿠가와 요시무네(德川吉宗)가 중심이 되어 어렵게 구해 온 인삼 씨앗과 뿌리를 일본 곳곳에 심어 재배를 시도한다. 그 결과 1733년(영조 9년) 조선인삼 재배에 성공했고, 1738년(영조 14년)부터는 이렇게 대량생산한 인삼을 〈오타네 닌징(お種人蔘)〉이라 불렀다. 이후 조선 인삼을 중계하여 큰 이익을 보던 대마도와 조선의 수출이익도 급격하게 줄어들었다. 비슷한 시기 〈북미인삼(北美人蔘)〉이 헐값에 일본으로 들어오면서 조선인삼의 수요는 더욱 줄어들고 만다. 18세기 중엽 임진왜란 이후 100여 년간 이어지던 『인삼(人蔘)』을 매개로 한 대일본무역 우위가 무너지고 있었던 것이다. 조선은 상업과 대외 무역에 신경을 쓰지 않는 나라였지만 동북아 무역에서 보이지 않는 주도권을 상실한 이후에는 국력이 더욱 쇠약해졌다. 1868년 메이지 시대로 접어들면서 대마도에는 일본군 경비대와 요새가 들어선다. 일본이 대마도를 정치적·행정적으로 편입했음에도, 조선은 여전히 대마도를 〈조선의 울타리〉로 인식하고 있었다. 조선과 일본에 양속된 대마도는 1871년(고종 8년)에 일본의 이즈하라현(嚴原縣)으로 1876년(고종 13년)에는 나가사키현(長崎縣)으로 편입된다. 대마도의 역사유적지는 한국과 가까운 북쪽 일대와 아래 섬 이즈하라(嚴原) 쪽에 몰려 있다. 대마도 윗섬에는 대개 그저 비석만이 덩그러니 세워져 있어 그다지 볼 것이 없다. 대부분 근래 들어 한국과 대마도 간의 교류가 잦아지면서 세운 것들이다. 하지만 이 비석들은 역사적 현장이라는 의미를 넘어, 늦게나마 상대국의 인물을 추념하거나 기리는 비석을 세워 양국 간의 이해와 화해를 상징한다는 데 뜻이 있다. 일본에 볼모로 잡혀간 신라의 왕제 미사흔(未斯欣)을 탈출시키고 처형당한 박제상(朴提上)의 순국비, 1703년(숙종 29년) 와니우라(鰐浦) 해변에서 조난당한 조선 역관사 108명을 기리는 역관사비, 히타카츠(比田勝)에 있는 왕인박사 현창비와 조선통신사의 공적비 등 모두 1988년 이후부터 최근까지 세운 것이다. 74세의 노구로 을사조약이 체결되자 의병을 이끌고 싸웠던 면암 최익현(勉庵 崔益鉉)이 이곳에 감금되었다가 세상을 떴다. 그의 장례가 치러진 슈젠지(修善寺)는 조선통신사 일행(1811년)을 접대하며 향응을 즐겼던 곳이다. 인근에 있는 하치만구 신사(八幡宮神社)는 임나일본부를 건설했다는 진구황후(神功王后)

를 제사 지내는 곳으로 역사 왜곡의 한 단면이 묻어나는 장소다. 이즈하라(嚴原町)의 쓰시마 시청 옆 언덕에는 임진왜란 때 종군승 겐소(玄蘇)가 세운 세이잔지(西山寺)라는 절이 있다. 돌과 자갈로 험준한 산과 세상의 물결을 추상적으로 표현한 「고산수(枯山水, 가레이산스이)」 방식의 일본식 정원이 입구를 장식하는 오래된 절이다. 이곳에는 히데요시의 침략 의도를 탐지하러 왔던 조선통신사 일행이, 이후에는 탐적사로 활동한 사명대사 유정(惟政)이 3개월 동안 머문 곳이기도 하다. 대마도 번주의 관사로 들어가는 출입문은, 아직도 고려문(高麗門)이라는 이름으로 남아 있다. 이밖에 이즈하라의 옛 성터에는, 대마도주 후손인 소 다케유키(宗武志) 백작과 덕혜옹주(德惠翁主)의 결혼봉축기념비가 남아 있다. 고종이 애지중지했던 딸 덕혜(德惠)는 나라 잃은 왕족의 설움 그대로 볼모가 되어, 13세 때 일본에 강제 유학했고 일본인과 결혼까지 해야만 했다. 물론 이들의 결혼생활은 고난이 있었으나, 딸 정혜(正惠, 마사에)를 낳아 서로 신뢰와 애정이 깊었다. 그러나 양국 관계로 갈등이 심했고 결국 1955년에 이혼한다. 온갖 차별과 따돌림을 당하던 딸은, 어머니처럼 정신 질환을 얻었고 자살하겠다는 유서를 써 놓고 실종됐다. 소 다케유키가 먼저 죽고 덕혜옹주는 1962년 한국으로 귀국하여 7년간 병원 치료를 받으며 창덕궁 낙선재(樂善齋)에 머물다 77세의 나이로 별세했다. 덕혜옹주의 묘는 경기도 남양주 '홍릉과 유릉(사적 제207호)'에 있다.

2. 청정 휴양지 대마도

국경의 섬 대마도는, 그 역사의 자취를 덜어 내고도, 자연 경관만으로 청정 휴양지로서 충분히 매력적인 여행지다. 물이 깨끗한 대마도에는 상수도를 그냥 식수로 사용한다. 이즈하라(巖原)에는 '신령이 머무는 산'이라는 시미즈산(淸水山)이 있고, 최북단 와니우라(鰐浦·악포)에는 3,000여 그루의 이팝나무가 자생군락을 이루고 있어, 개화기인 5월 초순에는 순백색의 꽃들이 은은한 향기를 풍기며 마치 함박눈이라도 내린 듯 온 산을 하얗게 뒤덮는다. 대마도에는 바다가 한눈에 들어오는 장쾌한 전망의 곶(串)이 있고, 섬들이 점점이 떠 있는 호수 같은 바다 아소만(淺茅灣)을 내려다볼 수 있는 자리도 있으며, 수백 년 묵은 아름드리 거목(巨木)들이 이루는 우람한 숲 그늘도 있다. 대마도에서 최고의 경관 명소로 꼽히는 에보시다케(烏帽子岳) 전망대에서 가파른 산길을 타고 오르면, 바다와 섬의 경관이 360도로 펼쳐진다. 해발 176m란 높이가 믿기지 않을 정도로 장쾌한 전망이다. 에보시다케 인근의 와타즈미(和多都美) 신사는 문(門)의 형상을 한 도리이(鳥居)가 바닷속에 세워져 있어, 운무(雲霧)가 서리면 마치 그 문을 통해 누군가 걸어 들어올 것 같은 신비스런 분위기가 느껴진다. 여기에 버금가는 명소로는 최남단의 쓰쓰자키(豆酸崎)가 있다. 대한해협과 쓰시마해협의 경계쯤인 이곳은 파도가 밀려드는 거친 바다 너머 등대가 솟아있는 풍경이 펼쳐진다. 곶(串) 끝에 서서 바다 쪽으로 펼쳐지는 풍경을 바라보면 시야가 넓어져 수평선의 양 끝이 둥글게 보일 정도다. 대마도에는 정령(精靈)이 튀쳐나올 것 같은 신령스러운 나무들이 버티고 선 깊고 울창한 숲을 빼놓을 수 없다. 짙고 어둑한 숲은 신사나 사찰 주변에 특히 많다. 종교나 신화에 대한 경외(敬畏)가 숲을 온전히 남겨둔 때문이리라. 쓰쓰자키(豆酸崎) 부근의 긴잔조(銀山上) 신사는 물기 머금은 초록이끼로 가득한 참배로가 인상적인 곳이다. 땅 아래는 아기 손 같은 양치식물군이 점령하고 있고, 하늘 위로는 삼(杉)나무와 편백나무, 육박나무(六駁, 녹나무과)가 하늘을 찌른다. 특히 안쪽 깊은 자리에 우뚝 서 있는 구실잣밤나무의 거대함은 절로 탄성을 자아내게 한다. 대마도의 대표적인 신사로 꼽히는 가이진(海神) 신사 주변의 산소를 내품는 숲길도 빠지지 않는다. 맹종죽과 구실잣밤나무, 삼나무가 한데 어우러진 어두운 숲속에는 육중한 깊이감이 무겁게 느껴지며, 산새들의 청아한 노랫소리가 들려온다. 대마도에는 가고시마현(鹿兒島県)의 야쿠시마(屋久島)와 더불어 일본에서 손꼽히는 난대원시림 지역이 있다. 해발 559m의 「다테라산원시림

(龍良山原始林)」이다. '은어가 돌아온다'는 청정계곡 〈아유모도시 자연공원(鮎もどし自然公園)〉은 풍부한 수량의 세가와(瀬川, 뇌천)강과 그 법면이 산 정상으로 이어져 있다. 원래 지명에 천(川) 자가 들어가면 물이 많은 지역이다. 일본도 예외는 아닌 모양이다. 너른 암반 위로 맑은 물이 흘러넘치고 사면 일대에는 구실잣밤나무·녹나무·조록나무(山柚子)·황칠(黃漆)나무·참가시나무·의(椅)나무가 분포한다. 일본의 특별천연기념물이면서 산림조수특별보호구역이기도 하다.

3 ──────── 동북아 평화와 한·일 해저터널

 여행을 마치며, 어쩌면 일본이 대마도를 『공도화(空島化)』하는지 모른다는 생각을 하게 된다. 그 이유는 현재 일본의 경제력으로 볼 때, 대마도를 개발하지 않는 이유를 찾기 힘들기 때문이다. 도로 폭이 아주 좁아 겨우 임도(林道) 수준이며, 고등학교 이상의 교육기관이 없어 젊은이들이 본토로 나가면 되돌아오지 않아, 인구가 급속히 줄어드는 현상을 들 수 있다. 산업이라고는 겨우 간장공장 정도이고, 제대로 된 관광호텔이나 골프장은 물론 변변한 수족관도 없다. 대마도에서 제일 큰 도시인 이즈하라(嚴原)에도 주민 편의시설 정도의 도로공사를 할 뿐, 태풍도 비켜 간다는 대마도에 해군기지나 관광 자원으로 개발하려는 의지가 보이지 않는다. 그 이유는 무엇일까. 그 답(答)은 부산에서 직선거리로 가장 가까운 북단에 있는 히타카쓰(比田勝) 『한국전망대(韓國展望臺)』에 있다. 1997년 한국에서 공수한 자재를 이용해 서울 탑골공원 팔각정을 본뜬 모양으로 지은 곳이다. 이 한국전망대 벽면에는 『한일해저터널(日韓トンネル)』의 노선도가 그려져 있고 '부산 49.5km, 하카타(博多) 145.0km'라는 글귀가 큰 지도 위에 표시돼 있다. 우리 속담에 "시작이 반이다"

라는 말이 있지만 일본 속담에는 "90리를 가야 반이다"라고 한다. 일본은 매뉴얼(manual) 사회다. 지금 상황에서는 한일 해저터널이 힘들어도 언젠가는 이루어질 것이라는 기대하에 사전에 차근차근 대비하는 것이리라. 그럴 경우 해군 기지화에 따른 한일 간의 불필요한 마찰이나 토지보상 문제, 국경검문소, 물류기지, 면세점 및 휴게소 등 미래 〈대마도종합개발〉을 위해 유보하고 있다는 인상이다. 어떤 나라든 국경을 접하고 있는 나라들은 서로 간에 문제가 발생하기 쉬운 법이다. 바다를 사이에 두고 〈백년전쟁(1337~1453년)〉을 치른 영국과 프랑스는, 1994년 도버해협에 유로 터널을 개통 고속열차인 유로스타와 셔틀 열차인 르셔틀을 운행하고 있다. 1987년 12월 1일 착공해, 8년 만에 준공한 이 해저 터널로 유로스타가 최대 300km 속도로 달린다. 영국 런던에서 두 시간 가량이면 프랑스 파리나 벨기에 브뤼셀에 닿을 수 있다. 중국과 대만 간에도 폭 130~180km 수심 50m의 대만해협에 135km에 이르는 해저철도터널을 뚫어 시속 250km의 고속 철도를 건설할 계획이다. 터널의 출발점은 푸지엔성(福建省) 핑탄현(平潭县)이고, 대만은 수도 타이페이 인근의 항구 도시인 신추현(新竹縣)이 될 것이며, 2030년까지 완공한다는 목표다. 일본은 1938년 후쿠오카-쓰시마-거제도-부산을 잇는 약 220km의 해저터널 철도계획을 세우고, 12번의 조사 후 1942년부터 굴착 시도가 있었지만 성사되지 않았다. 이 터널이 뚫리면 한국과 일본을 자동차로 달리는 것은 물론, 시속 700km의 자기부상열차로 한 시간 만에 오갈 수 있게 된다. 2000년 모리 요시로(森 喜朗) 일본총리가 아시아·유럽 정상회의(ASEM) 참석차 방한한 자리에서 한일해저터널(KJUT) 건설을 공식 제의한 바 있으며, 한국도 노태우(盧泰愚, 1990년 5월) 대통령이 필요성을 최초로 언급한 이후, 김대중(金大中, 1999년 9월) 노무현(盧武鉉, 2003년 2월) 대통령도 긍정적 의사를 표하기도 했다. 2018년 11월 14일 아베 총리와 러시아 푸틴 대통령은 싱가포르에서 회담을 갖고 1956년에 이루어진 〈소·일공동선언〉에 기초해 '평화조약 체결'을 가속화하기로 합의했다. 이날의 공동선언에는 "평화조약 체결 후 쿠릴 네 개 섬 중 면적이 작은 시코탄섬(色丹島)과 하보마이군도(歯舞群島) 두 개 섬을 일본에 인도한다"는 합의가 담겨 있다. 문제는 "시베리아 횡단 철도를 홋카이도까지 연장한다"는 데 있다. 대륙에서 사할린을 잇는 타타르해협(마이야해협) 7km와 사할린에서 홋카이도를 잇는 소야해협(宗谷海峽) 42km 구간에 다리나 터널을 건설해 시베리아 횡단철도를 홋카이도까지 연결하자는 것이다. 일본 일각에서는 한일해저터널이 여의치 않을 경우 2030년까지 홋카이도와 사할린(樺太)을 연결하는 해저 터널을 뚫자는 논의가 일고 있다.

러시아는 19세기 중반부터 사할린 지역을 대륙과 연결하려는 구상을 가지고 있었다. 구소련 시절 스탈린이 이를 연결할 터널 건설을 지시했지만, 3년 후 세상을 떠나면서 중단됐다. 이후 2000년 푸틴이 권력을 잡은 뒤 다시 수면 위로 올라왔고, 그 연장선에서 시베리아 횡단 철도(TSR)를 홋카이도까지 연결하자는 구상이 나왔다. 여기에 중국의「실크로드 경제권 구상(一帶一路)」과 맞물려 러시아 측이 극동지역을 물류거점으로 만들려는 의도를 가지고 있다. 그러나 시베리아 횡단 철도를 사할린(樺太)까지 연결하려는 계획은, 러시아의 경제위기로 추진되지 못하고 있는 실정이다. 이 같은 상황에서 일본의 기술력과 자금이 투입된다면, 정체된 사업에 다시 활력이 생길 수 있다. 일본으로서는 중국을 둘러싸는 무역 루트를 개발한다는 장점도 있다. 일본은 대양과 대륙을 잇는 〈해륙국가(海陸國家)〉를 지향한다. 시베리아 횡단 철도가 홋카이도까지 연결되면, 유럽과 연결되는 수송루트가 배편과 비교해 대폭 줄어드는 효과가 발생하기 때문이다. 한반도는 22만 3,000km²의 작은 땅을 가진 나라이며, 그나마 남쪽의 10만 km²만 실질적인 지배력을 유지하는 유일한 분단국이다. 20세기 동독과 서독, 남베트남과 북베트남, 남예멘과 북예멘은 모두 통일됐다. 한반도는 팍스 아메리카나의 경계선에서 안쪽과 바깥쪽으로 나뉘어 끊임없이 충돌하고 있다. 이 냉전적 대치는 우리의 주권을 제약하고, 동아시아에서의 독자적인 역할을 막고 있다. 이제 우리도 주권적 힘을 키워 동북아 평화의 중심축으로 서야 한다. 21세기에는 더 이상 나 혼자 독립된 국가란 없다. 바로 국가 간의 '연결(連結)'이 경쟁력이다. 섬과 대륙을 이어 주고 대륙을 섬까지 연결시킨다면, 우리가 동북아의 중심이 될 수 있다. 이제는 영토전쟁의 시대가 아니다. 더 많은 길을 닦고 더 많은 장소를 연결하여, 잘 활용하는 나라가 선진국이다. 우리 인간은 개인으로서는 도덕적이고 윤리적일 수 있지만, 집단에 속한 인간은 맹목적인 집단이기의 포로가 될 수밖에 없는 약한 존재다. 따라서 술을 술로 풀려면 해롭듯, 악(惡)을 악으로 풀려고 해서는 안 된다. 물론 한일해저터널이란 이슈 속에는 〈정한론(征韓論)〉이나 〈대동아공영권(大東亞共榮圈)〉 같은 군국주의 그림자가 어른거리는 것도 사실이다. 또한, 아름다운 추억보다는 쓰린 기억이 더 많다. 하지만 눈을 돌려 바깥 세계를 보면, 과거의 악연을 딛고 새로운 미래를 만들어 간 사례도 없진 않다. 일본은 핵폭탄의 아픔을 준 미국과 둘도 없는 단짝으로 지낸다. 요즘 미국은 우리를 체스게임에서 언제든지 포기할 수 있는 전략적 '졸(卒)'로 보는 듯하다. 언제까지 우리의 안전을 남에게 맡길 수는 없다. 칼이 짧으면 일보 전진해야 한다. 지금은 히데요시의 일본, 홍타이지의 청나라, 메이지 시대의 일본이 아니며, 더구나 한국은 더 이상 조선이 아니다. 이제는 국경을 열어 해양과 대륙을 이어 주고 연결하여, 동아시아의 『플랫폼 국가』로 나아가야 한다. 그리하여 사람과 물류, 문화가 자유롭게 이동하는 경제공동체를 통한 평화와 안전을 이룩해야 한다. 우리가 바라는 〈북방 4개 노선〉은 △서울~평양~베이징~울란바토르(몽골) △서울~평양~하얼빈~치타(러시아) △서울~원산~하산~하바롭스크(러시아) △부산~강릉~하산~하바롭스크(러시아)이다. 이 노선을 연결하려면 북한의 참여가 반드시 필요한데 현재로서는 결코 쉽지 않은 일이다. 또한 갈등이 지속되고 있는 현재의 한·일 관계도 걸림돌이 될 수 있다. 그러나 이를 뒤집어 보면 한·일 해저터널(KJUT)이, 불편한 한·일 양국 관계를 타개하고 남북을 연결시키는 촉매제가 될 수 있다. 물론 여기에는 한·일 관계의 재정립과 함께 동북아 신경제와 신문명에 대한 복잡한 함수도 작용할 것이다.

4 ──────────── 동북아 영토 분쟁의 원인

　일본이 아무리 부정해도 과거 그들이 아시아에 끼친 재앙과 가해 책임은 면할 수 없다. 동아시아의 영토분쟁은 모두 그들의 식민지 침탈과 제국주의 침략에서 기인된 것이다. 러시아와 일본 간의 〈남쿠릴열도(북방영토)〉 문제는 제2차 세계대전의 종전과정에서 불거졌다. 중국과 일본 간의 〈센카쿠(댜오위다오)열도〉 분쟁은 『청일전쟁(1895년)』이 남긴 후유증이다. 청일전쟁에서 이긴 일본이 국제법상 무주물(無主物)이라며 자기 땅으로 편입했다. 그러나 국제법적 근거는 있을지 몰라도 이 섬들은 대만(臺灣, 타이완) 바로 옆에 붙어 있고, 일본본토에서는 1천 km 이상 떨어져 있어, 지도만 놓고 보면 일본의 실효지배는 부자연스러워 보인다. 일본이 걸핏하면 주장하는 〈독도 영유권 문제〉 역시, 러일전쟁과 조선침탈 과정에서 비롯됐다. 1905년 5월 러일전쟁에 투입된 러시아 발틱함대가 독도 인근 해상에서 일본 해군에게 완패된다. 발틱함대가 전멸한 다음 달인 1905년 6월, 일본은 그들의 관보(官報)에 독도(獨島)를 〈다케시마(竹島)〉라고 공포하며 일본 영토라고 선언했다. 그 이후 1951년 9월 8일 연합국과 일본 간에 체결된 『샌프란시스코강화조약』에서, 패전 후 일본이 돌려주어야 할 영토에 『독도(獨島)』가 빠지면서 「독도 영유권문제」가 일어났다. 미 국무부는 평화조약 체결을 앞두고 여러 차례 초안(草案)을 만들었다. 그런데 독도 영유권에 관한 조약 초안은 1949년을 기점으로 달라진다. 그 이전에 작성된 초안들은 한결같이 '일본이 독도를 한국에 반환해야 한다'는 점을 분명히 했다. 1947년 3월과 8월에 작성된 평화조약 초안 1장 4조에 "일본은 한국에 대한 모든 권리(right)와 권원(title)을 포기하고 울릉도와 독도(리앙쿠르 록) 거문도 등을 포함한 모든 한국 해안 섬들을 포기한다"라 규정했다. 또한 동경 132도40, 북위 37도30을 기점으로 한·일 경계선을 그은 지도를 첨부했다. 이런 시각은 1949년 10월 13일 작성된 초안 때까지 유지되었다. 그러다 1949년 12월 15일 작성된 평화조약 초안에선 갑작스레 독도가 일본 영토로 둔갑한다. 이 초안 2장 제3조에 "일본 영토는 혼슈(本州)·규슈(九州)·시코쿠(四國)·홋카이도(北海島) 등 4개 주요 섬에, 쓰시마(對馬島), 다케시마(리앙쿠르 록, 獨島를 뜻함), 오키리토(隱岐島), 사도(佐渡島) 등을 포괄해 이뤄진다"고 명시했다. 즉 독도 영유권이 일본으로 넘어간 것이다. 미 국무부 문서는 새 초안 이후에도 독도 영유권을 둘러싼 내부의 엇갈린 시각이 표출된다. 특히 1950년 9월 동북아 국장 엘리슨(Allison)이 존 포스터 덜레스 평화조약 전권대사의 조약 초안을 검토

한 뒤, 작성한 보고서에서 '독도를 일본령에 포함시킨 결정이 나중에 분쟁을 불러올 수 있음'을 지적하고 있다. 존 포스터 덜레스는 1950년 4월 19일 트루먼 정권의 딘 애치슨 국무장관 아래 고문으로 취임했고, 같은 해 5월 18일 샌프란시스코 강화조약의 대통령 특사로 임명된다. 딘 애치슨 국무장관은 미국 극동방어선에서 한국과 대만을 제외한 이른바 「애치슨 라인(Acheson line)」 선언으로 한국과 썩 좋은 인연을 맺지 못했지만, 전후 냉전체제의 거푸집을 만든 정치인이다. 존 포스터 덜레스(John Foster Dulles)는 1953년부터 1959년까지 미국의 국무장관을 지냈다. 앨리슨 국장은 "(초안의) 새 일본 영토 규정은 충분히 명확한가"라고 의문을 제기하면서 '쓰시마(대마도)와 다케시마(독도)처럼 영유권 분쟁이 있을지 모르는 섬들'을 대표적 사례로 지적했다. 독도뿐 아니라 대마도 한·일 간 분쟁가능지역으로 꼽은 것이다. 1951년 샌프란시스코 강화조약이 완성되기 전 이승만 정부가 이 조약에 '독도(獨島)'를 포함시켜 줄 것을 요청한 것에 대해, 미 국무부 동아시아 지역 보좌관 딘 러스크는 8월 10일 "독도는 사람이 살지 않는 암초(暗礁, reef)로 한국의 영토로 취급받은 적이 없으며, 1905년 이래로 일본 시마네현(島根県) 오키(隠岐)섬의 관할구역이었다"는 '러스크 서한'을 보내온다. 그러나 정작 1951년 9월 8일 조인된 『샌프란시스코 평화조약』

에는 '독도가 일본 영토'라는 대목도 사라졌다. 이 조약 제2장 '영토(領土)' 부문의 제2조에는 "일본은 한국 독립을 인정하면서 퀠파트(Quelpart, 제주도)와 해밀튼 항구(Port Hamilton, 거문도), 다즐렛(Dagele, 울릉도)과 같은 여러 섬을 포함하는 한국에 대한 모든 권리(權利), 권원(權原)과 청구권(請求權)을 포기한다"고 명시했다. 독도가 한국령인지 일본령인지 아예 빠진 것이다. 이「러스크 서한(Rusk documents)」은 미국의 단독 의견일 뿐, 연합국 모두가 합의한 사항이 아니기에 국제법적인 효력이 없다. 하지만 일본은 이를 근거로 독도 영유권을 계속 주장하고 있으며, 이것이 바로 한·일 간 영유권 분쟁의 출발점이 된 것이다. 이후 독도 문제는 1965년『한일협정』체결과정에서 "앞으로 해결해야 한다는 것으로써 일단 해결한 것으로 간주한다. 따라서 한·일 기본조약에서는 언급하지 않는다"는 내용으로 봉합(封合)을 선택했다. 미국은 현재도 독도의 영유권에 관해서는 "미국은 리앙쿠르 암(Liancourt Rocks: 독도의 미국식 표기)의 영유권에 관해 어떤 입장도 취하지 않고 있다" "이들 섬의 영토 주권의 문제는 한국과 일본이 평화적으로 해결해야 할 문제"라고 말한다. 따라서 독도에 대한 우리의 입장은 "독도는 한국 고유의 영토다. 독도에 관한 영토분쟁 따위는 없다"로 끝이다.

5 ───────────── 사족(蛇足)

 역사를 거슬러 가다 보면, 이 지구상에서 흠결이 없는 나라는 없다. 어두운 역사가 없는 민족이나 국가도 없다. 우리라고 예외가 아니다. 1968년 2월 25일, 베트남에 파병된 해병 청룡부대 3개 소대가 다낭해안으로부터 10km 떨어진 하미마을에서 주민 135명을 소총과 수류탄, 유탄발사기 등으로 학살했다. 1968년 2월 12일 쿠앙 남(Quang Nam), 성 디엔 반(Dien Ban)현의 퐁니·퐁닛 마을에서도 69명의 여성과 어린이가 살해됐다. 그해 10월과 이듬해 4월에 호앙쩌우(Hoang Chau)와 푹미(Phouc My) 마을에서도 22명과 4명을 학살했다. 그나마 〈퐁니·퐁닛 학살 사건〉이 알려진 것은 사건 직후 미 해병 상병이 찍은 현장 사진이 1969년 『미라이 학살사건(1968년)』 진상조사 과정에서 폭로된 것이다. 여기에 대해 우리는 어떤 책임있는 사죄와 배상을 했는가? 진지한 실태조사조차 없었다. 뭉뚱그려 덮어 두고 이따금 읊조리는 '유감(遺憾)'이란 외교수사가, 피해자나 유족에게 어떤 의미를 지니는지 한국인이라면 결코 모르지는 않을 것이다. 또한 최소 5,000명, 관점에 따라서는 1만 명에서 최대 3만 명까지로 예상되는 〈라이따이한(Lai Daihan)〉 문제는 어떤가?

적게는 1만 명 많게는 3만 명에 이를 것으로 추산되는 〈코피노(Kopino)〉 문제도 대두된 지 10년이 흘렀지만 달라진 건 없다. 1972년 중일국교 정상화 당시 저우언라이(周恩來) 총리는 경제적으로 빈궁하였음에도 '이덕보원(以德報怨)'의 차원에서 대일청구권을 포기했다. 일본인 전범에게도 '인죄종관(認罪從寬)', '죄를 인정하는 자는 관대히 처분한다'는 인도주의적인 정책을 펼쳤다. 물론 이런 관용에는 도덕적 우위를 확보한 채 일본의 부채의식을 활용하려는 심모원려(深謀遠慮)가 숨어 있었다. 결국 일본은 1979년부터 40년 동안 경제협력사업(ODA)으로 무려 3조 6,500억 엔을 제공했고, 중국은 이 돈을 종잣돈 삼아 세계 2위의 경제대국으로 부상했다. 역사는 화해하는 것이지, 적개심을 함양하는 도량이 아니다. 안중근(安重根) 의사는 사형선고를 받고도 뤼순(旅順) 감옥에서 『동양평화론』을 통해, 이상적 아시아의 미래상을 제시했다. 우리는 해방된 지 75년이 흘렀어도 여전히 낡은 프레임에 갇혀 있다. 보수(保守)는 북한에, 진보(進步)는 일본에 그 책임을 돌린다. 100년 전 『3·1 독립선언서』에서 우리 선열들은 "일본의 의리 없음을 탓하지 않겠다. 스스로를 채찍질하기에 바쁜 우리에게는 남을 원망할 여유가 없다. (중략) 지금 우리가 할 일은 우리 자신을 바로 세우는 것이지 남을 파괴하는 것이 아니다"라고 선언했다. 정녕 반일(反日)이란 쉽다. 그저 남 탓에만 그치기 때문이다. 친일(親日) 또한 나를 버리고 남에게 굴종하는 노예의 길이다. 이제 전비를 따지기보다, 거시적 안목으로 동북아 평화를 생각해야 한다. 오늘의 눈으로 역사를 되돌아보고, 역사에서 깨달은 교훈으로 〈현실의 벽〉을 헤쳐 나갈 지혜를 찾아야만 한다.

맺음말

 독일의 사상가 칼 마르크스(Karl Heinrich Marx)는 "역사는 나선형(螺旋形)의 발전을 이룬다"고 했지만, 역사는 결단코 발전하지 않는다. 그것은 헤겔의 변증법처럼 정(正: 정립)으로 나아간 그만큼 반(反: 반정립)으로 후퇴해, 결국 합(合: 종합)은 제자리인 것이다. 역사는 발전하는 게 아니라 그저 반복(反復)되는 어리석음이 있을 뿐이다. 만약 역사가 발전한다면 그것은 다신론(多神論)이 발전해 일신론(一神論)이 된 종교가, 더욱 발전하면 무신론(無神論)이 된다는 논리나 다를 바 없다. 역사가 발전하지 않는 이유는 역사의 주체인 우리 인간이 달라지지 않으니 발전할 까닭이 없기 때문이다. 그렇지 않고서야 어떻게 임진왜란과 정유재란의 그 참혹한 7년 전쟁을 겪고도, 정묘호란과 병자호란이 또 일어나며, 제주 4.13의 그 가슴 아픈 사건을 겪고도 광주 5.18 학살 사건이 발생하고, 당파 싸움으로 거덜 난 나라에서 추악한 진영논리가 판을 치며, 400년 이상 각종신분제로 차별받던 나라에서 결혼이민자와 이주노동자를 차별하고, 숭명(崇明)으로 자주권을 상실했던 나라에서, 또다시 숭미(崇美)하는 세력들이 생겨나느냐 말이다. 지난 3.1절 광화문 근처, 집회와 시위에 모여든 사람들 손에는 성조기와 태극기가 들려 있었고, 미 대사관 앞에는 대형 성조기와 태극기가 강한 찬바람에 함께 나부끼고 있었다. 돌아오는 지하철에도 선글라스에 미군 군복으로 전신을 감싼 채 성조기가 선명하게 붙어 있는 배낭을 멘 노인을 보았다. 그들의 모습에서 모화사상(慕華思想)에 젖은 '숭명(崇明)'이란 단어가 그 대상만 바뀌었을 뿐 '숭미(崇美)'로 오버랩되어 스쳐 지나간다. 소중화(小中華)라는 착각 속에 매몰되었던 '유명조선(有明朝鮮, 명나라에 속한 조선)'은 결국 망하고야 말았다. 하지만 사대와 굴신의 그 지긋지긋한 망령은 아직도 우리 주변을 떠돌고 있다. 20세기 우리 인간은 지식의 총량이 늘어났을 뿐 행동에서는 과거와 별로 달라진 것이 없다. 우리 역사가 발전하지 못한 까닭은 우리가 과거 역사에서 배우지 못한 탓이다. 이제는 세뇌로 왜곡된 역사, 우리 속에 그늘진 자의식, 근거 없는 편견의 굴레에서 벗어나야 한다. 끝.